高等院校学前教育
专业创新型
系列教材

幼儿教师职业道德

（第二版）

张海丽　主　编
刘海燕　魏冉冉　副主编

清华大学出版社
北　京

内容简介

教师职业道德是教师素质的核心。师德是教师发展的根本保障，它无形地影响着教师的教育能力和专业发展。本书以国家颁布的《幼儿园教师专业标准（试行）》为依据编写，在第一版内容的基础上进行更新，主要分为教师职业道德概述、幼儿教师职业道德范畴、幼儿教师职业道德规范、幼儿教师职业道德修养、幼儿教师职业道德评价和幼儿教师职业发展的相关法律六个章节。

本书以生动的案例为载体，结合教师职业道德的时代特点，融理论阐述和案例分析于一体，具有较强的实用性和鲜明的时代性。本书可作为学前教育专业教材，也可作为幼儿园工作人员在职培训用书。

图书在版编目(CIP)数据

幼儿教师职业道德/张海丽主编. —2版. —北京：清华大学出版社，2021.2（2025.8 重印）
高等院校学前教育专业创新型系列教材
ISBN 978-7-302-55867-5

Ⅰ. ①幼… Ⅱ. ①张… Ⅲ. ①幼教人员－职业道德 Ⅳ. ①G615

中国版本图书馆 CIP 数据核字(2020)第 109997 号

责任编辑：张 弛
封面设计：于晓丽
责任校对：袁 芳
责任印制：刘 菲

出版发行：清华大学出版社
网 址：https://www.tup.com.cn，https://www.wqxuetang.com
地 址：北京清华大学学研大厦 A 座 **邮 编**：100084
社 总 机：010-83470000 **邮 购**：010-62786544
投稿与读者服务：010-62776969，c-service@tup.tsinghua.edu.cn
质量反馈：010-62772015，zhiliang@tup.tsinghua.edu.cn
课件下载：https://www.tup.com.cn，010-83470410
印 装 者：三河市龙大印装有限公司
经 销：全国新华书店
开 本：185mm×260mm **印 张**：14.5 **字 数**：328 千字
版 次：2016 年 5 月第 1 版 2021 年 4 月第 2 版 **印 次**：2025 年 8 月第 6 次印刷
定 价：45.00 元

产品编号：086034-01

序

《国家中长期教育改革和发展规划纲要(2010—2020 年)》和《幼儿园教师专业标准(试行)》颁布以来,各个高职高专院校的学前教育专业工作者都在思考并探索如何从社会发展需要出发,培养新时期高质量的幼教师资。无疑,《教师教育课程标准(试行)》和《幼儿园教师专业标准(试行)》等文件为教师培养提供了最有利的帮助和指引,而国家幼儿园教师资格考试制度的实施和推进,将更加有力地推动学前教育专业课程和教学的改革,能否培养符合国家幼儿园教师专业标准的毕业生,以及高职高专学前教育专业的毕业生通过国家幼儿园教师资格考试的情况,将会成为衡量学校教育质量的基本指标。

本系列教材正是基于上述背景,以培养学生从事学前教育必备的专业素养为目的,帮助学生掌握学前教育的基本知识和基本技能,引导学生形成正确的儿童观与教育观,注重培养学生在探究中发现问题、解决问题的能力及适应社会的能力,注重学生获取科学知识、科学方法、科学能力的培养及科学态度的养成。在教材编写筹备阶段,编委会就确定了以实践应用为导向的原则,在内容和体系上凸显实用特色,注重实践应用能力的培养,充分关注学生专业能力和思维能力的培养。

本系列教材在编写过程中体现以下几个主要特点。

(1) 整体结构布局体现综合性和延伸性,有机地将教学目标、教学内容、教学对象和教学策略整合起来,关注学生的兴趣和经验,给学生充分的实践空间和创新空间。有关内容以发散性的思维方式与正文中难以涵纳的内容相连接,引导学生向与之相关的各个方向和层面延伸拓展,便于学生扩大专业视野,密切关注学生的后续发展。

(2) 结合当前学前教育实际,突出科学性和实用性。教材内容上避免从理论到理论的论述,切合学前教育工作的实际需要,适应高职高专学前教师教育人才培养模式和规格要求;同时,面向教育实践,教材中提供丰富的各地幼儿园和早期教育案例供学生参考分析,编入贴近时代的阅读及讨论材料,引发深入探讨,借以培养学生岗位职业能力。

(3) 教材逻辑体系上,融知识与能力为一体,体现开放性和前瞻性。采用案例、能力拓展、项目导学等方式将教、学、做相结合,按照课程内容与幼儿园教师专业标准、教学过程与工作过程相对接的原则,突出培养学生的技能和创新创业能力。同时,体系上采用阶梯式、循序渐进的问题导向学习方法,参考、借鉴国家幼儿园教师资格考试纲要的相关内容,便于学生联想应用,真正做到教材以学生为中心,为学生服务。

本系列教材的编者全部是长期从事学前教师教育的教师,同时又致力于学前教育的改革研究,具有丰富的教学经验和一定的理论高度。本系列教材的出版将为当前学前教师的培养和培训注入新活力,并为学前教师教育课程体系和教材建设起到积极的推动作用。

序

第二版前言

百年大计，教育为本；教育大计，教师为本；教师大计，师德为先。学前教育作为国民教育的重要组成部分，是终身教育的开端，幼儿教师教育担负着学前教师职前培养和职后培训、促进教师专业成长的双重任务，在教育体系中具有基础性、专业性、职业性和全民性的战略地位。幼儿教师作为儿童启蒙教育的首任教师，其职业道德素质的高低将直接影响下一代人的成长和发展。当前我国的学前教育进入新的历史发展阶段，幼儿教师准入制度的规范化和法制化对其职业素养提出了更高的要求。然而，近年来一些虐童事件的频发，使得幼儿教师职业道德素养再次成为社会关注的焦点。如何提升师德水平已经成为一线幼儿教师和师范类院校学生亟待解决的问题，为此我们编写了这本适用于幼儿教师的职业道德教材。

本书以国务院颁布的《国务院关于当前发展学前教育的若干意见》(国发〔2010〕41号)、《国务院关于加强教师队伍建设的意见》(国发〔2012〕41号)以及教育部颁布的《幼儿园教师专业标准(试行)》(〔2012〕1号)为依据，结合幼儿园实际和幼儿教师的需要，主要从幼儿教师职业道德综述、幼儿教师职业道德的范畴与规范、幼儿教师职业道德修养、幼儿教师职业道德评价、与幼儿教师相关的法律等几个方面阐述了在新的时代背景下，提升幼儿教师职业道德素质的必要性与重要性，明确了养成良好师德的方法和措施。本次教材再版，将新时代中国特色社会主义思想写进教材，注重社会主义核心价值的引领作用。从幼儿园教学实践、学前教育专业学生的教育教学实践中选取了丰富的一线教学素材，从社会热点中选取了最新、最近、最鲜活的案例拓展材料对教材内容进行了补充和完善，并且新增了直观形象的微视频资料，在可读、可赏的同时有效提升了学生的学习兴趣，彰显了教材的政治性、时代性和科学性。

作为一本融理论阐述与幼儿园工作实践为一体的教材，本书在体例结构上均以“本章导读”“话题聚焦”“理论加油站”“沙场点兵”的结构进行编写，在内容上每一章节还设计了“想一想”“资料链接”“拓展阅读”等栏目，力图真正体现本书鲜明的时代性和较高的实用性。

本书是许多优秀学前教育专业教师工作实践的结晶，是集体劳动的成果，也是我们多年来进行幼儿教师职前培养和职后培训的成果展示。主编张海丽，教育学硕士，省级教学名师，兼任中国教育学会会员，中国教育学会学前教育委员会理事，多次担任国家级、省级幼儿教师素质赛的评委，从事幼师教育十几年。副主编刘海燕和魏冉冉均为学校一线教师，长期深入幼儿园一线，对幼儿园的师资状况、师德水平非常了解。何玥尊、赵国鑫和郑直三位教师也是一线教师，多年担任班主任工作，对学前教育专业在校生现状以及国家对幼儿教师素质要求了如指掌。石家庄学院茹荣芳教授、石家庄幼儿师范高等专科学校郭海燕老师也参与了编写工作。具体写作分工为：第一章由魏冉冉编写；第二章由何玥尊编写;第三章由刘海燕编写;第四章由张海丽编写;第五章由郑直、茹荣芳编写;第六章由赵国鑫、郭海燕编写。全书统稿工作由张海丽、刘海燕、魏冉冉负责,经过修改→反馈→再修改→定稿,全体参编人员尽职尽责地完成了本书的写作工作。由于水平有限,仍有疏漏和不足之处,恳请大家原谅的同时也敬请同仁和专家批评、指正。在编写过程中,我们参考、引用、借鉴了国内同行的有关书籍和资料,部分幼儿园同行给予了积极的帮助和支持,在此一并致以衷心的感谢!

提高幼儿教师职业道德水平是一项重要的长期性工作。希望本书能为学前教育专业的学生和学前教育工作者传递更多的正能量,积极为幼儿教师师德修养助力护航。

编　者

2021年2月

配套教学课件

第一版前言

百年大计，教育为本；教育大计，教师为本；教师大计，师德为先。学前教育作为国民教育的重要组成部分，是终身教育的开端，学前教育专业的教师担负着学前教师职前培养和职后培训、促进教师专业成长的多重任务，在教育体系中具有基础性、专业性、职业性和全民性的战略地位。幼儿教师作为儿童启蒙教育的首任教师，其职业道德素养的高低将直接影响到下一代人的成长和发展。当前我国的学前教育进入新的历史发展阶段，幼儿教师准入制度的规范化和法制化对其职业素养提出了更高的要求。然而，近年来一些虐童事件的频发，使幼儿教师职业道德素养再次成为社会关注的焦点。如何提升师德水平已经成为一线幼儿教师和师范类院校学生亟待解决的问题，为此我们编写了这本适用于幼儿教师的职业道德教材。

本书以国务院颁布的《国务院关于当前发展学前教育的若干意见》（国发〔2010〕41号）、《国务院关于加强教师队伍建设的意见》（国发〔2012〕41号）及教育部颁布的《幼儿园教师专业标准（试行）》（〔2012〕1号）为依据，结合幼儿园实际和幼儿教师的需要，主要从教师职业道德概述、幼儿教师职业道德的范畴与规范、幼儿教师职业道德修养、幼儿教师职业道德评价、幼儿教师职业发展的相关法律等几个方面阐述了在新的时代背景下，提升幼儿教师职业道德素质的必要性与重要性，明确了养成良好师德的方法和措施。

作为一本融理论阐述与幼儿园工作实践为一体的教材，本书在体例结构上均以“本章导读”“话题聚焦”“理论加油站”“沙场点兵”的结构进行编写，在内容上每一章节还设计了“想一想”“资料链接”“拓展阅读”等栏目，力图真正体现鲜明的时代性和较高的实用性。

本书是许多优秀学前教育专业教师工作实践的结晶，是集体劳动的成果，也是我们多年来进行幼儿教师职前培养和职后培训的成果展示。主编张海丽是石家庄市学前教育中等专业学校分管教学的副校长，兼任中国教育学会会员，中国教育学会学前教育委员会理事，多次担任国家级、省级、市级幼儿教师素质赛的评委工作。从教十七年，有着丰富的教学管理经验。副主编刘海燕和魏冉冉均为石家庄市学前教育中等专业学校一线教师，长期深入幼儿园一线，对幼儿园的师资状况、师德水平非常了解，同时两人均参加过学前教育专业教师国家级培训。何玥尊、赵国鑫和郑直三位编者也是石家庄市学前教育中等专业学校的一线教师，担任班主任工作多年，对学前教育专业的在校生素质现状及国家对幼儿教师素质要求了如指掌。具体写作分工为：第一章由魏冉冉编写；第二章由何玥尊编写；第三章由刘海燕编写；第四章由张海丽编写；第五章由郑直编写；第六章由赵国鑫编写。全书统稿工作由张海丽、刘海燕、魏冉冉负责，经过修改→反馈→再修改→定稿，全体参编人员尽职尽责地完成了本书的写作工作。由于水平有限，书中难免有疏漏和不足之处，恳请同仁和专家批评、指正。在编写过程中，我们参考、引用、借鉴了国内同行的有关书籍和资料，部分幼儿园同行也给予了积极的帮助和支持，在此一并致以衷心的感谢！

提高幼儿教师职业道德水平是一项重要的长期性工作。希望本书能为学前教育专业的学生和学前教育工作者传递更多的正能量，积极为幼儿教师师德修养助力护航。

编　者

2016 年 3 月

目录

第一章
教师职业道德概述

本章导读

一个人如果不是真正有道德，就不可能真正有智慧。意大利诗人但丁有句名言："一个知识不全的人可以用道德去弥补，而一个道德不全的人却难以用知识去弥补。"道德作为维系人们和谐生活、社会文明发展的纽带，自古至今都是人们关注的热点。本章以道德的概述为起点，谈及职业道德的含义、特点及历史发展，阐述社会主义职业道德的要求及特点。教师作为一个职业群体，它的产生是建立在人类教育活动的基础上，由社会生产力发展决定，以社会分工的出现为前提。教师职业有着严格的专业化要求，其中教师职业道德是其核心要求。与其他职业相比，教师职业道德呈现出更高尚、更全面、更自觉，更具典型性、示范性、深广性的特点，发挥着非常重要的认识、教育、调节和促进功能。幼儿教师作为教师队伍中的一部分，其专业化发展不仅是幼教改革的目标，更是推动我国学前教育蓬勃发展的动力。为此，本章还将详细解读《幼儿园教师专业标准(试行)》，明确国家对合格幼儿园教师专业素质的基本要求，以使幼儿教师规范自身行为，不断提升师德修养和专业素养。

第一节　道德与职业道德

话题聚焦

近年来，由中央宣传部、中央文明办、解放军总政治部、全国总工会、共青团中央、全国妇联举办的“全国道德模范评选表彰”活动在全社会引起了高度关注。2019 年，第七届全国道德模范评选审核确定了 303 名全国道德模范候选人，6 月 25 日起在中央主要媒体和重点网站进行集中公示宣传。公示结束后，全国评选表彰活动组委会将组织公众代表和评委会投票，确定表彰名单。

本届评选表彰共选出助人为乐、见义勇为、诚实守信、敬业奉献、孝老爱亲五类全国道德模范。这些候选人源自基层、植根平凡，涵盖工人、农民、军人、教师、医生、科技工作者、干部、公安干警、学生等各个群体，具有广泛的代表性。他们中既有近两年来社会上广泛宣传的重大先进典型，如“60 多年深藏功名的战斗英雄”张富清，“为保护国家重点试验平台壮烈牺牲的军工人”黄群、宋月才、姜开斌，“为掩护战友身负重伤的扫雷英雄”杜富国，“正确处置极端险情确保全机人员生命安全的英雄机长”刘传健，“几十年扎根雪域边陲为祖国守边的英雄姐妹”卓嘎、央宗等，也有在日常工作生活中无私奉献的平凡英雄。他们用实际行动弘扬社会主义核心价值观，用不懈奋斗诠释中国精神、中国力量，事迹感人肺腑，精神催人奋进，充分彰显了中华民族昂扬向上的精神风貌，是社会主义思想道德建设的鲜活成果和社会文明进步的生动体现。

一个国家的繁荣强盛，一个民族的文明进步，很大程度上取决于社会思想道德水平。习近平总书记在党的十九大报告中指出：“加强思想道德建设，人民有信仰，国家有力量，民族有希望。要提高人民思想觉悟、道德水准、文明素养，提高全社会文明程度。广泛开展理想信念教育，深化中国特色社会主义和中国梦宣传教育，弘扬民族精神和时代精神，加强爱国主义、集体主义、社会主义教育，引导人们树立正确的历史观、民族观、国家观、文化观。深入实施公民道德建设工程，推进社会公德、职业道德、家庭美德、个人品德建设，激励人们向上向善、孝老爱亲，忠于祖国、忠于人民。”

道德并非虚无缥缈的，它就在我们身边，时刻震撼着我们的心灵。道德是伟大的，它时刻都在向社会传递着正能量，它永远是引领我们前行的力量。正如德国哲学家康德所说：“有两种东西，我们愈是时常愈加反复地思索，它们就愈是给人的心灵灌注了时时翻新，有加无已的赞叹和敬畏，那就是：头上的星空和心中的道德法则。”

思考：

1. 什么是道德？

2. 社会主义道德有哪些特点？

理论加油站

一、道德

道德一词，在汉语中可追溯到先秦思想家老子所著的《道德经》一书。老子说：“道生之，德畜之，物形之，势成之。是以万物莫不尊道而贵德。道之尊，德之贵，夫莫之命而常自然。”其中，“道”是指万物（自然界运行与人世交往）生长的规律，而“德”是指人世的道德、品行。但是，在当时“道”和“德”是两个概念，并无道德一词。道德二字连用始见于《庄子》《荀子》等。荀子在《劝学篇》中说：“故学至乎礼而止矣，夫是之谓道德之极。”意思是一个人的行为如能够按照礼的要求去做，就算达到了道德的最高境界。从荀子之后，道德的概念在广泛流传中内涵不断得到丰富和扩充。

在西方，“道德（Moral）”一词源于拉丁语的“摩里斯（Mores）”，意为礼节、风俗和习惯，后来转化成为规则、规范、行为品质和善恶评价等。

到底什么是道德，古今中外的学者们对这个问题做出了不同的回答。马克思主义认为，道德本质上是一种社会意识形态，它属于社会的上层建筑，由社会存在决定的。道德就是在一定的经济基础上产生的一种社会意识形态和上层建筑，是人类社会所特有的，由经济关系决定，依靠内心信念和社会舆论、风俗习惯等方式来调整人与人、人与社会及人与自然之间相互关系的特殊行为规范总和①。

对于道德的基本含义，可以理解如下：

（1）道德的性质、内容都是由社会的生产方式和经济关系决定的。恩格斯曾指出：“一切以往的道德论归根结底都是当时的社会经济状况的产物。”这表明道德的内容最终由经济条件决定，它会随着社会经济关系的变化而不断变化发展，道德反映着特定群体或阶级的利益。有什么样的生产方式、经济关系，就有什么样的道德体系与之相适应。

（2）道德的评价标准是善恶、好坏。凡是有利于推动社会进步发展的道德，就要继承、发扬、丰富和发展；凡是阻碍社会进步发展的道德，就要批判、谴责和遗弃。

（3）道德的调节手段是人们的内心信念、社会舆论和风俗习惯等。与法律相比，道德调节的范围更广，但它只是一种弹性调节，往往带有不确定性。

（4）道德的核心内容是个人与社会之间的关系。道德通常以规范、规则的形式来对人们的行为进行约束和调节，从而促进个人与社会的共同发展。

当今人们生产生活主要涉及职业生活、家庭生活和社会公共生活三大领域，因此道德

① 中国就业培训技术指导中心．职业道德[M]．北京：中央广播电视大学出版社，2007．

可以划分为职业道德、家庭道德、社会公共道德三种类别。

二、职业道德

（一）职业道德的含义

职业道德是道德在职业活动中的一种特殊要求和准则，是道德体系的重要组成部分，也是劳动者整体素质的重要部分。职业道德的概念有广义和狭义之分。广义的职业道德是指从业人员在职业活动中应该遵循的基本道德和行为准则，它涵盖了从业人员与服务对象、职业与职工、职业与职业之间的关系。狭义的职业道德是指从事相同职业的人们，通过特定的职业活动所凝结成的具有自身职业特征及比较稳定的并影响和指导自身职业实践的价值观念、道德准则和行为规范的总和①。

（二）职业道德的特征

1. 职业道德在调节和适用范围上具有特定性和有限性

职业道德作为一定职业范围内的道德，它同特定的职业实践相联系，它的各种规范和习俗是由本职业的具体权利、义务和职业内容决定的，它只能对从事特定职业的人员起调节作用，而对于不属于本职业的人员或本职业的人员在该职业之外的行为活动，往往起不到调节和约束作用。例如，"为人师表，诲人不倦"的道德主要适用于教师职业，"秉公执法，勇于献身"的道德主要适用于人民警察，"悬壶济世，救死扶伤"的道德主要适用于医生，而这些道德要求却不适合从事服务业的工作人员。每个从业人员只有明确职业责任、认真履行职业义务，才能确保职业活动的顺利开展。

想一想

随着社会的发展和时代进步，催生出许多职业新秀：理财规划师、素质拓展师、宠物摄影师、职业网络写手、职业培训师、私人管家等。每种职业的道德要求，既有一般的原则性规定，又有具体的职业道德要求及特点。请试着说说以下职业的道德特点。

教师的职业道德特点：为人师表，诲人不倦

医生的职业道德特点：________________

素质拓展师的职业道德特点：________________

商业服务人员的职业道德特点：________________

网络写手的职业道德特点：________________

理财规划师的职业道德特点：________________

2. 职业道德在内容上具有稳定性和继承性

职业的形成是一个漫长的历史过程。人们在长期的职业实践活动和职业生活方式中，形成了比较稳定的职业习惯和职业心理。在历经朝代的更替、社会的发展变化过程

---

① 左志宏.幼儿园教师职业道德[M].北京：北京师范大学出版社，2014.

中,各行各业职业道德的内容都会作为传统,在本职业中世代相传,从而使职业道德的内容不断丰富、发展和深化,但它的总方向和一些基本内容却较少发生变化,在这个基础上产生的职业道德就具有了稳定性和继承性。古今中外,“为人师表”“以身作则”“循循善诱”“躬身实践”“热爱学生”“学而不厌,诲人不倦,因材施教”等始终是教师应遵守的职业道德,国外著名的教育家苏霍姆林斯基、福禄贝尔,我国古代的教育大家孔子、韩愈,现代教育家陶行知、徐特立等虽然身处不同的国家、不同的年代,但他们都坚守着这些相同的优良职业道德,表现出对优良职业道德的继承与发展。

3. 职业道德在形式上具有灵活性和多样性

职业具有多样性,每种职业都有着具体、明确、细致的道德要求。这些要求既有比较正式的制度、章程、守则和公约等,也有一些不成文的行规、风俗和习惯,甚至还有一些非正式的标语、口号、誓词等。这些从行业特点出发而制定的要求通过灵活多样的形式表现出来,容易使从业人员理解、掌握并在严格规范职业行为的同时养成良好的职业习惯。

4. 职业道德具有一定的强制性,可以弥补法律调节的不足

俗话说:“无规矩不成方圆,无规则不成社会。”道德和法律作为现代社会中约束和规范人们行为的重要手段,它们在对社会关系的调整方面都具有重要的作用。法律以道德为底线,一切法律的制定与实施都是以道德为基础。为了适应和满足一定的道德要求,法律的实施本身就是一个惩恶扬善的过程。道德是法律的评价标准和推动力量,是法律的有益补充。没有道德基础的法律,是无法获得人们的尊重和自觉遵守的。执法者的职业道德的提高,守法者的法律意识、道德观念的加强,都会推动社会和谐有序地发展。法律具有国家强制力,是以军队、警察、法庭和监狱等作为后盾的“硬秩序”,而作为“软秩序”的道德则主要是通过社会舆论、公共谴责及人们的内心信念和道德修养等方式对不文明和不道德的行为进行约束、批评和谴责。一般来说,社会关系的大多数领域都能由法律和道德共同调整,也可以由它们各自调整,但也有少数的社会关系只能由道德来调整,道德调整的范围比法律调整的范围更为广泛。

(三)职业道德的形成与发展

职业道德不是从来就有的,它的产生有着深厚的经济根源,是一定社会经济关系的产物。正如恩格斯所说,“每一个阶级,甚至每一个行业,都各有各的道德。”道德作为一种社会意识形态,是由当时特定的物质生活关系决定的。各种职业道德是在社会分工和各种职业活动的实践中产生并不断发展丰富的。

首先,社会生产的发展和社会分工的出现,是职业道德形成的历史条件。在原始社会末期由于生产和交换的发展,出现了农业、手工业、畜牧业等职业分工,又经过多次分化组合,形成了现代生活中各种各样的职业。为了调整各种职业间的关系,就需要有与之相适应的特殊的道德规范来调整人们之间的各种关系,从而形成本职业特定的道德观念、情感和品质。

其次,各种职业实践活动和职业生活方式是职业道德形成的实践基础。人们在各种职业生产生活实践中认识到了人与人之间、个人与社会之间的道德关系,逐渐形成了与本职业相关的道德心理、道德观念和道德准则。

职业道德在原始社会有了最初的萌芽,奴隶社会基本形成,到封建社会得到了初步的发展。在资本主义社会,随着机器大工业的发展和社会分工更加明确具体,形成了更大规模的职业活动,职业道德也获得了充分快速的发展。在经历了原始社会、奴隶社会、封建社会、资本主义社会几个历史阶段,最终形成了现在的社会主义职业道德。

三、社会主义职业道德

社会主义职业道德是建立在生产资料公有制基础上的职业道德,它是社会主义社会各行各业的劳动者在职业活动中必须共同遵守的基本行为准则。

社会主义职业道德是以为人民服务为核心,以集体主义为原则,以爱祖国、爱人民、爱劳动、爱科学、爱社会主义为基本要求,以爱岗敬业、诚实守信、办事公道、服务群众、奉献社会为主要规范和内容,以社会主义核心价值观为基本行为准则①。

(一)社会主义职业道德的基本特征

1. 社会主义职业道德具有先进性的特征

作为人类历史上一种新型的职业道德,社会主义职业道德不同于以往阶级社会的道德。首先,社会主义社会是建立在生产资料公有制的基础上,社会上所有职业活动都是为了满足人民日益增长的美好生活需要,以达到共同富裕为目标。各从业者之间虽然分工不同,但没有高低贵贱之分,各行各业之间的根本利益和整体利益是一致的,这就使得社会主义职业道德在新型社会关系上具有先进性。其次,社会主义职业道德是在批判继承传统职业道德优秀成果基础上对其进行了丰富和发展,根据社会主义生产方式的要求,赋予了社会主义职业道德新的要求,如全心全意为人民服务、集体主义、锐意改革、勇于创新和竞争等,这就使得社会主义职业道德在内容上具有先进性。

2. 社会主义职业道德评价标准具有客观性与创新性的特征

社会主义职业道德虽然具有先进性的特征,但是,在现实社会中也存在着一些非社会主义性质的职业道德现象,这就需要人们用客观的标准进行衡量和判断。这个标准就是党和政府提出的"四个一切有利于",即有利于解放和发展生产力,有利于国家的统一、民族的团结和社会的进步,有利于追求真善美、抵制假恶丑,有利于弘扬正气、构建和谐社会,有利于公民自觉履行权利和义务,以开拓创新、锐意改革的精神和诚实守信、无私奉献的品德创造美好生活。评价标准的客观性与创新性相统一,使社会主义职业道德具有顽强的生命力。

3. 为人民服务是社会主义职业道德规范体系的核心

为人民服务是社会主义职业道德的核心规范,是贯穿于全社会共同职业规范中的基本精神,是社会主义职业道德规范体系的核心。在我国,无论何种职业,都是现代化建设必不可少的组成部分,每个行业的从业者都是社会物质财富和精神财富的创造者,所有行业所有劳动者的一切职业活动都是为人民服务的。尽管人们的职业不同,为人们服务的

① 中国就业培训技术指导中心. 职业道德[M]. 北京:中央广播电视大学出版社,2007.

内容方法不同，但基本点都是关心人民、爱护人民、帮助人民、服务人民，这是社会主义社会每一个从业人员职业行为的根本出发点①。

4. 集体主义是社会主义职业道德的基本原则

集体主义作为社会主义道德建设的原则，是社会主义经济、政治和文化建设的必然要求。在社会主义社会，人民当家做主，国家利益、集体利益和个人利益在根本上是一致的。不同的行业之间、各行业内部从业者之间，从业者与服务对象之间，都要坚持集体主义，正确认识并处理国家、集体、个人的利益关系，以广大人民的根本利益为出发点，把国家利益放在首位，提倡个人利益服从集体利益，局部利益服从整体利益，当前利益服从长远利益，反对小团体主义和极端个人主义。

资料链接

社会主义集体主义原则的总体要求是：第一，强调集体利益与个人利益根本上是一致的，两者相辅相成，辩证发展；第二，在集体利益和个人利益发生矛盾的情况下，个人要顾全大局，要把集体利益放在首位，必要时为了集体利益、他人利益而放弃个人利益；第三，强调集体利益高于个人利益的同时，集体必须尽力保障个人正当利益得到满足，促进个人价值的实现，并力求使个人的个性得到自由、全面的发展。

（资料来源：王霁.哲学与人生[M].北京：高等教育出版社，2013.）

（二）社会主义职业道德的基本内容

我国职业种类繁多，《中华人民共和国职业分类大典》将我国职业归为 8 个大类、75 个中类、434 个小类、1481 个细类（职业）。随着经济和社会的发展，新兴职业不断兴起，为了保证各种职业活动的有序健康发展，客观上就要求每种职业的从业人员必须共同遵守社会主义职业道德。2001 年 9 月 20 日，中共中央在印发的《公民道德建设实施纲要》中明确提出了社会主义职业道德的基本规范："爱国守法、明礼诚信、团结友善、勤俭自强、敬业奉献。"党的十八大报告也提出，要"倡导富强、民主、文明、和谐，倡导自由、平等、公正、法治，倡导爱国、敬业、诚信、友善，积极培育和践行社会主义核心价值观"。个人职业道德作为社会主义核心价值观的重要组成部分，是各行各业都要积极培育和认真践行的。

资料链接

为进一步加强社会主义思想道德建设，弘扬民族精神和时代精神，形成良好的道德风尚，保证社会主义市场经济的健康运行，中共中央于 2001 年 9 月 20 日印发《公民道德建设实施纲要》，明确提出我国公民应遵守的二十字的基本道德准则为"爱国守法、明礼诚信、团结友善、勤俭自强、敬业奉献"。同时对三大社会道德领域，即社会公德、职业道德和家庭美德的每一个领域，都做了具体规范。

---

① 赵绥生.职业道德概论[M].西安：陕西人民出版社，2002.

社会公德：“文明礼貌、助人为乐、爱护公物、保护环境、遵纪守法。”

职业道德：“爱岗敬业、诚实守信、办事公道、服务群众、奉献社会。”

家庭美德：“尊老爱幼、男女平等、夫妻和睦、勤俭持家、邻里团结。”

1. 爱岗敬业

爱岗就是热爱自己的工作岗位，热爱自己的本职工作。敬业是指专心致力于本职工作，对本职工作尽心尽力、尽职尽责。爱岗与敬业是辩证统一的关系，爱岗是敬业的基础，敬业是爱岗的具体体现。孔子曰：“居处恭，执事敬，与人忠。”乐业、勤业、敬业是爱岗敬业的主要表现。爱岗敬业就要以辛勤劳动为荣，以好逸恶劳为耻，真正地做到干一行、爱一行、专一行。在我国所倡导的社会主义核心价值观中，强调了作为社会主义的公民必须把敬业作为应当遵守的核心道德价值。只有每个从业者都敬重自己的职业，怀有强烈的责任心与使命感，才能在平凡的岗位上铸就不平凡的业绩，最大限度地实现自己的理想。只有社会成员都各守其道、各司其职、各尽其责，事业才会更加兴旺发达，社会才能更加充满生机和活力。

资料链接

自2016年“工匠精神”被首次写入政府工作报告以来，这个带有传统文化色彩又被赋予时代价值的词汇，就不断地在政府文件中出现。十九大报告中提出“建设知识型、技能型、创新型劳动者大军，弘扬劳模精神和工匠精神，营造劳动光荣的社会风尚和精益求精的敬业风气”。

工匠精神是一种职业精神，它是职业道德、职业能力、职业品质的体现，是从业者的一种职业价值取向和行为表现。“工匠精神”的基本内涵包括敬业、精益、专注、创新等方面的内容。

(1) 敬业。敬业是从业者基于对职业的敬畏和热爱而产生的一种全身心投入的认认真真、尽职尽责的职业精神状态。中华民族历来有“敬业乐群”“忠于职守”的传统，敬业是中国人的传统美德，也是当今社会主义核心价值观的基本要求之一。早在春秋时期，孔子就主张人在一生中始终要“执事敬”“事思敬”“修己以敬”。“执事敬”是指行事要严肃认真不怠慢；“事思敬”是指临事要专心致志不懈怠；“修己以敬”是指加强自身修养保持恭敬谦逊的态度。

(2) 精益。精益就是精益求精，是从业者对每件产品、每道工序都凝神聚力、精益求精、追求极致的职业品质。所谓精益求精，是指已经做得很好了，还要求做得更好，“即使做一颗螺丝钉也要做到最好”。正如老子所说，“天下大事，必作于细。”能基业长青的企业，无不是精益求精才获得成功的。

(3) 专注。专注就是内心笃定而着眼于细节的耐心、执着、坚持的精神，这是一切“大国工匠”所必须具备的精神特质。从中外实践经验来看，工匠精神都意味着一种执着，即一种几十年如一日的坚持与韧性。“术业有专攻”，一旦选定行业，就一门心思扎根下去，心无旁骛，在一个细分产品上不断积累优势，在各自领域成为“领头羊”。在中国早就有“艺痴者技必良”的说法，如《庄子》中记载的游刃有余的“庖丁解牛”、《核舟记》中记载的奇巧人王叔远等。

(4) 创新。"工匠精神"还包括追求突破、追求革新的创新内蕴。古往今来,热衷于创新和发明的工匠们一直是世界科技进步的重要推动力量。新中国成立初期,我国涌现出一大批优秀的工匠,如倪志福、郝建秀等,他们为社会主义建设事业做出了突出贡献。改革开放以来,"汉字激光照排系统之父"王选、"中国第一、全球第二的充电电池制造商"王传福、从事高铁研制生产的铁路工人和从事特高压、智能电网研究运行的电力工人等都是"工匠精神"的优秀传承者,他们让中国创新重新影响了世界。

(资料来源:弘扬工匠精神　劳动书写时代.经济日报,2019-05-01.)

2. 诚实守信

诚实是指外在言行与内心思想的一致性,即不弄虚作假、不欺上瞒下,言行一致、表里如一,做老实人、说老实话、办老实事。守信是指遵守诺言、讲求信誉,注重信用,忠实地履行自己应当承担的责任和义务。诚实守信作为社会主义职业道德的基本规范之一,是社会发展的必然要求。孟子曾提出,"诚者天之道也,思诚者人之道也。"所有的从业者在职业活动和职业交往中,只有以诚相待、互相尊重、不弄虚作假、不搞坑蒙拐骗、诚以待人、讲究信誉,才能实现崇高的职业理想和人生境界,才能促进事业兴旺发达。

【拓展阅读】

不曾遗忘的承诺

——大学生微博筹钱救父,3年后毕业践诺还款

2015年5月12日,实名认证为北京某集团战略规划部总经理的@曾鹏宇,在微博上发布了一篇名为"被遗忘的承诺者"的文章,讲述了一位大学生和他之间3年践诺的美好故事,感动了无数网友。仅一天时间,文章阅读量突破800万人次,转发数达到16万,有9万多名网友为这条微博点赞。

日前,记者联系到了曾鹏宇。故事要从5月9日说起,那天曾鹏宇突然接到一个陌生电话:"您好,我是许涛,您还记得我吗?"曾鹏宇第一反应是:这么老套的诈骗电话还有人用啊?

"我给您打电话,是想还您的钱。"对方开门见山的介绍让曾鹏宇不禁一愣,"钱?还什么钱?"

"不知道您是否还记得,我在几年前曾经在微博上求助,因为我爸爸得了白血病,那时我还在读大学,后来您捐了我一笔钱。现在我想和您确认下账号,把钱还给您。"许涛的话让曾鹏宇十分诧异,因为他已经完全不记得这件事,更没有想到过了这么多年,居然还会有人真的要还别人的捐款。

在许涛详细的描述下,曾鹏宇渐渐想起了3年前自己的一笔捐赠,以及许涛一家当时所面临的窘境。

许涛来自天津,家庭条件并不富裕。为了让许涛能够有个好前途,父母含辛茹苦供他读书,坚持把他送到了当地最好的高中。经过3年的努力学习,许涛如愿以偿考进了北京

化工大学，父母的辛勤操劳终于得到了回报。

然而在家人刚舒了口气的时候，父亲却不幸被查出罹患白血病。面对高额的治疗费用，一家人东拼西凑仍难以完全支付。于是，许涛在微博上发布了一封求助信。正是这封求助信，让许涛一家得到了曾鹏宇等一众好心人的帮助，也让许涛的父亲渡过了当时的难关。然而由于病情过重，父亲还是于去年去世了。

如今许涛已经参加工作，有了一定的经济基础，便想把当时的捐款如数归还给好心人。尽管曾鹏宇百般推托，不希望许涛刚刚毕业就背上如此大的压力，但许涛的一番话，却让曾鹏宇不得不接受："我知道您不图什么，我很感谢您，如果没有大家的帮助，我父亲不可能多活两年。您一定要收下，您可以用它再去帮助其他需要的人，这样也算是您的爱心一直在传递。"

许涛告诉曾鹏宇，当时一共得到了数十万元的捐款，现在自己在北京也找到了一份不错的工作，打算靠自己的努力还清每一笔钱。但这么多年过去了，当时捐款的许多好心人都已更换了联系方式，或者没有留下任何信息，"我还在想办法找他们。"

挂断电话5分钟后，曾鹏宇的手机短信提示音响起，他的银行账户收到许涛的汇款，除了那笔捐款之外，还多出来10%。许涛的汇款留言则是："两年每年5%的利息，谢谢您。"看到这里，曾鹏宇不禁呆住了。

当晚闲下来后，曾鹏宇开始翻看以前的微博，终于找到了许涛在三年前所发的那封求助信。时过境迁，曾鹏宇再次读这封信时，发现当时自己并未在意的一段话，如今却让自己不胜唏嘘："我以人格作保向您筹借善款。因为哪怕仅仅一块钱、一毛钱对我来说都非常重要，也是极大的帮助。我希望您给我一个详细的账号，我会在3～5年内把钱打给您。因为是借，我承诺每年支付5%的利息给您。无论我以后从事什么样的工作，或是工作有变动或升迁，我都会及时将我的联系方式和所有情况公开，不会让您找不到我。毕竟您的任何一分钱都凝聚了您的辛勤汗水，任何人都没有权利不劳而获。真心谢谢您了！"

在博文《被遗忘的承诺者》的末尾，曾鹏宇激动地写道："原来这个孩子当初说的就是借！原来这个年轻人只是在完成他当初的承诺！这个忙乱而又现实的时代，我已经想不出来还有什么比完成自己的承诺更宝贵的事，哪怕它已经被人遗忘！"

（资料来源：http://rb.lzbs.com.cn/html/2015-05-21/content_1397590.htm.）

思考：古有曾子杀猪取信、商鞅立木为信，今有大学生践诺还款为信。作为在校学生，如何用实际行动完成"诚实守信"这一人生作业？

3. 办事公道

办事公道是指从业者在办理事情、处理问题时，能够按照岗位职责的要求和标准，做到公平、公开、公正，不以私损公，不出卖原则。办事公道是社会主义职业道德的一个重要方面，是职业活动中的一种高尚道德情操。只有各行业的从业者都能站在公正的立场上，秉公办事、不徇私情，才能使各行业在法制和道德的轨道上有序发展。

4. 服务群众

服务群众就是为人民群众服务。服务群众揭示了职业与人民群众的关系，指出了职业劳动者的主要服务对象是人民群众。工作中要依靠群众、相信群众、一切工作以群众的根本利益为出发点，想群众所想、急群众所急、忧群众所忧、乐群众所乐。服务群众包含两个层次：首先，从业人员对服务对象要主动、热情、耐心，服务细致周到、勤勤恳恳；其次，从业人员要努力满足群众需要，为群众提供方便，想群众之所想，急群众之所急。

5. 奉献社会

奉献社会就是把奉献社会作为自己的崇高责任，全心全意为社会做贡献，为人民谋福祉，是为人民服务和集体主义精神的最高体现，是社会主义职业道德的最高要求和最高境界，也是从业人员应具备的最高层次的职业修养。

【拓展阅读】

坚定的初心　闪光的青春

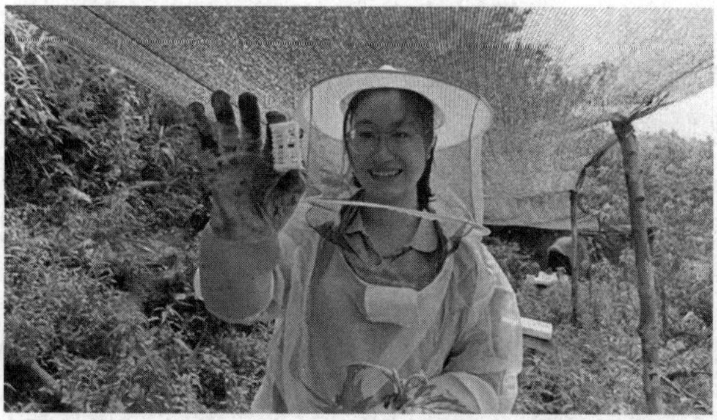

"第一书记"黄文秀：初心不灭，青春无悔

她放弃留在大城市工作的机会，毅然决定回到革命老区百色，在自己接受教育资助走出大山的贫困家乡继续追梦；

她毅然接受组织安排的任务，奔赴偏远的贫困山村担任驻村第一书记，将扶贫当作自己"心中的长征"，带动88户418名贫困群众脱贫，全村贫困发生率下降20%以上；

她忍痛告别患癌症刚做完手术的父亲，深夜冒雨奔向受灾群众，不幸在途中被突发的山洪夺走了宝贵的生命……

黄文秀，壮族，广西百色市委宣传部干部、乐业县新化镇百坭村第一书记，这个4月18日刚过完30岁生日的姑娘，将生命永远定格在扶贫路上，用短暂的一生书写了共产党员的初心。

双脚走在泥土里：将扶贫当作"心中的长征"

进入雨季的百色，暴雨说来就来。距离百色市区160多公里的乐业县至今未通高速公路，一逢大雨，蜿蜒的山路便更加危险难行。

这条路，年轻的黄文秀走了很多遍。2016年，北京师范大学硕士毕业的她毅然返乡，作为优秀选调生进入百色市委宣传部工作。2018年3月26日，黄文秀响应组织号召，到百坭村担任第一书记。

百色市委宣传部干部科科长何小燕回忆起黄文秀泪流满面："去年单位就驻村工作征求她意见时，她毫不犹豫地答应了。她父亲患癌症病重的事自己也没提，当时我们都不知道。"

石山林立的百坭村是个深度贫困村，全村 472 户中有贫困户 195 户，且全村 11 个自然屯位置分散，多个屯距村部都在 10 公里以上。

为了能尽快进入工作状态，出发前的黄文秀总是往有驻村经历的同事那里跑，请教工作经验和方法。

然而，初到村里，她还是碰了"钉子"。

"我们这里穷了那么多年，真的能脱贫吗？""你一个女娃，能行吗？"一些村民议论纷纷。黄文秀一开口就是普通话，她走村串户访问贫困户，有的村民甚至不让她进门，好不容易进去了，打开笔记本想记录点什么，村民却不愿多说。

"她那时压力很大，但没有听到她叫苦抱怨。"新化镇脱贫攻坚工作队分队长周洁记得去年的情景，"她背起包就扎了下去，白天遍访贫困户，分析致贫原因，晚上与'村两委'研究脱贫对策，夜深了，一个人孤零零住在村部一间不足 10 平方米的小屋子里。"

为了拉近与群众的感情，黄文秀到了村民家不再直接问东问西，而是脱下外套，要么帮助扫院子，要么到地里做农活，帮他们摘砂糖橘、收玉米、种油茶等，一边干农活一边商量脱贫之计。

黄文秀热情阳光的性格和朴实的作风打动了村里的父老乡亲，村民们很快就接纳了她。有的老人开玩笑说："你这个女娃娃还真的很能'缠'哩！"

"我的方言进步了，可以和贫困户用桂柳话交流了。"

"贫困户住房和饮用水问题都达标了，十分开心。"

"贫困户黄仕京的两个孩子都在读大学，帮他们申请了'雨露计划'。老人家激动得哭了，说这一切都感谢党，让我无比动容。"

……

——在扶贫日记里，黄文秀记录了自己的进步，也记录了贫困山村点点滴滴的变化。她还绘制了百坭村"贫困户分布图"，每一户的住址、家庭情况都记得一清二楚。

山路太远，她常常要去镇里、县城开会。为了提高工作效率，黄文秀将私家车开到村里当工作用车。到今年 3 月 26 日，驻村一年间汽车行驶里程 2.5 万公里，当天她发了一条微信朋友圈："我心中的长征。"

2019 年 6 月 16 日，黄文秀利用周末回家看望做完第二次手术的父亲后，就急着返回百坭村。病床上的父亲忍不住担心，"文秀，天气预报说晚上有暴雨，现在开车回村里不安全，明早再回吧？""正因为有暴雨更得赶回去，怕村里受灾，我马上得走了。"面对父亲的挽留，黄文秀叮嘱了一句"按时吃药"后，便启程回村。

看着雨势越来越大，黄文秀心急如焚，在途中不断关注着村里的灾情和群众的安危。一路风雨，一路艰辛。在她最后用手机拍摄的视频里，山路上电闪雷鸣、暴雨如注、洪水淹没路面。危险正在靠近，但黄文秀还是选择向着自己牵挂的群众前进。

心中装着群众：村民用热泪给了答案

2017 年年底，百坭村贫困发生率 22.88%，目前贫困发生率已下降到 2.71%。这一年多的时间里，在年轻的第一书记带领下，这个边远的贫困村究竟发生了什么样的变化？

村民用热泪给了答案。

在者乐屯,53岁的壮族汉子韦乃情说起黄文秀,马上红了眼眶。“前几天黄书记还来我家取走我孙子的住院报销材料,现在钱到账了,她却再也回不来了。”

听到消息后,贫困户班氏会当晚整夜无眠。“满脑子都是她的笑脸,她帮我申请低保的情景,到医院看我儿子的情景。”

为了解决道路对村里发展的制约,黄文秀实地勘查,带着村干部和群众做方案、找对策,积极申请、推进项目。

为了解决山里缺产业问题,她带领村干部和群众学经验、找路子,立足当地资源,大力发展杉木、砂糖橘、八角、枇杷等特色产业。

为了打开销售渠道,黄文秀带领全村发展电商,仅砂糖橘去年在电商上就销售20 000多公斤,销售额达22万元。

为了解决村民生产生活用水问题,黄文秀带领大家修建蓄水池、渡槽……

百坭村驻村工作队员黄韦程记不清黄文秀在村里熬了多少夜。“她一直提醒我们,要时刻把村民的困难放在心里,把工作做在前面。”

如今,百坭村道路通了,产业旺了,用水方便了,山上果实累累,村容村貌焕然一新,整村脱贫指日可待,而斯人已去。

面对记者,村委会主任班智华几度哽咽。“文秀是一个非常好的第一书记,为村里做得太多。”

韦乃情说:“真希望文秀书记能看到我们今后越来越好的日子,可是她看不到了。”

初心不改:青春为党旗增光

6月22日上午,在百色市殡仪馆,黄文秀同志的骨灰安放在鲜花翠柏丛中,上面覆盖着鲜红的中国共产党党旗。在现场人们眼含泪水,网络上一条条深情缅怀的留言,记录着黄文秀短暂却光辉的一生。

走访中,人们用一段又一段回忆,勾勒出一名年轻共产党员的价值追求和使命担当。

此前很少有人知道,在这个爱笑的姑娘背后,是才脱贫的家庭。当年因家境贫困,她曾得到教育扶贫资助,感恩在心。2011年读大学本科时,表现优异的她加入了中国共产党。

硕士毕业后,面对多种就业选择,父亲的一席话让黄文秀投入故乡脱贫事业的决心更加坚定:“你入了党,要为党工作,回到家乡做一个干干净净的人民公仆。”

贫困户黄仕京记得自己曾问过黄文秀:“你是从北京毕业的研究生,为什么到我们这么边远的农村工作?”黄文秀回答,百色是脱贫的主战场之一,我没有理由不回来,我们党是切实为群众谋发展谋福利的党,怎么能不响应党的号召呢?老人听罢肃然起敬。

了解黄文秀情况的亲友知道,黄文秀事业心太强,总担心工作做不到位,连终身大事都没有顾上。她对关心她婚恋问题的同学和朋友说,等脱贫攻坚任务完成以后再说。

“是党培养了她,她为党的事业做了贡献,我为她骄傲!”生死两别,黄文秀70岁的父亲黄忠杰哭红了眼睛。

黄文秀的姐姐黄爱娟说,妹妹虽工作忙常不能回家,其实内心非常关爱家人。上学时,她勤工俭学挣钱接父亲去北京,圆了老人家“看看天安门”的愿望;她给患先天性心脏病的母亲送了一个礼物,那是一只刻着“女儿爱你”四个字的银手镯。

黄文秀是一个好学生、好同事、好女儿、好妹妹，更是一名用自己的青春和生命坚守初心、担当使命的共产党员。她生前曾说："作为驻村第一书记，有信心在党中央的领导下，不获全胜，决不收兵！"黄文秀把群众的利益看得最重，把自己的责任看得最重，她的事迹感动了千千万万的人。

记者在黄文秀的宿舍看到，书桌上除了成堆的扶贫工作材料，还有她的书法和绘画习作，一幅是父亲背着女儿的素描稿，另一幅是水彩画：向日葵正灿烂地开放……

中共中央总书记、国家主席、中央军委主席习近平对黄文秀同志的先进事迹作出重要指示："黄文秀同志不幸遇难，令人痛惜，向她的家人表示亲切慰问。"习主席还强调，"黄文秀同志研究生毕业后，放弃大城市的工作机会，毅然回到家乡，在脱贫攻坚第一线倾情投入、奉献自我，用美好青春诠释了共产党人的初心使命，谱写了新时代的青春之歌。广大党员干部和青年同志要以黄文秀同志为榜样，不忘初心、牢记使命，勇于担当、甘于奉献，在新时代的长征路上做出新的更大贡献。"

（资料来源：新华每日电讯 7 版. http://www.xinhuanet.com/,2019-06-25.）

第二节 教师职业道德

话题聚焦

第三个让我终生难忘的老师是位男老师，其实他只教过我们半个学期的体育，算不上"亲"老师，但他在我最不受欢迎的时候说过我的好话。这个老师名叫王召聪，家庭出身很好，好像还是烈属，这样的家庭背景在那个时代里真是像金子一样闪闪发光。一般的人有了这样的家庭出身就会趾高气扬，目中无人，但人家王老师却始终谦虚谨慎，一点都不张狂。他的个子不高，但体质很好。他跑得快，跳得也高。我记得他曾经跳过了 1.70 米的横杆，这在一个农村的小学里是不容易的。因为我当着一个同学的面说学校像监狱，老师像奴隶主，学生像奴隶，学校就给了我一个警告处分，据说起初他们想把我送到公安局，但因为我年龄太小而幸免。出了这件事后，我就成了学校里有名的坏学生。他们认为我思想反动，道德败坏，属于不可救药之列，学校里一旦发生了什么坏事，第一个怀疑对象就是我。为了挽回影响，我努力做好事，冬天帮老师生炉子，夏天帮老师喂兔子，放了学自家的活儿不干，帮着老贫农家挑水，但我的努力收效甚微，学校和老师认为我是在伪装进步。一个夏天的中午——当时学校要求学生在午饭后必须到教室午睡，个大的睡在桌子上，个小的睡在凳子上，枕着书包或者鞋子。那年村子里流行一种木板拖鞋，走起来很响，我爹也给我做了一双——我穿着木板拖鞋到了教室门前，看到同学们已经睡着了。我本能地将拖鞋脱下提在手里，赤着脚进了教室。这情景被王召聪老师看在眼里，他悄悄地跟进教室把我叫出来，问我进教室时为什么要把拖鞋脱下来，我说怕把同学们吵醒。他看了我一眼，什么也没说就走了。事后，我听人说，王老师在学校的办公会上特别把这件事提出来，说我其实是个品质很好的学生。当所有的老师认为我坏得不可救药时，王老师通过一件小事发现了我内心深处的善良，并且在学校的会议上为我说话，这件事我什么时候想起来都会感动不已。后来，我辍学回家成了一个牧童，当我牵着牛羊在学校前的大街上碰到王老师时，心中总是百感交集，红着脸打个招呼，然后低下头匆匆而过。后来王老师调到县里去了，我也走后门到棉花加工厂里去做临时工。有一次，在从县城回家的路上，我碰到了骑车回家的王老师，他的自行车后胎已经很瘪，驮他自己都很吃力，但他还是让我坐到后座上，载我行进了十几里路。当时，自行车是十分珍贵的财产，人们爱护车子就像爱护眼睛一样，王老师是那样有地位的人，竟然冒着轧坏车胎的危险，载着我这样一个卑贱的人前进了十几里路，这样的事不是一般的人能够做出来的。从那以后，我再也没见到过王老师，但他那张笑眯眯的脸和他那副一跃就翻过了1.70米横杆的矫健身影经常地在我脑海里浮现。

（资料来源：http://blog.sina.com.cn/s/blog_71e461e90101bzj5.html，莫言《我的老师》.）

思考：

1. 为什么王老师会使作者“终生难忘”？

2. 教师职业道德对学生成长有哪些作用？

理论加油站

一、教师职业道德的含义

教师职业道德是职业道德的特殊表现形式，是在教师职业劳动的过程中逐渐形成的。对于教师职业道德含义的认知，可谓仁者见仁，智者见智。例如，“教师职业道德是指教师在从事教育工作中必须遵守的行为、道德规范和准则的总和，是教师对自己从事的职业道德规范的认识和实践所达到的自觉程度，是教师在这一特殊职业的工作中形成和发展起来的品德。”①又如，“所谓教师职业道德，就是约定俗成的、明文规定的、国家教育从业人员在其教书育人活动中和社会生活中遵循的行为规范和道德准则。”②在黄正平、刘守旗编著的《教师职业道德新编》中对教师职业道德做出了更为深刻的认识：“教师职业道德是指教师在从事教育劳动过程中形成的，用以调节教师与他人、教师与社会、教师与集体等相互关系时所必须遵守的基本道德规范和行为准则，以及在此基础上所表现出来的道德观念、情操和品质。”

对这一定义可分为以下两个层面来理解。

首先，它揭示了教师职业道德的特殊性。教师职业不同于其他职业，《中华人民共和国教师法》对教师概念作了明确界定：“教师是履行教育教学职责的专业人员，承担教书

---

① 彭亚青，周振军.新时期教师职业道德的内涵分析[J].社会科学论坛，2006，1(下).

② 姚亚东.教师职业道德教育的新视角[J].绵阳师范学院学报，2006，25(6).

育人、培养社会主义事业建设者和接班人、提高民族素质的使命。”教师必须围绕教书育人这一核心任务，在教育教学过程中遵循本行业的行为规范。

其次，教师职业道德不仅是教师在职业活动中所应遵循的道德规范和行为准则，还包括在教育教学实践中将职业规范和准则内化形成教师个人的观念意识和道德品质。教师职业道德是他律性与自律性的统一。一方面，行为规范和准则对教师职业行为具有外在的约束性，这种约束性具有他律性；另一方面，教师在职业行为中所形成的观念意识和道德品质则是外在的行为规范在教师身上的内化，它体现的是教师个体内在的自觉性，具有自律性。

【拓展阅读】

师德是根本——教育大咖解读新时代教师“十项准则”

为深入贯彻习近平新时代中国特色社会主义思想和党的十九大精神，扎实推进《中共中央、国务院关于全面深化新时代教师队伍建设改革的意见》的实施，进一步加强师德师风建设，2018 年 11 月教育部研究制定了《新时代高校教师职业行为十项准则》《新时代中小学教师职业行为十项准则》《新时代幼儿园教师职业行为十项准则》。

制定教师职业行为准则，明确新时代教师职业规范，针对主要问题、突出问题划定基本底线，是对广大教师的警示提醒和严管厚爱，是深化师德师风建设，造就政治素质过硬、业务能力精湛、育人水平高超的高素质教师队伍的关键之举。

新时代幼儿园教师职业行为十项准则

教师是人类灵魂的工程师，是人类文明的传承者。长期以来，广大教师贯彻党的教育方针，教书育人，呕心沥血，默默奉献，为国家发展和民族振兴做出了重大贡献。新时代对广大教师落实立德树人根本任务提出新的更高要求，为进一步增强教师的责任感、使命感、荣誉感，规范职业行为，明确师德底线，引导广大教师努力成为有理想信念、有道德情操、有扎实学识、有仁爱之心的好老师，着力培养德智体美劳全面发展的社会主义建设者和接班人，特制定以下准则。

(1) 坚定政治方向。坚持以习近平新时代中国特色社会主义思想为指导，拥护中国共产党的领导，贯彻党的教育方针；不得在保教活动中及其他场合有损害党中央权威和违背党的路线方针政策的言行。

(2) 自觉爱国守法。忠于祖国，忠于人民，恪守宪法原则，遵守法律法规，依法履行教师职责；不得损害国家利益、社会公共利益，或违背社会公序良俗。

(3) 传播优秀文化。带头践行社会主义核心价值观，弘扬真善美，传递正能量；不得通过保教活动、论坛、讲座、信息网络及其他渠道发表、转发错误观点，或编造散布虚假信息、不良信息。

(4) 潜心培幼育人。落实立德树人根本任务，爱岗敬业，细致耐心；不得在工作期间玩忽职守、消极怠工，或空岗、未经批准找人替班，不得利用职务之便兼职兼薪。

(5) 加强安全防范。增强安全意识，加强安全教育，保护幼儿安全，防范事故风险；不得在保教活动中遇突发事件、面临危险时,不顾幼儿安危,擅离职守,自行逃离。

(6) 关心爱护幼儿。呵护幼儿健康,保障其快乐成长;不得体罚和变相体罚幼儿,不得歧视、侮辱幼儿,严禁猥亵、虐待、伤害幼儿。

(7) 遵循幼教规律。循序渐进,寓教于乐;不得采用学校教育方式提前教授小学内容,不得组织有碍幼儿身心健康的活动。

(8) 秉持公平诚信。坚持原则,处事公道,光明磊落,为人正直;不得在入园招生、绩效考核、岗位聘用、职称评聘、评优评奖等工作中徇私舞弊、弄虚作假。

(9) 坚守廉洁自律。严于律己,清廉从教;不得索要、收受幼儿家长财物或参加由家长付费的宴请、旅游、娱乐休闲等活动,不得推销幼儿读物、社会保险或利用家长资源谋取私利。

(10) 规范保教行为。尊重幼儿权益,抵制不良风气;不得组织幼儿参加以营利为目的的表演、竞赛等活动,或泄露幼儿与家长的信息。

(资料来源:新华网.http://www.xinhuanet.com/,2018-11-16.)

二、教师职业道德的特点

1. 教师职业道德要求比其他职业道德更高尚、更全面

与其他职业不同,教师职业劳动是以培养人为目的,教师肩负着教书和育人的双重使命。教育家苏霍姆林斯基曾经这样告诉教师:"你不仅是活的知识库,不仅是一名专家,善于把人类的智力财富传授给年轻一代,并在他们心灵中点燃求知欲望和热爱知识的火花,你是创造未来人的雕塑家,是不同于他人的特殊雕塑家,教育创造真正的人,就是你的职业。"要做未来人的雕塑家,就要求教师不仅要用渊博的学识教育人,还要用高尚的人格感染人,这些都对教师职业道德提出了更高、更全面的要求,没有高尚的职业道德品质是无法担当如此重任的。

教育人、培养人是一个长期的过程,一种良好行为习惯的养成与一种缺点的克服等都需要教师付出长期的大量的复杂性劳动,这种在时间空间上的全面投入,都需要教师以高度的责任心和使命感,以持之以恒的精神与坚忍不拔的毅力去对待自己所从事的崇高事业。而这些就会涉及教师的职业态度、职业理想、职业责任、职业技能、职业良心等多方面的内容及要求,从这一意义上来说,教师职业道德要求比其他职业道德更全面。

2. 教师职业道德意识比其他职业道德更具自觉性

教师是以个体的脑力劳动作为主要的劳动方式,这一劳动方式具有独立性、灵活性和自主性的特点。教师的许多工作,诸如教师是否精心备课、是否认真批改作业、是否平等友爱地尊重并教育学生,是否真诚有效地与家长沟通等,都是处于无人监督的情况下需要教师自觉地完成。而且,教师对学生的教育和影响并不仅仅局限在课堂和学校,在任何时间、任何地方教师都会自觉和不自觉地对学生产生影响。这种劳动时间和劳动空间的灵活性,要求教师在遵守职业道德方面具有高度的自觉性。正如叶澜教授在《教师角色与教师发展新探》中提出的："教育是一个使教育者和受教育者都变得更完善的职业，而且，只有当教育者自觉地完善自己时，才能更有利于学生的完善与发展。"

3. 教师职业道德行为比其他职业道德更具典型性和示范性

教师的劳动对象是可塑性和模仿性强、世界观和人生观及性格品质正处于形成阶段的学生。他们往往会在崇敬和仰慕教师的同时，有意识地效仿教师的言行举止，模仿教师的处事方式，形成具有"师风"的习惯特点。教育对象的这一特点，决定了教师必须要"学高为师，身正为范"，要用自身的人格和道德风貌去引导并影响学生，作"人之楷模"。卢梭在《爱弥儿》中对教师说："你要记住，在敢于担当培养一个人的任务之前，自己就必须造就成一个人，自己就必须是一个值得推崇的模范。"叶圣陶先生也曾指出："教育者的全部工作就是为人师表。"教师要充分发挥"以身立教"的作用，就要努力做到：在业务学习上，学而不厌，勇于钻研；在教学工作中，诲人不倦，因材施教；在道德修养上，敦品立德，美言善行；在日常生活中，严于律己、宽以待人。只有时时、处处、事事以身作则，才能在学生乃至整个社会面前，树立崇高的道德形象，成为学生和社会的道德楷模。

【拓展阅读】

习近平寄语教师金句：要成为塑造学生的"大先生"

"百年大计，教育为本。教育大计，教师为本。"党的十八大以来，以习近平同志为核心的党中央高度重视教师队伍建设问题，在不同场合多次强调教师工作的重要意义。

1. 教师是立教之本、兴教之源

百年大计，教育为本。教师是立教之本、兴教之源，承担着让每个孩子健康成长、办好人民满意教育的重任。

——2013 年 9 月 9 日，在向全国广大教师致慰问信中强调

2. 教师要时刻铭记教书育人的使命，甘当人梯，甘当铺路石

教师要时刻铭记教书育人的使命，甘当人梯，甘当铺路石，以人格魅力引导学生心灵，以学术造诣开启学生的智慧之门。

——2014 年 5 月 4 日，在北京大学师生座谈会上的讲话中强调

3. 全国广大教师要做"四有"好老师

全国广大教师要做有理想信念、有道德情操、有扎实知识、有仁爱之心的好老师，为发展具有中国特色、世界水平的现代教育，培养社会主义事业建设者和接班人作出更大贡献。

——2014 年 9 月 9 日，在同北京师范大学师生代表座谈时强调

4. 教师的工作是塑造灵魂、塑造生命、塑造人的工作

教师重要，就在于教师的工作是塑造灵魂、塑造生命、塑造人的工作。一个人遇到好老师是人生的幸运，一个学校拥有好老师是学校的光荣，一个民族源源不断涌现出一批又一批好老师则是民族的希望。

——2014 年 9 月 9 日，在同北京师范大学师生代表座谈时强调

5. 好老师要有“捧着一颗心来，不带半根草去”的奉献精神

好老师要有“捧着一颗心来，不带半根草去”的奉献精神，自觉坚守精神家园、坚守人格底线，带头弘扬社会主义道德和中华传统美德，以自己的模范行为影响和带动学生。

——2014 年 9 月 9 日，在同北京师范大学师生代表座谈时强调

6. 努力做教育改革的奋进者、教育扶贫的先行者、学生成长的引导者

发展教育事业，广大教师责任重大、使命光荣。希望你们牢记使命、不忘初衷，扎根西部、服务学生，努力做教育改革的奋进者、教育扶贫的先行者、学生成长的引导者，为贫困地区教育事业发展、为祖国下一代健康成长继续作出自己的贡献。

——2015 年 9 月 9 日，在给“国培计划(二〇一四)”北师大贵州研修班参训教师回信中强调

7. 让教师成为让人羡慕的职业

各级党委和政府要满腔热情关心教师，让广大教师安心从教、热心从教、舒心从教、静心从教，让广大教师在岗位上有幸福感、事业上有成就感、社会上有荣誉感，让教师成为让人羡慕的职业。

——2016 年 9 月 9 日，在北京市八一学校看望慰问师生时强调

8. 教师要成为塑造学生品格、品行、品味的“大先生”

教师做的是传播知识、传播思想、传播真理的工作，是塑造灵魂、塑造生命、塑造人的工作。教师不能只做传授书本知识的教书匠，而要成为塑造学生品格、品行、品味的“大先生”。

——2016 年 12 月 7 日，在全国高校思想政治工作会议中强调

9. 形成教师人人尽展其才、好老师不断涌现的良好局面

全面深化新时代教师队伍建设改革，要全面贯彻党的教育方针，坚持社会主义办学方向，遵循教育规律和教师成长发展规律，全面提升教师素质能力，深入推进教师管理体制机制改革，形成优秀人才争相从教、教师人人尽展其才、好老师不断涌现的良好局面。

——2017 年 11 月 20 日，在十九届中央全面深化改革领导小组第一次会议上强调

10. 评价教师队伍素质的第一标准应该是师德师风

评价教师队伍素质的第一标准应该是师德师风。师德师风建设应该是每一所学校常抓不懈的工作，既要有严格制度规定，也要有日常教育督导。我们的教师队伍师德师风总体是好的，绝大多数老师都敬重学问、关爱学生、严于律己、为人师表，受到学生的尊敬和爱

戴。同时，也要看到教师队伍中存在的一些问题。对出现的问题，我们要高度重视，认真解决。

——2018年5月2日，在北京大学师生座谈会上的讲话中强调

（资料来源：人民网—中国共产党新闻网—学习路上. http://cpc.people.com.cn/xuexi/n1/2018/0906/c421030-30276689.html，2018-09-07.）

4. 教师职业道德影响比其他职业道德更具深广性

就影响深度而言，教师道德在教育过程中不只作用于学生的感官，还深入学生的心灵，影响并塑造学生的品质；不但影响学生在校时期的成长，甚至会影响他的一生，进而影响到整个社会的发展。很多钦佩教师给自己带来终身教诲的学生在走上社会后，仍然赞誉自己的老师。毛泽东在给他的老师徐特立先生的信中就曾深情地说道："你是我二十年前的老师，你现在仍然是我的老师，你将来必定还是我的老师。"鲁迅同他的老师藤野先生分别多年以后，依然怀念他，依然铭记他的谆谆教诲。可见，教师职业道德素质对学生发展的影响是深远的。

就影响广度而言，教师道德不仅影响在校学生，还通过学生影响到学生的家庭，并通过家庭扩散影响到周围社区甚至整个社会。在现代社会，随着教育信息迅速、便捷地传播，随着教育与教师的地位日益得到重视，教师与社会的接触越来越多、联系越来越广，他们的思想品德、行为举止也将越来越多地影响到社会的方方面面，进而也影响到整个社会的前途和未来。因此，与其他行业的职业道德素质相比，教师职业道德的影响更具深广性。

【拓展阅读】

名人眼中的老师

第一个月考，我的历史得了99分，而代数却只得了52分，不及格！当我下课自己躲在屋角流泪的时候，觉得有只温暖的手，抚着我的肩膀，抬头却见T女士挟着课本，站在我的身旁。我赶紧擦了眼泪，站了起来。她温和地问我道："你为什么哭？难道是我的分打错了？"我说："不是的，我是气我自己的数学底子太差。你出的10道题目，我只明白一半。"她就款款温柔地坐下，仔细问我的过去。知道了我的家塾教育以后，她就恳切地对我说："这不能怪你。你中间跳过了一大段！我看你很聪明，补习一定不难；以后你每天晚一点回家，我替你补习算术吧。"这当然是她对我格外的爱护，因为算术不合格，很有留级的可能；

而且她很忙，每天抽出一个钟头给我，是额外的恩惠。我当时连忙答允，又再三地道谢。回家去同母亲一说，母亲尤其感激，又仔细地询问T女士的一切，她觉得T女士是一位很好的老师。从此我每天下课后就到她的办公室补习一个钟头的算术，把高小三年的课本在半年以内赶完了。T女士逢人便称道我的神速聪明。但她不知道我每天回家后，用功直到半夜，因做习题的繁难，我曾流过许多焦急的眼泪，在眼泪模糊之中，灯影下往往涌现着T女士美丽慈和的脸，我就仿佛得了灵感似的。擦去眼泪，又赶紧往下做。

——冰心《我的老师》

她爱诗，并且爱用歌唱的音调教我们读诗。直到现在我还记得她读诗的音调，还能背诵她教我们的诗：圆天盖着大海，黑水托着孤舟，远看不见山，那天边只有云头，也看不见树，那水上只有海鸥……今天想来，她对我接近文学和爱好文学是有着多么有益的影响！像这样的教师，我们怎么会不喜欢她并且愿意和她亲近呢？

……

一个老师排除了孩子世界里的一件小小的纠纷，是多么平常；可是回想起来，那时候我却觉得给了我莫大的支持！在一个孩子的眼睛里，他的老师是多么慈爱、多么公平、多么伟大的人呵。

——魏巍《我的老师》

我交出所抄的讲义去，他收下了，第二三天便还我，并且说，此后每一星期要送给他看一回。我拿下来打开看时，很吃了一惊，同时也感到一种不安和感激。原来我的讲义已经从头到末都用红笔添改过了，不但增加了许多脱漏的地方，连文法的错误也都一一订正了。

……

但不知怎的，我总还时时记起他，在我所认为我师之中，他是最使我感激、给我鼓励的一个。有时我常常想：他的对于我的热心的希望、不倦的教诲，小而言之，是为中国，就是希望中国有新的医学；大而言之，是为学术，就是希望新的医学传到中国去。他的性格，在我的眼里和心里是伟大的，虽然他的姓名并不为许多人所知道。

——鲁迅《藤野先生》

（资料来源：人民网. http://edu.people.com.cn/n/2014/0905/c388755-25609500.html.）

三、教师职业道德的功能

（一）教师职业道德的认识功能

教师职业道德的认识功能是指在教育实践中，它可以帮助教师正确认识自己在教育活动过程中对他人、集体和社会应尽的义务和责任，并在此基础上形成的一定的道德观念和道德判断能力。例如，幼儿教师可以依照《幼儿园教师专业标准（试行）》的具体要求来对照自己，正确认识自己在“专业理念与师德”“专业知识”“专业能力”方面的不足与差距，明确幼儿教师应具备的素质和能力。

（二）教师职业道德的实践功能

教师职业道德的实践功能集中表现在三大方面，即教育功能、调节功能、社会促进功能。

1. 教育功能

首先，教师的人格、品性、德操对学生人格的形成起着奠基作用，具有良好师德的教师所表现出来的高尚师德有利于学生良好品行的形成。一位品德高尚、为人师表的优秀教师，可以通过自己的言行举止，将乐观向上的进取精神、严谨务实的治学作风、正直诚信的高尚品质传递给学生，使学生在潜移默化的熏陶中不断历练品行，塑造良好的人格。

其次，教师文明的言谈举止对学生行为习惯的形成起着修正作用。教师是学生的一面镜子，教师的言谈举止、为人处世甚至衣着穿戴都应该是学生心中美的化身、善的代言、真的模范。教师注重修养，注意言行，处处给学生做出表率，言教辅以身教，身教重于言教，学生耳闻目染，其不良行为和习惯就可能受到约束，得到修正。

2. 调节功能

调节功能是教师职业道德的最基本、最主要的功能。调节功能，是指教师职业道德通过教育、评价、沟通等方式和途径，指导和纠正教师个人与他人、个人与社会交往关系中的行为，协调教育过程中的各种关系，从而保证教育教学的顺利进行。

教师职业道德不仅是教师道德品质的表现和反映，同时它作为一种调节手段，在一定程度上又有力地促进了教师道德品质的完善和提升。一方面，这种调节作用可以通过社会舆论、风俗习惯等外部监督和评价，促使教师坚持符合职业道德要求的行为，抵制违背道德要求的行为；另一方面，这种调节作用还体现在当教师职业道德由教师外在要求转化为教师个体的内在需求时，就会通过教师的责任感、义务感主动地发挥作用，使教师自觉地坚定职业信念、端正教育态度、调节职业行为。

3. 社会促进功能

在实践领域，教师职业道德的功能还表现在其直接或间接地影响社会风气，对社会主义精神文明建设起着促进作用。其一，通过培养学生，对社会产生广泛而深远的影响；其二，通过教师自身来影响社会，促进社会道德风尚的改变。

【拓展阅读】

老教授雨中脱西装遮学生作业本

“下午放学的时候，雨下得不小，前面一位老师脱掉西装遮住学生们的作业自己淋雨的一幕，恰巧被后面老师抓拍到，走进办公楼的大厅，因为路滑，还摔碎了自己的水杯。西装遮盖的不只是数十本作业本，更是一位师者，用细节守护每一位学子的责任与良心！为这样的好老师点赞！”这是2016年10月26日武汉科技大学城市学院官方微博发布的一则图文微博。微博发出后很快成为热门话题。在这条微博下面有4000余名网友纷纷为该老师的行为点赞，不少网友纷纷留言讨论和称赞。

网友@小蜗牛慢慢爬：确实要赞，在武汉的人才知道当天有多冷。

网友@菁菁女神：此背影有暖暖的感觉。

网友@找幸福的麦兜：这责任心，真的是为人师表啊，不仅教育了学生，更教育了人心。

网友@聂胜敏：能遇见这样的好老师很幸运。

网友@插班生小明：这样的好老师，给我们学校来一打。

网友@nice渊：这样的老师，值得人们去尊敬。

网友@Blacccckkk：我初中班主任和数学老师，自己淋雨，给我们班同学打伞送出学校，一趟又一趟，从此成了我们班的男神。

网友@一睡三不知：其实还是好老师多，上学时对老师再多的埋怨，现在都变成了怀念，或是他们的口音或是他们的经典动作，现在想想都觉得好可爱。

然而67岁的石丹林教授本人对于走红网络，感到十分意外。他反复强调：这是小事，不值一提，不值得社会对我高度关注。这么多人关注，这么多人点赞，我感到心理压力很大。因为我做的事情是微不足道甚至是无意之间的，这是我的职业习惯。老师肯定要把学生的本子保护好，老师如果把学生的本子搞丢了、搞脏了，或者怎么样了怎么能行呢？这是我的职业习惯。

老教授雨中脱西装遮学生作业本不仅仅是教师的职业习惯，更是一位师者用细节守护每一位学子的责任与良心！

为这样的好老师点赞！

（资料来源：新浪新闻.http://news.sina.com.cn/s/wh/2016-10-28/doc-ifxxfuff7031138.shtml.）

四、教师职业道德的作用

（一）促进教师职业专业化

1966年联合国教科文组织在《关于教师地位的建议》中指出，必须把教师职业视为专业。20世纪80年代后，很多国家都加快了教师专业化的步伐，提出了不同的建设标准和目标。我国教师专业化的具体内容包括教师的职业道德、专业知识、专业技能和专业发展四个方面。其中，职业道德是教师专业化的核心要素，具体包括以下内容：一是专业责任感和归属感，特别是对教师职业的热爱和对育人工作的负责精神；二是精益求精的工作态度，即努力探索教师职业规律，追求理想的教育教学境界，不断改进专业技能，不断创新，力求达到最佳教育教学效果；三是终身发展的意识，即树立终身学习、开放学习的理念，不断追求自身人格完善，发展自我，提升职业素质，努力为人师表。教师职业道德不仅是对教师行为的约束，更是教师不断提升自我的行为标杆，它必将促进教师职业的专业化发展。

（二）促进师生的生命成长和人格完善

陶行知先生曾指出："先生创造学生，学生也创造先生，学生先生合作而创造出值得彼此崇拜之活人。"中国人民大学教授黄克剑早在1993年就提出了教育的三个境界，即"授受知识、开启智慧、润泽或点化生命"。"授受知识"是教育最基本的职责，也是教育的第一个境界，是历代教育都可以做到的。第二个境界"开启智慧"，即教育的目标不仅是教会学生一些知识，更重要的在于引导学生学会学习、学会选择，学会更好地运用所学知识为社会服务。第三个境界"润泽或点化生命"是站在生命的高度对教育的整体把握，亦即为了"立人"和对人生命的成全。教育活动本身就是教师与学生精神的传递和心灵的互动，是一种生命与生命的相互对接与交融，更是生命与生命之间的相互摄养。正如德国存在主义哲学家雅斯贝尔斯在《什么是教育》一书中所说："教育意味着一棵树摇动另一棵树，一朵云推动另一朵云，一个灵魂唤醒另一个灵魂。"教育的过程甚至每一个教育细节都充满着教育者与被教育者之间相互的理解、尊重和爱，教育也正因为人生命的独特性和教育内容的丰富多样性而变得更具魅力。在教育实践中，教育者和受教育者都会在精神上不断地丰富、人格上不断地完善。

（三）传承和发展人类文明，推动和谐社会的发展

师德是社会文明传承发展的根基。正如习近平主席在2013年纪念联合国"全球教育第一倡议"活动的致辞中指出的："教育是人类传承文明和知识、培养年轻一代、创造美好生活的根本途径。"在人类长期的历史发展过程中，创造了光辉灿烂的科学文化，积累了宝贵的精神财富。人类文明只有在继承前人创造的优秀成果的基础上，才能不断发展，并在发展中创新。教师通过自己的职业劳动对人类文明成果加以总结、吸收，将人类的知识与技能、财富转化为学生的个人能力和精神内存。这些东西内化在每个不同的学生中，再通过学生的社会实践不断生发出新的更为先进的人类文明。

职业道德作为一种社会意识，是一定社会道德关系的体现。教师职业道德最显著的特点是其社会性，它必然要反映一定历史条件下的某种社会关系和社会价值观。党的十八大报告在谈到加强社会主义核心价值体系建设时明确指出："倡导富强、民主、文明、和谐，倡导自由、平等、公正、法治，倡导爱国、敬业、诚信、友善，积极培育和践行社会主义核心价值观。"社会主义核心价值观作为一种精神航标，对于建设和谐社会具有重大的引领和指导作用。师德是社会主义核心价值体系在教育活动中的具体体现，社会主义核心价值体系对师德具有引领和指导作用。教师积极践行社会主义核心价值观，一方面，可以用自己坚定的理想信念、高尚的职业道德为学生和社会的发展树立崇高的道德标杆，推动社会良好道德风尚的形成。另一方面，教师崇高的师德可以抵制社会上的各种不正之风。在现代社会，食品安全、环境污染、腐化堕落、诚信危机、暴力虐童等一系列问题都在触及社会公德的底线。社会风气的进步、和谐社会的推进，需要各行业的从业者从职业道德入手加强责任意识，规范自身的职业行为。作为人类灵魂工程师，教师的修身立德、为人师表，不仅能抵制社会的不正之风，还能用自己的言行去感染和影响社会，促进和谐社会的发展。

【拓展阅读】

"时代楷模"陈立群："给孩子一双翅膀"

时代楷模陈立群

2019 年 9 月 9 日，在全国人民喜迎新中国成立 70 周年、第 35 个教师节到来之际，中共中央宣传部在北京向全社会宣传发布贵州台江民族中学支教校长陈立群的先进事迹，授予他"时代楷模"称号。

从中宣部副部长梁言顺手中，陈立群接过"时代楷模"奖章和证书，这是他 40 余年来信仰坚定、潜心育人的荣誉。

2016 年，全国重点高中杭州学军中学校长陈立群马上就要退休了。很多民办学校向他抛出橄榄枝，有的甚至开出了两百万元年薪的优厚条件。可是，陈立群拒绝了。他做出了一个让很多人都不解的选择：跨越 1400 公里，来到贵州省黔东南州台江县，成为国家扶贫开发工作重点县里唯一的高中——台江民族中学的校长。而且分文不取，扶贫支教。

选择的背后，支撑陈立群的仅仅是两个简单的词语："爱与责任"。

离开浙江时，面对 90 岁高龄的母亲，陈立群曾这样说道："儿这趟去贵州，不为功利，不求功德，只为心愿。"

他的心愿是什么？

2001 年，陈立群牵头在杭州长河高级中学创办了浙江省第一个宏志班。

"我自己是从农村走出来的，当了校长以后就有一个想法，那些跟我小时候所处的环境差不多情况的孩子，我要帮他们一把。"带着这样的初心，陈立群来到了贵州。

刚到台江民族中学的时候，这位身经百战的老校长很吃惊。

3000 人的学校，食堂菜盆上都是苍蝇，看着就心酸；高考成绩全州垫底，召开家长会，有的班家长还没老师多；晚自习热闹得像菜市场，老师不管，学生不学……

面对这样的局面，一个退休老校长怎么做？

不到一个月的时间，两位不称职的教师接连被撤岗。打出严格管理这张牌，陈立群是为了唤醒老师们的凝聚力、创造力和积极性。

“一个学校，最重要的是老师。”为了解决教师待遇问题，陈立群没少跟当地教育部门争取，但当地财力实在有限。于是，他捐出国务院特殊津贴和杭州杰出人才奖20多万元奖金，设立“奖教金”，每年奖励9名教师，每人5000元。

陈立群坚信，“寒门”更能出“贵子”，只是大山里的孩子缺少引导和信心。他接连制定十几项严格日常管理、规范教学的规章制度，要用无形的缰绳把学生“脱缰的心”拉回教室。

陈立群让学生们把亲手写下的人生志向汇集在一起，在校园里种下志向树，也在心里种下对理想的追寻，对未来的规划。

“每次听完他讲话，内心真的很澎湃，他说过让我印象最深刻的话是：真正能让孩子走出大山，最好的道路就是教育。”原台江民中学生王世珍高三时，家里遇到困难面临辍学，陈校长塞给她1000元钱生活费。但王世珍想了又想，决定把钱还给陈立群，又写了一封信一起塞到校长办公室：“陈校长，您就像是一盏灯照亮了我的心灵，您的心意我领了，每个人都有困难的时候，但我明白，人如果不是到了绝境，绝对不能靠别人来改变自己的处境，而是要有所作为。”

如今，王世珍考取了贵州民族大学人文科技学院学前教育专业。

“陈校长的‘爱与责任’简简单单，却厚重无比。”在《时代楷模发布厅》的演播厅，望着从台上走下来的陈立群，北京外国语大学新闻专业的王晨和她的同学眼神里充满敬意。

在贵州支教三年间，陈立群走访过100多名学生的家，资助学生家庭累计达10多万元。他说，去过最远的一个孩子家，需要先开车一个半小时，再坐烧着柴油的小船45分钟，最后再步行半个小时。

这不仅是一个校长的家访路，也是一个孩子的上学路。对于陈立群来说，他的教育思考和探索，他的信仰和追求，纯粹而简单，他要走进孩子们的心里。

获得“时代楷模”称号后，陈立群说：“我是一个普通教师，一路走来我也非常感恩。过去的宏志生，现在的苗族孩子，是他们提升了我的办学理念，是他们充实了我的精神世界。作为教师，我们的快乐和幸福就在于，可以给孩子一双翅膀，让他们能够飞得更高，而这一双翅膀，就是我们的爱与责任。”

（资料来源：庞博，李卓檬.“时代楷模”陈立群：“给孩子一双翅膀”[N].贵州日报，2019-09-10.）

第三节 幼儿园教师专业标准

话题聚焦

假如你的工作、学问和成绩都非常出色，那你尽管放心：他们全会站在你这一边，决不会背弃你。相反地，不论你是多么亲切，你的话说得多么动听，态度多么和蔼，不论你在日常生活中和休息的时候是多么可爱，但是假如你的工作总是一事无成，总是失败，假如处处都可以看出你不通业务，假如你做出来的成绩都是废品和“一场空”，那么除了蔑视之外，你永远不配得到什么。

——马卡连柯

教育是一个使教育者和受教育者都变得更完善的职业，而且，只有当教育者自觉地完善自己时，才能更有利于学生的完善与发展。没有教师生命的提升，就很难有高的教育质量；没有教师精神的解放，就很难有学生精神的解放；没有教师的主动发展，就很难有学生的主动发展；没有教师的教育创造，就很难有学生的创造精神。

——叶澜

思考：

1. 作为一名幼儿教师应该具备哪些专业知识和专业技能？

2. 幼儿教师应该以什么标准来规范自身的言行？

理论加油站

一、《幼儿园教师专业标准(试行)》的研制背景

20世纪80年代以来，世界各国教育改革风起云涌，许多国家都把教育放在优先发展的战略地位，大力发展教育事业、实施教改计划。与此同时，教师专业标准的制定也成为各国教育改革和教师专业化发展的焦点问题，美国、英国、澳大利亚等国家先后根据国情制定了本国的教师专业标准。这些标准在引领和促进教师发展的同时极大地促进了国家教育事业的发展。可以说，教师专业标准作为衡量一个国家教育质量的重要指标，它的研究制定与实施已经成为推进教师专业化发展、提高教育教学质量的重要举措。

我国自2001年开始推行基础教育课程改革以来，作为基础教育有机组成部分的学前教育也得到了一定程度的发展。但在其发展过程中也存在一些问题：幼儿园教师被看作"半专业"或"非专业"的职业，甚至有些家长将幼儿园教师等同于"保姆""阿姨"；幼儿教师整体队伍的现状不容乐观，高学历者少，中等学历者多，持有教师资格证的幼儿教师所占比例少，综合素质不高，从教能力差，这些都严重制约并影响着我国学前教育发展的质量。据相关数据显示，截至2010年年底，我国幼儿园专任教师共计114.4万人，比上年新增15.8万人，增幅达16%，成为我国教师队伍中增长最快的一支。在当前学前教育蓬勃发展的关键时期，幼儿教师队伍素质的高低直接关系学前教育质量，影响幼儿身心全面发展及国民整体素质，在2001年颁布的《幼儿园教育指导纲要(试行)》充分肯定了幼儿教师在幼儿身心发展中的作用和地位，同时对幼儿教师的素质提出了前所未有的挑战，强调要促进幼儿生动、活泼、健康地发展就必须要提升师资质量，提高教师的专业化水平。因此，制定、颁布、实施统一的专业标准对幼儿教师队伍进行规范管理势在必行。

2010年7月颁布的《国家中长期教育改革和发展规划纲要(2010—2020年)》(以下简称《规划纲要》)中对幼儿教师队伍建设提出了明确的要求："严格执行幼儿教师资格标准，切实加强幼儿教师培养培训，提高幼儿教师队伍整体素质，依法落实幼儿教师地位和待遇。"继《规划纲要》颁布之后，《国务院关于当前发展学前教育的若干意见》(又称"国十条")在对学前教育发展提出总体规划的同时也明确要求"国家颁布幼儿园教师专业标准"。2012年2月10日，教育部根据《中华人民共和国教师法》，颁布了《幼儿园教师专业

标准(试行)》(以下简称《专业标准》)。这标志着我国幼儿教师队伍的建设进入了专业化阶段,并将大力推进我国幼儿教师队伍专业水平的提高。

《专业标准》是国家对合格幼儿园教师专业素质的基本要求,是幼儿园教师开展保教活动的基本规范,是引领幼儿园教师专业发展的基本准则,是幼儿园教师培养、准入、培训、考核等工作的重要依据。

【拓展阅读】

幼儿园教师专业标准

《专业标准》的指导思想

《专业标准》是广大学前教育研究者、幼教行政管理人员、学前师资培养培训者、一线园长和教师等人员共同研究的成果。《专业标准》在研制过程中始终坚持和体现了以下指导思想。

(1) 专业导向,师德为先。幼儿园教师是对幼儿实施保育和教育职责的专业人员,需具备特定的专业素质,具有良好的职业道德与态度、专业的教育知识和技能。因此,《专业标准》应包含严格的职业道德规范、明确的专业导向,规定幼儿园教师从事幼儿园教育教学工作所必须达到的基本专业要求。

(2) 基本规范,前瞻引领。《专业标准》是国家对合格的幼儿园教师专业素质的基本要求,规定的是幼儿园教师必须达到的基本专业素养和教师开展保教活动的基本规范,同时又应该是引领幼儿园教师专业发展的基本准则,为幼儿园教师专业发展提供方向性的指引和导航,幼儿园教师应按标准中提出的专业要求,不断提升专业发展水平。

(3) 全面要求,突出重点。《专业标准》将专业理念与师德、专业知识和专业能力三方面作为幼儿园教师必备的基本素质与条件,尤其注重专业理念与师德,将其作为《专业标准》的灵魂与核心。《专业标准》强调合格的幼儿园教师必须富有爱心、责任心、耐心和细心,必须关爱幼儿、尊重幼儿,做幼儿健康成长的启蒙者和引路人。同时对当前社会反映的教师专业意识或行为中薄弱、不足的方面,予以关注与强调。

(4) 共同准则,体现独特。《专业标准》既要充分反映教师职业所应具有的普遍性专业特点,同时又要适应幼儿身心发展需求和幼儿园阶段教育的特殊性,充分体现幼儿园教师素质的独特性。在《专业标准》中,特别强调幼儿园教师要保教结合,适宜安排幼儿的一日生活;重视环境和游戏对幼儿发展的独特价值,积极支持与引导幼儿游戏,将教育灵活地渗透于一日生活中。

(5) 立足国情,国际视野。《专业标准》是引领我国幼儿园教师专业发展的基本准则,要充分考虑满足我国社会和学前教育事业改革发展的需求,并充分考虑我国国情与教师专业发展和教育现状。同时,要积极分析与借鉴国际相关儿童发展、教育改革,特别是教师专业标准和专业化发展等最新研究成果,以制定更加符合世界教育改革与教师专业发展趋势、又适合于我国国情的幼儿园教师专业标准。

(资料来源:庞丽娟.《幼儿园教师专业标准》的研制背景、指导思想与基本特点[J].学前教育研究,2012(7).)

二、《专业标准》的基本理念

《专业标准》提出"幼儿为本""师德为先""能力为重""终身学习"四个基本理念。

(一) 强调以幼儿为本

幼儿教师要树立"珍惜幼儿生命,尊重幼儿价值,满足幼儿需要,维护幼儿权利"的理念。真正地关爱、尊重和信任幼儿,一切以幼儿为主体,尊重幼儿的各项权益,尊重幼儿的主体地位和个体差异,在一日生活的组织与各项活动中都能遵循幼儿身心发展特点和保教活动规律,充分调动和发挥幼儿的主动性,保障幼儿快乐健康地成长。

(二) 倡导以师德为先

师德为先是幼儿教师最基本、最重要的职业准则和规范。幼儿教师要树立"师德为先"的理念,注重自身师德修养的提高。每位幼儿教师都应该热爱学前教育事业,具有崇高的职业理想,积极践行社会主义核心价值体系,认真履行教师职业道德规范,依法执教;关爱幼儿,尊重幼儿人格,富有爱心、责任心、耐心和细心;为人师表,教书育人,自尊自律,做幼儿健康成长的启蒙者和引路人。

(三) 重视教师能力的提升

专业知识和专业能力是幼儿教师专业发展的核心内容,幼儿教师要不断提高自身能力就要努力做到:重视理论联系实际,将学前教育理论与保教实践相结合,在知行统一中提升保教实践能力;研究幼儿,遵循不同年龄幼儿的身心发展特点及成长规律,提升保教工作专业化水平;在实践中勇于探索、勤于研究,善于反思,不断提高专业能力。

(四) 践行终身学习的理念

现代社会是一个学习型的社会,再也不能用原来的"教师要给学生一杯水,必须自己拥有一桶水、一池水"的理念来要求教师。今天人们更关注的是幼儿教师对知识的获取能力、更新能力和综合构建能力。幼儿教师只有不断地将教育教学实践中的新知识、新理念、新探索融入自己的一池水中,才能为个人发展和幼儿成长提供具有生命活力的源泉。为此,教师必须要树立终身学习的理念,积极学习先进的教育教学理论,了解国内外学前教育改革与发展的经验和做法;优化知识结构,提高文化素养;具有终身学习与持续发展的意识和能力,做终身学习的典范。

【拓展阅读】

幼儿教师的专业能力——在游戏中培养孩子的创造力

一日活动

(一) 我想这样玩

晨间锻炼活动时,孩子们都在兴致勃勃地玩着,只见洋洋小朋友正在将小朋友们走的高跷一个个从篓子里拿出来，我当时很生气地责备他："你在干嘛啊？赶紧去参加锻炼。"

洋洋一脸无辜地看着我，看到他那畏畏缩缩的样子，我顿时意识到自己的问题，忙蹲下来问："今天你玩的是什么啊？""高跷。""高跷是拿来走的，一次只要两个就行了，你为什么把这么多拿出来？""老那样来回走我觉得没意思，我想将它们排队，这样走就不一样了……"看着孩子认真的表情和富有想象力的回答，我没有再指责他，而是鼓励他在周围空地上排高跷。洋洋听了我的建议开心而满足地笑了，还带动了其他小朋友参与到自创的游戏中。

（二）我想帮小朋友们排鞋子

豆豆连续一个星期都是最后一个进卧室的，我每天都要督促他快一点儿，可他还是那样慢吞吞的。我心里嘀咕：这孩子平时其他活动表现都很好，怎么到了睡觉排队时间就犯怪呢？直到有一天，我问他："你为什么每天都这样慢啊？"他骄傲地说："我想帮小朋友们排鞋子！"豆豆看到每次睡觉时班上小朋友的鞋子都摆放得不整齐，就想帮小朋友们把鞋子排好。原来是这样！摆放物品之类的事，我一般都是请那些在老师看来平时表现比较好的孩子做的，在自己潜意识中总担心那些"调皮"的孩子做事毛躁，殊不知，每个孩子都有做事且做好事的愿望。随即我调整了班级的值日生安排方式，设计了每日班级值日生安排表，让每个孩子自主报名值日的时间和值日内容，让能力强的孩子介绍自己做事的方法和方式，让大家一起提高做事的效率和能力，也使每个孩子都有机会做事，就这样，孩子们的自我管理能力得到了很大提高，积极性也得到了鼓舞，班级的常规也井然有序，似乎孩子们一夜间长大了。

（三）小组的名字叫恐龙组

下午的活动是按小组进行。每学期开学时班级都要重新分组，依据惯例，我按照孩子们的性格以及男女生的比例相应地把孩子们划分到苹果、西瓜、草莓等小组，大部分孩子都能按照老师的安排去做，只有彭彭小朋友闷闷不乐，为此我批评了他，说他动作缓慢甚至反应迟钝。有一天，彭彭妈妈与我闲聊时说："最近幼儿园是不是在分组啊？我家彭彭好像在西瓜组啊。"我自信地回答："西瓜组的孩子们都很好，你家彭彭更能与同伴互帮互助。"彭彭妈妈不好意思地说："可孩子说他不想在西瓜组。""他甚至都想好了小组的名字，叫恐龙组。"听完彭彭妈妈的话，我认真回忆彭彭近几天的表现和情绪，难怪他每天都没精神，我突然意识到自己忽略了孩子们的意愿。因此，尽管已经分好了小组，为了尊重孩子们的意愿我还是重新进行了分组，重新给小组命名。孩子们表现得异常兴奋，根据自己的爱好集中选出了自己喜欢的小组名称和小伙伴，特别是彭彭提出的"恐龙组"受到孩子们的大力拥护，彭彭表现得劲头十足，后来通过竞选还当上了恐龙组的组长呢！（张文娟）

【案例评析】

关注、倾听、理解与尊重

教师要本着尊重幼儿的理念，把握好关注、倾听、理解与尊重的深刻内涵，让其渗透到幼儿的一日生活活动中，把理念转化为教师实实在在的教育行为，才能让孩子们在一日活动中享受快乐。

第一，你的行为我关注。从洋洋身上我看到了关注的价值，当孩子出现教师认为的所谓“错误”时，不应该立即阻止，更不应该立即否定，而是要给予更多的关注和期待，要具备把孩子当作具有独立精神的人的一种意识。因为当孩子有不同的想法和行为时，教师的关注将会带给孩子意外的收获和惊喜。组织对孩子有利的一日活动中离不开一个个基本行为的关注，它能帮助我们把握幼儿的活动方向，及时帮助孩子、引导孩子，使孩子获得真正意义上的收获。因此，关注是教师组织一日活动的最基本的行为体现，其中蕴含着教师对孩子的尊重。

第二，你的想法我倾听。倾听是教师组织一日活动的最重要的行为体现，对教师来说，善于倾听，才能真正走进幼儿的童心世界。“每一个孩子都是一个与众不同的言语生命”，作为教师，要学会倾听孩子们的每一个问题，每一句话语。日常生活中每个孩子都会有意无意地做出让老师不理解的事情，事情的真相往往只有小朋友自己知道。就像豆豆小朋友一样，表面看是他故意拖拉，但他的真实想法却是想帮小朋友们排鞋子。尊重孩子，也包括尊重孩子的“错误”，需要把孩子当成个平等的个体，给予平等的权利，为幼儿创设一个个宽松的氛围，鼓励他们表达自己的真实想法。倾听孩子的对话与表白，倾听孩子的心声，才能真正走进孩子的心灵，解读孩子的所思、所想、所为，真正成为他们的良师益友。

第三，你的选择我理解并尊重。日常生活中，成人往往以“爱”的名义把自己的意愿强加给孩子，而这种标榜着“爱”的言与行，很少关照孩子的内心感受。这种在不经意中“独断专行”的行为其实是因为我们没有真正把孩子摆在平等的位置。教师应认识到孩子虽小，但也是一个独立个体，有被爱、被肯定、被尊重的心理需要。正像彭彭小朋友一样，他们有自己的意愿、要求、兴趣爱好，教师应尊重幼儿的个性，多站在幼儿的角度去考虑问题，不要将自己的意志强加于幼儿的意志之上。只有建立在理解的基础上，才能给孩子们营造一个良好和谐的一日活动环境。（张文娟）

（资料来源：尹坚勤，管旅华.幼儿园教师专业标准（试行）案例式解读[M].上海：华东师范大学出版社，2018.）

三、《专业标准》的结构与基本内容

《专业标准》设置了3个维度14个领域共62项基本要求。“专业理念与师德”“专业知识”“专业能力”这3个维度对幼儿园教师的专业准入、专业规范和专业发展做出了清晰、具体的规定和指导。

“专业理念与师德”维度在《专业标准》的框架结构中居于首要位置，包括“职业理解与认识”“对幼儿的态度与行为”“幼儿保育和教育的态度与行为”“个人修养与行为”4个领域共计20条的内容，占全部基本内容条目的32%，它是教师从事保育和教育实践的情感和动力基础。

“专业知识”维度包括“幼儿发展知识”“幼儿保育和教育知识”“通识性知识”3个领域共计15条的内容，占全部基本内容条目的24%，它既是幼儿教师开展保育和教育实践必须具备的重要专业知识，也是其“专业理念与师德”和“专业能力”的认知基础。

“专业能力”维度包括“环境的创设与利用”“一日生活的组织与保育”“游戏活动的支持与引导”“教育活动的计划与实施”“激励与评价”“沟通与合作”“反思与发展”7个领域共计27条的内容，占全部基本内容条目的44%。《专业标准》（见下表）对“专业能力”提出了全方位、综合性的要求，在7个领域中，前3个领域是对教师提出的实施保育的能力要求，第 4、5 两个领域则对教师提出了开展教育活动的能力要求，第 6 个领域提出了幼儿教师应具备的人际交往能力，第 7 个领域是对教师自我发展能力的要求。

《幼儿园教师专业标准（试行）》的基本要求

维度	领域	基本要求
专业理念与师德	（一）职业理解与认识	1. 贯彻党和国家教育方针政策，遵守教育法律法规 2. 理解幼儿保教工作的意义，热爱学前教育事业，具有职业理想和敬业精神 3. 认同幼儿园教师的专业性和独特性，注重自身专业发展 4. 具有良好的职业道德修养，为人师表 5. 具有团队合作精神，积极开展协作与交流
	（二）对幼儿的态度与行为	6. 关爱幼儿，重视幼儿身心健康，将保护幼儿生命安全放在首位 7. 尊重幼儿人格，维护幼儿合法权益，平等对待每一个幼儿。不讽刺、挖苦、歧视幼儿，不体罚或变相体罚幼儿 8. 信任幼儿，尊重个体差异，主动了解和满足有益于幼儿身心发展的不同需求 9. 重视生活对幼儿健康成长的重要价值，积极创造条件，让幼儿拥有快乐的幼儿园生活
	（三）幼儿保育和教育的态度与行为	10. 注重保教结合，培育幼儿良好的意志品质，帮助幼儿形成良好的行为习惯 11. 注重保护幼儿的好奇心，培养幼儿的想象力，发掘幼儿的兴趣爱好 12. 重视环境和游戏对幼儿发展的独特作用，创设富有教育意义的环境氛围，将游戏作为幼儿的主要活动 13. 重视丰富幼儿多方面的直接经验，将探索、交往等实践活动作为幼儿最重要的学习方式 14. 重视自身日常态度言行对幼儿发展的重要影响与作用 15. 重视幼儿园、家庭和社区的合作，综合利用各种资源
	（四）个人修养与行为	16. 富有爱心、责任心、耐心和细心 17. 乐观向上、热情开朗，有亲和力 18. 善于自我调节情绪，保持平和心态 19. 勤于学习，不断进取 20. 衣着整洁得体，语言规范健康，举止文明礼貌
专业知识	（五）幼儿发展知识	21. 了解关于幼儿生存、发展和保护的有关法律法规及政策规定 22. 掌握不同年龄幼儿的身心发展特点、规律和促进幼儿全面发展的策略与方法 23. 了解幼儿在发展水平、速度与优势领域等方面的个体差异，掌握对应的策略与方法 24. 了解幼儿发展中容易出现的问题与适宜的对策 25. 了解有特殊需要幼儿的身心发展特点及教育策略与方法
	（六）幼儿保育和教育知识	26. 熟悉幼儿园教育的目标、任务、内容、要求和基本原则 27. 掌握幼儿园各领域教育的学科特点与基本知识 28. 掌握幼儿园环境创设、一日生活安排、游戏与教育活动、保育和班级管理的知识与方法 29. 熟知幼儿园的安全应急预案，掌握意外事故和危险情况下幼儿安全防护与救助的基本方法 30. 掌握观察、谈话、记录等了解幼儿的基本方法和教育心理学的基本原理和方法 31. 了解 0～3 岁婴幼儿保教和幼小衔接的有关知识与基本方法

续表

维度	领域	基本要求
专业知识	（七）通识性知识	32. 具有一定的自然科学和人文社会科学知识 33. 了解中国教育基本情况 34. 具有相应的艺术欣赏与表现知识 35. 具有一定的现代信息技术知识
专业能力	（八）环境的创设与利用	36. 建立良好的师幼关系，帮助幼儿建立良好的同伴关系，让幼儿感到温暖和愉悦 37. 建立班级秩序与规则，营造良好的班级氛围，让幼儿感受到安全、舒适 38. 创设有助于促进幼儿成长、学习、游戏的教育环境 39. 合理利用资源，为幼儿提供和制作适合的玩教具和学习材料，引发和支持幼儿的主动活动
	（九）一日生活的组织与保育	40. 合理安排和组织一日生活的各个环节，将教育灵活地渗透到一日生活中 41. 科学照料幼儿日常生活，指导和协助保育员做好班级常规保育和卫生工作 42. 充分利用各种教育契机，对幼儿进行随机教育 43. 有效保护幼儿，及时处理幼儿的常见事故，危险情况优先救护幼儿
	（十）游戏活动的支持与引导	44. 提供符合幼儿兴趣需要、年龄特点和发展目标的游戏条件 45. 充分利用与合理设计游戏活动空间，提供丰富、适宜的游戏材料，支持、引发和促进幼儿的游戏 46. 鼓励幼儿自主选择游戏内容、伙伴和材料，支持幼儿主动地、创造性地开展游戏，充分体验游戏的快乐和满足 47. 引导幼儿在游戏活动中获得身体、认知、语言和社会性等多方面的发展
	（十一）教育活动的计划与实施	48. 制订阶段性的教育活动计划和具体活动方案 49. 在教育活动中观察幼儿，根据幼儿的表现和需要，调整活动，给予适宜的指导 50. 在教育活动的设计和实施中体现趣味性、综合性和生活化，灵活运用各种组织形式和适宜的教育方式 51. 提供更多的操作探索、交流合作、表达表现的机会，支持和促进幼儿主动学习
	（十二）激励与评价	52. 关注幼儿日常表现，及时发现和赏识每个幼儿的点滴进步，注重激发和保护幼儿的积极性、自信心 53. 有效运用观察、谈话、家园联系、作品分析等多种方法，客观、全面地了解和评价幼儿 54. 有效运用评价结果，指导下一步教育活动的开展
	（十三）沟通与合作	55. 使用符合幼儿年龄特点的语言进行保教工作 56. 善于倾听，和蔼可亲，与幼儿进行有效沟通 57. 与同事合作交流，分享经验和资源，共同发展 58. 与家长进行有效沟通合作，共同促进幼儿发展 59. 协助幼儿园与社区建立合作互助的良好关系
	（十四）反思与发展	60. 主动收集分析相关信息，不断进行反思，改进保教工作 61. 针对保教工作中的现实需要与问题，进行探索和研究 62. 制订专业发展规划，不断提高自身专业素质

【拓展阅读】

《专业标准》的基本特点

（一）对幼儿园教师的师德与专业态度提出了特别要求

师德与专业态度是教师职业的基准线。尤其幼儿园教师的教育对象是身心发展迅速、可塑性大、同时易受伤害的幼儿，更需要师德高尚，具有良好的职业道德修养，富有爱心、责任心、耐心和细心，热爱幼儿，并给予幼儿精心呵护和教育培养的教师。

（二）要求幼儿园教师高度重视幼儿的生命与健康

充分考虑幼儿发展的身心特点和社会对幼儿安全与健康的热切关注，《专业标准》明确提出要高度重视幼儿的生命与健康，并从专业态度、知识和能力三个层面相互呼应，全面提出了具体要求。如教师要将保护幼儿生命安全放在首位；熟知幼儿园的安全应急预案，掌握意外事故和危险情况下幼儿安全防护与救助的基本方法；能有效保护幼儿，危险情况下优先救护幼儿。

（三）充分体现幼儿园保教结合的基本特点

幼儿身心发展的特点和需要决定了保教结合是幼儿园教育的基本原则，也是对幼儿园教师的基本专业要求。《专业标准》明确提出要“注重保教结合”，不仅将“一日生活的组织与保育”作为重要的专项领域要求，而且对教师提出了多项具体要求，要能合理安排和组织一日生活的各个环节，科学照料幼儿的日常生活，将教育灵活地渗透到一日生活中；能充分利用一日生活中的各种教育契机，对幼儿进行随机教育，将保教结合原则落到实处。

（四）强调幼儿园教师必须具备的教育教学实践能力

教育实践能力是教师对幼儿施以积极影响、引导幼儿发展的基础。《专业标准》对幼儿园教师必须具备的教育教学能力提出了明确要求，特别强调幼儿园教师要具有观察、了解幼儿、掌握不同年龄幼儿身心发展特点和个体差异的能力；要具有环境的创设与利用、一日生活的组织与保育、游戏的支持与引导、教育活动的计划与实施、对儿童的激励与评价等基本专业能力；能根据幼儿的特点和需要，给予适宜的指导，并能引发和支持幼儿的主动活动，引导幼儿在游戏活动中获得多方面的发展。

（五）重视幼儿园教师的反思与自主专业发展能力

《专业标准》强调幼儿园教师要具有不断进行专业化学习、实践、反思和提高的意识与能力。这既是现代社会发展、教育改革对教师的必然要求，也是幼儿不断成长的必然要求。《专业标准》特别在“基本理念”和“专业能力”中均提出了对教师反思与自主发展的要求，明确指出幼儿园教师在教育工作中应“主动收集分析相关信息，并不断进行反思，改进保教工作”；同时，应制订个人专业发展规划，通过不断地学习、实践、反思，不断提高自身专业素质，从而为学前教育质量的提升和幼儿一生的健康发展贡献自己的力量。

（资料来源：庞丽娟.《幼儿园教师专业标准》的研制背景、指导思想与基本特点[J].学前教育研究，2012(7).）

【拓展阅读】

幼儿园教师专业知识的发展途径

幼儿园教师的专业知识是其专业素质的重要组成部分，体现着幼儿园教师作为一种专门化职业的独特性和不可替代性。它既是每一位幼儿园教师必须具备的知识，又是其“专业理念与师德”和“专业能力”的认知基础。《幼儿园教师专业标准（试行）》将教师的专业知识分为“儿童发展知识”“幼儿保育和教育知识”和“通识性知识”三个部分。这三类各具内涵与特殊要求的知识，对幼儿园教师的专业水平和发展起着重要的根本制约作用。

那么，幼儿园教师应该如何不断提高自己的专业知识呢？

（一）树立终身学习的理念，主动学习新知识

学习贯穿于每个人的一生。今天，人类没有“一劳永逸地获取知识”的可能性了，“终身学习如何去建立一个不断演进的知识体系”已经成为所有人必须面对的问题。教师更应首先接受并践行终身学习的理念。幼儿园教师的职业生涯同样是“一个永无止境的完善过程和学习过程”，特别是在儿童发展研究成果不断涌现，幼儿教育的理论知识不断更新，先进的保育教育实践经验不断推出的情况下。及时获取有关幼儿发展、保育教育、科学与人文方面的新知识，更新和完善自己的专业知识是教师专业发展的重要方面。树立终身学习的观念，自觉主动地吸纳新知识，在运用新知识于保育教育实践的过程中逐渐理解、转化新知识，是幼儿园教师更新完善专业知识的重要途径之一。

（二）加强与同伴的交流与合作

教师的专业知识具有个人性，但这并不意味着教师之间不需要交流和难以交流。这种交流既可以通过对话讨论等语言形式进行，也可以通过现场观摩、建立“师徒关系”的方式进行。在幼儿园教师专业知识的发展中，教师团体的互动十分重要。瑞吉欧教育的代表人物马拉古齐认为教师“必须放弃孤立、沉默的工作模式”，开展团队学习。在这里，教师每周都有一定时间用于教师之间的交流讨论，协商解决教育实践中出现的问题，了解、分析幼儿的表现，观看教学档案，争论各种教育问题。从一定意义上讲，瑞吉欧教育的成功应归结为教师的高水平，而其专业水平又应归结为团队学习的结果。透过教师之间的相互对话，个人的思想得以在团体中相互交流、相互激荡、相互碰撞，彼此影响，从而提高了团队的洞察力，并产生新的见解。因此，幼儿园应当积极营造“学习型组织”，在这样的组织中，每位教师都有扩展其能力的空间，都有锐意思考的心态，都有探究未知事物的强烈动机。

（三）在实践中反思

对幼儿园教师来说，通过获得新信息来丰富专业知识固然重要，但更为重要的是反思实践，积累实践经验，发展自己的实践性知识。波斯纳曾经提出过一个公式：教师的成长＝经验＋反思。经验即教育实践的经历，这种经历与反思的结合，有助于教师发现并分析自身的知识结构和教育教学实践中的问题，有针对性地加以补充和改进。同时，反思也有利于理论知识向实践知识、公共知识向个人知识的转化。教育实践是鲜活的、变化的，具有情境性和不确定性，而教育理论则往往是抽象的、概括的，相对呆板而且相对滞后。一般性的理论知识用以应对具体生动的教育实践，显然是不充分的，需要教师随时运用自己的经验进行加工改造，以“生产出”在实践中易于应用的知识。在这个过程中，教师不断将所生产的知识与用于实践后的效果加以对照，经过反思、总结、改进、再实践的往复过程，验证知识、巩固知识，从而为自身专业知识的持续发展提供源泉。

（资料来源：冯晓霞.幼儿园教师的专业知识[J].学前教育研究，2012(10).）

四、《专业标准》实施的意义

《国家中长期教育改革和发展规划纲要(2010—2020 年)》提出：“积极发展学前教育，到 2020 年，普及学前一年教育，基本普及学前两年教育，有条件的地区普及学前三年教育。”学前教育的发展不能仅停留在数量的增加和规模的扩大上，更重要的是通过打造一支专业化的、优秀的幼儿教师队伍来提升教育的质量。国际经验也表明，幼儿教师质量决定着学前教育的质量，高素质专业化的幼儿园教师队伍是高质量教育和儿童健康发展的重要保障。因此，通过科学研究与论证制订出适宜、规范的幼儿园教师专业标准，明确合格的幼儿园教师应具备的基本专业素养，并引领和促进幼儿园教师的专业发展，无论对当下还是长远的幼儿教师队伍建设、学前教育事业的健康发展和亿万名幼儿的健康发展，都是极其重要的。参与《专业标准》研制工作的中国教育科学研究院刘占兰研究员对《专业标准》研制的意义做了如下解读。

（一）有助于人们充分认识到幼儿园教师质量决定学前教育质量

2010 年世界首届幼儿保育和教育大会达成的基本共识是：幼儿生命中的最初几年是为其设定正确发展轨道的最佳时机；早期教育是消除贫困的最佳保证；投资幼儿保育和教育比投资任何其他阶段的教育都拥有更大回报。当然，这些成效的达成均以高质量的教育为前提，而幼儿园教师是保证学前教育质量的关键。目前，世界上许多国家都有幼儿园教师专业标准。《专业标准》的出台有助于人们充分认识到幼儿园教师质量决定学前教育质量。

（二）有助于改变我国幼儿园教师专业素质偏低的状况

当前，我国幼儿园教师半数左右没有资格证书，近六成没有职称。很多教师专业意识薄弱，教育行为缺乏专业性。在加快普及学前教育的新形势下，今后一个时期将会出现大量新手及转岗教师，这有可能加剧教师队伍专业化水平不高的状况。“国十条”和刘延东国务委员的讲话都强调：造就一支师德高尚、热爱儿童、业务精良、结构合理的幼儿园教师队伍，是学前教育事业发展的关键。《专业标准》的出台有助于改变我国幼儿园教师专业素质偏低的状况。

（三）有助于促进幼儿园教师的专业发展

教育部研制的一系列有关教师和教师教育的标准，将引导教师和教师教育向着专业化、规范化和高质量的方向发展。就幼儿园教师标准而言，《专业标准》和已经试行的《中小学和幼儿园教师资格考试标准》、今后将要研制的《优秀幼儿园教师标准》一起，共同勾画出了幼儿园教师从具备资格到胜任工作再到成为优秀教师的专业发展路径，而作为上位文件的《专业标准》具有方向性引导作用。

（资料来源：刘占兰. 学习领会《幼儿园教师专业标准》促进教师专业发展[J].幼儿教育，2012(3).）

【拓展阅读】

窦桂梅老师的十点反思

教师是否愿意花时间反思自己的工作，是教师是否具有专业素养的标志。没有最好，只有更好。学海无涯，艺无止境。教师的专业追求、专业探索、专业提升，要靠不断的反思，教师要学会在言说和行动中思考，在反思批判中成长。自己的教育生活就是一种学术行为，自己的一言一行都应不断反思。这也许将成为自己需要时时温习的功课。

我愿把自己一路走来的反思提出来，与广大教师共勉。

1. 激情不老

这应该成为为师品格的重要追求。马克思说，激情是人追求自己的对象世界的一种本质力量。只要生命在，激情就在。教师的激情就是要点燃学生的情绪，照亮学生的心灵。对教育的激情，应该从现在的外在表象化为内在的精神气质。不因年龄的增长、环境的改变、地位的升降而改变。

2. 读书一生

好教师的知识结构应当由三块组成，即精深的专业知识、开阔的人文视野、深厚的教育理论功底。古典文学修养和哲学修养的不足，决定了我要以为学生生命奠基为追求，必须靠读书学习进行自身的弥补和进修，要像永不干硬的海绵一样不断地吸收和纳取。

3. 宁静致远

一个好教师不全是靠培训成长起来的，更不是靠检查、评比造就的。教师很苦很累，比如各类名目繁多的学历进修，课改通识培训，市级的、省级的甚至国家级的教学比赛压得教师喘不过气来。教师自由发展的空间已被剥夺殆尽——整天忙着读人家的"书"，自己的"书"却没有读。这种过重的外在负担将导致"肤浅后遗症"。因此，与其忙忙碌碌，不如围绕自己的特色钻研下去，深化，细化，创造属于自己的心灵财富，在浮躁的现实中寻求一份属于自己的宁静心境，并置身其中朝着理想的目标默默地努力，静静地成长。

4. 以写促思

写作不仅是积累经验的一种方式，更是逼迫自己勤于阅读和思考的强劲动力。因懂得这些，虽工作辛劳，文笔稚嫩，但我仍坚持用文字记录自己的教育生活，让忙碌的我不断与宁静的我进行对话，让冲动的我不断接受理智的我的批判，让实践的我不断接受理论的我的提升。

5. 慎独养身

个人独处，他人不知，能严格按照慎独去做，没有其他杂念，实实在在按照道德准则去做。面对荣誉，要拿得起放得下。不要在乎别人的毁誉，要自信自醒，打击你的力量就是前进的力量。但问耕耘，莫问收获，竭尽全力，就是胜利。可以说，慎独是最好地善待自己。

6. 伸展个性

教师不能没有独特的风格，不能没有鲜明的个性。随波逐流、循规蹈矩是自己成长中最大的敌人。"独立之思想，自由之精神"也应成为我们为师的座右铭。我想对自己说的是，人云亦云的尽量不云，老生常谈的尽量不谈，要学会独立思考，而不是跟着"风"跑。对自己的教学，不要考虑完美，要考虑最有特色。

7. 爱在细节

教师要学会爱，爱在细节，因为教育就是一堆细节。比如，对待生活在当今社会环境的学生，教师缺少的不是强力和果断，缺少的是教养和耐心，需要的是更多的等待和细心。"随风潜入夜，润物细无声。"尤其对所谓的学习、心理有"障碍"的学生，要学会做"寒里"和"雪中送炭"的人，更要成为学生在困难或痛苦中及时送去精神安慰的人。

8. 海纳百川

无论是现在还是过去，谁走在我的前面，谁就是我的老师，包括学生，尤其是那些老教师——敬业、博学、钻研、激情、严谨、刻苦等教育传家宝，已经成为我们"通向现在和未来美好教育境界的阶梯"，把我们引领到当今课程改革的风口浪尖上。我心中永远铭记他们，并在今后的工作中时时记得向周围的教师学习。

9. 合作同进

如果说以前的成长靠的是个人奋斗，那么新的时代与环境，强调的却是团队的力量。尤其是激烈的竞争环境，需要真正的合作。没有合作之心的人，内心是焦躁而绝望的，也不会取得什么真正的成功。你有什么样的情怀，就有什么样的处世方式；你有什么样的期许，就有什么样的行为。因此，强调个人发展与竞争，一定要依靠环境和伙伴的合作——学会沟通、学会倾听，同行彼此理解，彼此支持，共同分享经验，以减少由于孤立而导致的个人行为。

10. 海星角色

教育，不变的永远不会变，改变的必将会改变。创新不是推倒历史，更不是在沙漠上建设大厦。回顾过去是有益处的，如果我们对前人视而不见，我们身上的独创性不会很好地保存下来并取得快速的发展。教师要成为一名真正的审视者、反思者、继承者，但应当永远把自己定位为教育海洋中微不足道的一颗海星——也许这是一种理性状态。

一路走来，感慨良多。"我听到时光的钟声，告诉我已经长大了……"这是和学生在毕业典礼上唱的歌。那钟声是在告诉学生告别童年，长大成为少年、青年。虽然从教 18 年，但前路漫漫，我将一如既往地跋涉下去。成长的路上，为自己的生命奠基，为学生的生命奠基，但仍需要同志的关怀、专家的引领——而这将是我前进的动力。

（资料来源：http://www.edudo.com/21425.）

沙场点兵

1. 教师职业道德的含义及特点是什么？
2. 教师职业道德的功能是什么？

3.《幼儿园教师专业标准(试行)》的基本理念有哪些?

4.《幼儿园教师专业标准(试行)》的内容及特点是什么?

5. 材料分析:

徐老师的班上新来了一个男孩。不爱说话,更没有笑声。徐老师问他叫什么名字,他只会摇头。通过和家长交谈,徐老师知道这个名叫晓天的男孩从小失去母亲,父亲忙于生计也无暇顾及他,所以晓天性格孤僻。语言表达能力很差,动作发育迟缓。了解到晓天的身世后,徐老师更加关心晓天,在教室里为他专门准备了开发智力的玩具。还亲手为他编织毛衣,徐老师经常亲切地跟晓天说话,教他练习发音,以提高其语言表达能力;利用图片和图书为他讲故事,以提高其理解能力;跟他一起搭积木、折纸,以提高其动手能力。徐老师还指导晓天的父亲在家里如何对孩子进行早期智力训练。时间一天天过去,渐渐地,晓天的眼睛亮了,能与人进行简单的交谈了,脸上也常挂着微笑。

(资料来源:2015 年上半年国家教师资格考试(幼儿园)《综合素质》真题.)

思考:请从教师职业道德的角度评价徐老师的保教行为。

第二章 幼儿教师职业道德范畴

本章导读

范畴是反映事物本质属性和普遍联系的基本概念，是人类理性思维的逻辑形式。它反映人们认识发展的某个阶段，是人们借以把握事物本质的重要手段，是人类思维发展水平的指示器。

幼儿教师道德范畴是反映和概括幼儿教师道德本质的一些特征，体现在一定社会时期对幼儿教师职业道德的根本要求，并成为教师的普遍内心信念，对幼儿教师的行为产生影响的基本道德概念。

幼儿教师职业道德范畴有广义和狭义之分。从广义上来说，是指能反映和概括幼儿教师职业道德现象的所有基本概念。不仅包括教师道德原则、道德规范中所有的基本概念，还包括反映教师个体道德品质的基本概念（如“谦虚”“朴实”“仁爱”“乐观”），以及教师道德评价、道德修养和道德教育等方面的基本概念（如“善”“恶”“自制”“慎独”）等。从这个层面的意义来说，幼儿教师职业道德范畴是一个由多层次、多方面反映幼儿教师职业现象的基本概念构成的范畴体系。从狭义上来说，只是幼儿教师道德范畴中具有特殊含义的一部分，是在教育伦理学中可以纳入教师道德规范体系并需要专门研究的基本概念。它具体指的是反映和概括幼儿教师职业道德的主要特征，体现一定社会时期对幼儿教师道德规范和原则的根本要求，并成为幼儿教师的内心信念，对幼儿教师行为产生影响的基本概念。本章中提到的幼儿教师职业理想、幼儿教师职业义务、幼儿教师职业良心和幼儿教师职业幸福都是狭义上的范畴。

第一节 幼儿教师的职业理想

话题聚焦

李老师在幼教岗位上工作了20年,随着社会的发展、公众对教育的重视,特别是对幼儿教育的格外关注,让李老师觉得幼儿教师的社会地位越来越被认可,以前动辄有家长称呼老师为"阿姨",现在这种现象已很少了。尤其是国家制定了《幼儿园教师专业标准(试行)》,明确指出幼儿园教师是履行幼儿园教育工作职责的专业人员。但是,虽然专业地位确立了,但是劳动所得、工资收入并没有随之调整。李老师没有因此动摇自己的职业理想和教育梦想,她依然怀着平常心工作在一线,做个安心工作、用心工作的幼儿教师。她享受的是孩子们的欢声笑语和健康成长,是家长们的信任、理解和支持。

思考:

1. 李老师是如何做到20年如一日地教书育人的?
2. 你认为教师职业理想对一个教师来说重要吗?

理论加油站

一、职业理想的含义

恩格斯说:"推动人去从事活动的一切,都要通过人的头脑……外部世界对人的影响表现在人的头脑中,反映在人的头脑中,成为感觉、思想、动机、意志,总之成为'理想的意图,并且通过这种形态变成理想的力量'。"①

理想是人们在学业成就、未来职业、道德人格、家庭生活等方面追求的目标,代表着人们对生命的一种盼望,反映了人们对生活的积极态度。人生的理想从内容上可以分为生活理想、职业理想、道德理想、社会理想等。职业理想是人生理想的组成部分。

职业理想是指人们依据社会要求和个人条件所确立的职业奋斗目标和在自己所从事的职业工作中渴望达到的职业成就或职业境界。对幼儿教师来说,职业已经确定,那么理想也应运而生。不仅包括对本身职业的追求,还包括对做一个有职业理想的幼儿教师的追求。

古往今来,教师是太阳底下最光辉的事业,教书育人,桃李天下。幼儿教师又是教师队伍中的奇葩异卉,守护童心,感悟童真。幼儿教师的教育对象是生活和学习皆须格外关照的群体,所以,在工作中的苦辣酸甜直接影响着幼儿教师的自身定位。教师的职业热爱、职业行为以及对教育真谛的理解,决定教师是否能成为一名真正的教育工作者。做一个优秀的幼儿教师,应该是每一个学前教育工作者的奋斗目标,即职业理想。

---

① 中共中央马克思恩格斯列宁斯大林著作编译局. 马克思恩格斯选集(第四卷)[M]. 北京:人民出版社,1973.

想一想

一个国王要给最有贡献的人颁奖。首先，上来了一位医生，他说，他在疾病流行期间，曾救过9999个病人。国王摇了摇头。然后，上来了一位诗人，他说，他的诗和李白、杜甫不分上下。国王依然摇了摇头。接着，许多人都陆续登台，可惜没有一人获奖，他们都沮丧地离开了。突然，一位年过六旬的老人拉着一个小孩，并拿着一本厚厚的课本走上台。她亲切地对国王说："祖国和春天一样，到处都是红花绿柳，累累的果实需要园丁去培养。"国王顿时笑逐颜开，他激动地说："你是最有贡献的人！"接着，献上花环，自己亲自给老人颁发奖牌。

（资料来源：http://wenku.baidu.com/view/c19affcccf84b9d529ea7a0c.html.）

思考：国王为什么要把奖颁给老人？

【拓展阅读】

我心中的理想教师，应该是一个胸怀理想、充满激情和诗意的教师；

我心中的理想教师，应该是一个自信、自强、不断挑战自我的教师；

我心中的理想教师，应该是一个善于合作、具有人格魅力的教师；

我心中的理想教师，应该是一个非常尊重他的同事、非常尊重他的领导、非常善于调动帮助他成长的各方面因素的教师；

我心中的理想教师，应该是一个充满爱心、受学生尊敬的教师；

我心中的理想教师，应该是一个追求卓越、富有创新精神的教师；

我心中的理想教师，应该是一个勤于学习、不断充实自我的教师；

我心中的理想教师，应该是一个关注人类命运、具有社会责任感的教师；

我心中的理想教师，应该是一个坚韧、刚强、不向挫折弯腰的教师。

——朱永新《我的教育理想》

二、职业理想的作用

理想是神圣而崇高的，它是行为的动力、力量的源泉、智慧的摇篮、冲锋的战旗、斩棘的利剑。职业理想是职业道德范畴的重要组成部分，有了崇高的职业理想才能产生良好的道德行为。人生发展的目标是通过职业理想来确立，并最终通过职业理想来实现。作为一名优秀的幼儿教师要用心做教育，真正做到敬业奉献，要领悟职业良心与职业义务的内涵，成为一个幸福的幼儿教师。所以，职业理想的确立，对教师更好地发展职业生涯具有十分重要的作用。

（一）职业理想的导向作用

理想是前进的方向，是心中的目标。俄国的托尔斯泰曾说过："理想是指路的明灯，没有理想就没有坚定的方向，就没有生活。"职业理想的确立将指导幼儿教师的职业行为，因此，有了明确、切合实际的职业理想，再经过努力奋斗，人生目标必然会实现。习近平总书记在庆祝第30个教师节时说道："有理想信念，这是实现中国梦的思想基础，体现了思想育人的导向。"职业理想是行动的先导，有什么样的理想就会有什么样的行动。教育是百年大计之本。幼儿就像一棵棵小草，需要幼儿教师这个园丁去浇灌、呵护。但幼儿教师在浇灌中用什么样的水、施什么样的肥，都会影响小草是否能够健康生长。幼儿教师作为幼儿学习生涯的启蒙者，要在职业理想的确立上以正确的意识为导向，树立正确的职业理想，才能真正地用心关爱每一位幼儿。

想一想

我国著名小学教育专家、被誉为"小学教育界的梅兰芳"的斯霞老师立志终生做小学教师。她多次放弃跳槽和升迁机会，始终坚持做小学教师。怀着对教师工作、对学生的爱，她几十年如一日，勤奋耕耘在小学语文教师岗位上。在长达68年的教学实践中，形成了一套比较完整的教育教学思想，特别是"字不离词、词不离句，随课文分散识字"的语文识字教学经验和爱心教育理念对我国小学教育产生了深远影响。先后荣获江苏省劳动英雄、全国劳动模范、全国"三八"红旗手等多项荣誉称号，并当选为第三、五、六、七届全国人大代表。

思考：什么力量使得斯霞老师能做到一生坚持执教68年？

（二）职业理想的调节作用

"人总是要对自己的活动进行调节，以便达到自己的目的。而理想正是人活动的定向器。"①"理想之光总在苍茫中为我们引路。"当一名幼儿教师为自己的职业理想奋斗时，必然会以饱满的热情、坚定的信念和高度的社会责任感投入日常的工作中。但在成长为一名优秀的幼儿教师的过程中，会遭遇各种挫折，这些挫折会让教师对之前教育的认知、教育的情感、教育的意志、教师行为产生怀疑或产生变化。有职业理想的幼儿教师，对待挫折的态度是积极的，他们能从沮丧中看到希望，从挫折中看到成功，从痛苦中看到幸福，教师会在职业理想的支持下，迎难而上，奔向胜利的彼岸。所以说，职业理想在幼儿教师的现实工作中具有参照系的作用，它指导并调整着教师的职业活动。

（三）职业理想的激励作用

职业理想源于现实又高于现实，它比现实更美好。为使美好的未来和宏伟的憧憬变成现实，幼儿教师都以坚韧不拔的毅力、顽强的拼搏精神和开拓创新的行动努力奋斗。职业理想作为人自我实现的崇高目标，蕴藏着强烈的意志力量，是激励人们向着既定目标奋斗进取的强大动力。实践表明，拥有职业理想的幼儿教师正是因为职业理想在教育实践中不断激励，才能以饱满的热情、乐观的人生态度和高度的社会责任感兢兢业业地从事教育事业，才能积极投身到工作的研究与探索中，才能关爱每一个幼儿，尊重每一个幼儿，注重个体差异，把爱的阳光洒向每一个幼儿的心中。在实践中遇到困难与阻力时，如果没有职业理想的支撑，也许会变得心灰意冷、垂头丧气。没有职业理想的工作是毫无趣味、难

① 向雄.论教师个人教育理想[D].成都：四川师范大学，2007.

以维系的。崇高的职业理想作为一种价值目标，直接激励着幼儿教师的教育行为，并激发教师去思考、去行动、去提高自己的各种能力、去克服各种挫折和困难，其所产生的影响是无所不能的。

【拓展阅读】

我是幼儿园教师：我的职业理想与感受

宁征，1962年出生。曾任青岛幼儿师范学校第二幼儿园园长、青岛市实验幼儿园园长兼党支部书记。曾获全国五一劳动奖章、山东省富民兴鲁劳动奖章，曾荣获“全国优秀教师”“山东省劳动模范”“山东省特级教师”“山东省优秀教师”等荣誉称号，享受国务院特殊津贴。现兼任中国学前教育研究会理事、山东省教育学会学前教育研究专业委员会第六届理事会理事。主持多项国家级课题，长期致力于“开放教育”的研究和推广。

在这个世界上，绝大多数人的人生都是平凡的，但总有这样一些人，就像茫茫大漠里执着前行的骆驼，他们默默地承担着生命的重荷，坚定地寻找着信仰；在这个世界上，绝大多数的职业都是平凡的，但总有这样一些人，就像幽幽夜空里努力发光的星星，他们默默地释放着生命的能量，傲然地绽放着希望的光芒……在平凡的人生里能够做出不同凡响的事业，在平凡的岗位上能够持之以恒地坚守内心的信念，在风雨兼程的漫漫征途上宁愿轰轰烈烈地燃烧自己也决不黯淡无光地草草收场，这成了在学前教育上坚守了40年之久的青岛市实验幼儿园原园长宁征最生动、最精彩的人生写照。

从1979年上师范学校学幼儿教育起，到1982年毕业分配至仙家寨公社当幼教辅导员，再到一手创办拥有7所分园、享誉国内外的青岛市实验幼儿园，回首自己走过的40年漫漫幼教路，宁征的眼睛里绽放着异样的光彩。她自豪地告诉记者，自己最美的青春和年华是和祖国的幼教事业以及祖国的花朵一同绽放的！

风雷激荡的20世纪90年代初，中国的改革开放跨入一个超速发展的新时代，勇立潮头的精神振奋着大江南北那些雄心勃勃的追梦人。市场经济的浪潮和改革奋进的激情同样冲击着想做事创业的教育人。1993年，青岛市政府决定创办一所集实验、示范功能于一体的实验幼儿园，探索学前教育的体制创新之路。时任青岛市托幼办主任的徐书芳8月底突然找到了宁征，让她挂帅担任青岛市实验幼儿园的园长。“实验幼儿园”到底要实验什么？实验幼儿园的办园标准和定位是什么？托幼办的领导只字没提，她只是信心十足地鼓励宁征“放开手脚，大胆尝试，大胆创新”。当宁征问这所幼儿园的发展目标时，领导郑重地提出了唯一的要求，那就是让宁征将这所全新的幼儿园打造成为全市幼儿教育的领头雁，并最终成为在全国学前教育界具有一定知名度和影响力的一流名园。“青岛市幼儿教育的领头雁”“全国一流名园”，这些美好而宏大的目标强烈地震撼着宁征的心灵。那是奇迹还是梦想？无论奇迹还是梦想，都是勇往直前的人脚踏实地干出来的！

1993年11月8日，开门办园的青岛市实验幼儿园迎来了首批51名幼儿。站在实验幼儿园的门口，看着孩子们蹦蹦跳跳地走进了自己亲手筹建的幼儿园，一向内心坚强的宁征喜极而泣。办一所自己理想的幼儿园，办一所孩子们发自内心喜欢的幼儿园，让每一个走进幼儿园的孩子都能开心快乐地成长，这个让宁征为之苦苦追寻了十几年的梦想，终于变成了现实。

（资料来源：宁征，刘元静.你们在全国出名了[N].青岛日报，2019-09-19.）

三、做一个有职业理想的幼儿教师

《国家中长期教育改革和发展规划纲要》指出：要加强师德建设，加强教师职业理想和职业道德教育，增强广大教师教书育人的责任感和使命感，教师要关爱学生，严谨笃学，淡泊名利，自尊自律，用人格魅力教育、感染学生，成为学生健康成长的指导者和引路人。幼儿教师是教师队伍中的一个重要组成部分，"受教对象的特殊性、教育过程的全面性和教育活动的创新性"使得这样的一个职业需要教师付出更多的汗水和劳动。做一个有职业理想的幼儿教师，是对从事学前教育事业的追求，是每一位幼师人为之奋斗的目标。

（一）实现的条件

1. 了解幼儿教师的自身特点

幼儿教师是一种专门职业，具有其职业的独特性。一名优秀的幼儿教师，应有崇高的理想、坚定正确的政治觉悟和高度的社会主义觉悟，需要具有广博的科学文化知识和艺术知识，掌握幼儿生理、心理的科学知识，才能满足幼儿的需求；要求幼儿教师以"一切为了孩子，为了一切孩子，为了孩子一切"作为行动的准则；要求幼儿教师应有"锲而不舍、金石可镂"的学习精神，在实践中不断提高自己的文化水平及专业水平，并能熟练运用专业技能独立判断和解决问题。这些要求决定了幼儿教师应对自己已经掌握的知识结构和能力结构做到心中有数，能够认识到自己的长处与不足，并从自身受教育程度、个人特长、身体健康状况等方面的实际出发，结合幼儿教师的职业特点，确立自己的职业理想。在日后的工作实践中，有针对性、选择性地提高自己的文化知识和专业能力，时刻准备迎接职业的考验，通过自己的努力奋斗逐步实现自己的职业理想。

2. 了解幼儿教师的职业特点

学前教育是我国学制的第一阶段，是基础教育的有机组成部分，它对我国教育事业的整体发展，尤其是基础教育的发展具有重要的作用和影响。由于受教育对象是 3～6 岁的学龄前儿童，其身份的特殊性要求幼儿教师在工作中具有不同于其他教育阶段教师的特点：①工作对象的主动性和幼稚性；②工作任务的全面性和细致性；③工作过程要具有创造性和示范性；④工作周期的长期性和滞后性。因此，幼儿教师不仅要掌握学前教育学、幼儿心理学、幼儿课程的设计与实施、幼儿教育研究方法等学科的基本理论知识，还要掌握观察幼儿、分析幼儿的基本能力以及对幼儿实施保育和教育的技能。所以，幼儿教师必须要了解自己的职业特点，制定适合自己的职业理想，并做好为自己的职业理想努力奋斗的思想准备。

3. 了解社会对幼儿教师的需求

幼儿教师是一种专业化的职业，是一种“要求教师具备经过严格而持续不断地研究才能获得并维持专业知识和专门技能的公共业务”（联合国教科文组织《关于教师地位的建议》）。在我国，这样的专业知识和专门技能的学习是通过职前的培养来完成的，高校学前教育专业在幼教师资培养方面发挥着主体作用。尽管近年来全国各地的一些院校增设了学前教育专业来培养幼儿教师。社会对幼儿教师需求量增加的同时，也在逐渐对幼儿教师的整体质量提出了更高的要求，不少调研资料表明，各幼儿园渴求“热爱幼儿教育、学历较高、有一定教改科研能力、幼儿教育理念新、教学基本功扎实、技能全面、心态好、愿意长期在本园工作的学前教育专业毕业生”。充分说明社会对高素质幼儿教师需求量很大。这就要求幼儿教师应该对本职业在社会中的需求情况了如指掌，提高分析和预测职业需求的能力，从而更好地把握本职业的发展趋势，加强应有的专业知识和技能水平，在未来的幼教职业生涯中发挥自己的才能，实现自己的职业理想。

【拓展阅读】

新教师入职初期，常常遇到困惑和发展难题。在新教师成长的过程中，我们指导新教师制订个人发展规划、落实发展规划，以此作为他们自主成长的指路明灯。

随着国家学前教育三年行动计划的推进，越来越多的年轻教师加入幼儿教师队伍中来。这一变化直接给幼儿教师队伍带来结构性变化。

基于我所在的北京市顺义区石园北区幼儿园全园教师情况调查发现，由于入职年限短，缺乏实践经验，教师对教育理论的理解停留于表面，不能运用这些知识解决实际问题。

我园通过“学”“领”“促”三个手段的综合运用，确保新教师按需培训，获得专业发展，成就职业理想。

学——新教师在教育理论知识方面非常匮乏，而这些教育理论知识是教师专业成长的基石。为了避免学习的理论脱离教学实际而枯燥学习，我们选择从《幼儿园教育指导纲要（试行）》《3～6岁儿童学习与发展指南》开始，每周利用班组长会、班务会的时间，每位班组长、每位新教师负责一部分，分段落分目标地带领所有教师学习，并用案例进行说明。实现新教师有需求的学、结合案例学、系统深度学。

领——关注培养过程、方法和成效的跟踪管理。例如“导师带教”活动，为了让“带教”活动取得实效，我们让师徒双方共同制订带教计划，深入分析师傅和徒弟的特点、优势和需求，制订的带教计划既有针对性又有操作性；固定每周二为“师徒日”，推进带教活动的规范、有序开展；学期末，徒弟汇报一学期的成长与进步，向师傅提出下一阶段的指导期望。

促——充分利用“百优班主任工作室”活动，让具有丰富带班经验的老教师，每周一次和新教师一起探讨带班、培养常规等方面的小妙招小策略；收集新教师的实际困惑，每两周组织一次小专题教研活动，围绕问题，采用“问题情景剧”的方式，展现问题、展现思考、展现问题的解决过程，老教师在此基础上进行完善和提升。

此外，我们通过制度支持，尽最大努力弱化身份区别。在岗位安排中，不以身份为标准，更多看重教师的工作态度和工作能力。在教师岗位工作质量考核制度中，按照岗位考核，不按身份考核，不论什么身份，只要做出成绩，一样给予奖励和肯定。

（资料来源：搜狐博客.http://www.sohu.com/a/309372504_243614.）

（二）实现的途径

1. 要做一个有职业理想的幼儿教师，必须具有坚定的信念

信念是一种心理动能，其行为上的作用在于通过士气激发人们潜在的精力、体力、智力和其他各种能力，以实现与基本需求和理想相一致的行为志向。明确职业信念即自己的教师观。幼儿教师信念是教师素质的一个重要组成部分，是教师素质的"软件"。幼儿教师职业理想的实现过程，也是教育不断探索的过程。对于受教群体是学龄前幼儿这个特殊性，要做好打"持久战"的准备，不能因为一次的失败而垂头丧气，不能因为工作的复杂烦琐而怨声载道，不能因为自己的委屈而违背职业道德，放弃或改变自己的职业理想。所以，在这个过程中要求幼儿教师坚持自己的职业追求，坚定自己的信念，不断探索，不断磨炼，检验自己的职业信念，改进并时时反思自己的教育行为，提升自己的教育观念。如反思，教师可以个人单独进行反思，通过写教学后记、写自省日记的方式记录自己对教学的感悟、体验和思想火花；也可以是合作的反思，教师相互之间进行经验的总结与交流。

当今社会、科技、文化的发展日新月异，幼儿教师更需要坚定自己的职业信念，树立正确的价值观，克服工作中的倦怠心理，勇敢地迎接现实中教育教学工作的挑战，以自身储备的知识和技能迎接挑战，突破自我，超越自我，成为真正的可持续发展的教师。

2. 要做一个有职业理想的幼儿教师，必须具有饱满的职业热情

职业理想是人们对于职业目标的向往和追求，个人远大目标的追求和职业生活是由职业理想串联起来的。保持积极的工作态度，以饱满的职业热情投入职业理想实现的过程中。一个人对工作的热情，要始终如早晨七八点钟的太阳，冉冉升起，激情洋溢。个人的热情高涨、心潮澎湃会激励自己身边的人也会受到这种正能量的感染。幼儿教师的职业热情需要把自己放在和幼儿同等的水平，努力去找回自己的童真，和幼儿真正地交融在一起，这样幼儿的热情就会被唤醒、被激发。例如，和他们一起玩耍，和他们一起聊天，和他们谈喜欢的动画片，通过谈话走进幼儿的内心世界，引导幼儿去学习动画人物带来的积极影响，同时培养幼儿的认知能力和语言表达能力。通过自己的饱满热情去感染幼儿，为幼儿营造和谐快乐的学习生活环境，做让自己满意、家长满意、领导满意的幼儿教师，以更高的职业热情投身到工作中去，投身到实现职业理想的道路中去。

3. 要做一个有职业理想的幼儿教师，必须具有无私奉献的精神

"只有付诸行动，才能让理想变成现实。"幼儿教师需要拥有职业理想，但更需要为理想而奋斗的实际行动，反之，理想只是一句空话。在成为一位有职业理想的幼儿教师的过程中，无私奉献的精神是必不可少的。奉献是教师职业道德境界的最高层次，幼儿教师要把自己的工作与祖国的未来紧密地联系在一起，并把这种认识、情感和信念付诸教育实践。幼师的工作性质决定了不能像其他职业那样下班以后就可以尽情放松。有的家长因为种种原因，晚上七点还没有来接孩子，老师就不能下班，要陪伴孩子。好不容易所有的孩子都离开了，老师还要打扫卫生，洗毛巾、洗口杯，给桌椅消毒，整理区域，补充区域材料……很多时候，晚上八点多老师们才能吃上晚饭。所以只有把幼教工作看作平凡而神圣的，才能甘受清贫，不为名利，甘于奉献，才能体会到为师的乐趣。陶行知先生说得好："教师的奉献精神就是以学生服务为最高目的，以培养青少年成才为最大责任，不计报酬，淡泊名利，乐于奉献，不重索取的以教为志、以教为荣、以教报国的精神。""捧着一颗心来，不带半根草去"是对教师奉献精神的最好诠释。作为一名幼儿教师，只有把献身教育当作自己职业理想的落脚点，才能在平凡的岗位上为人民的教育事业呕心沥血，在奉献社会的同时，逐步实现自己的职业理想。

【拓展阅读】

扎兰青年刘婷婷：将爱与责任奉献给幼教事业

您，是勤劳的小蜜蜂，早上揉开惺忪睡眼，踏着露珠，翩翩而来，微笑迎接您的孩子，带给他们快乐。

您，是稚嫩的园丁，十七八岁的花季年龄，便旋转在孩子们中间，对孩子们谆谆教导，耐心启发。

您，是无私的妈妈，每当孩子们吃饭的时候，您总是不辞劳苦，悉心照料，每当孩子们休息的时候，您总是久坐床前，细心看护。

您，是活泼的大孩子，每天跟孩子一起唱歌、跳舞、画画、讲故事，单纯的笑容，淳朴的语言，映衬着您的简单而平凡。

您，是耐心的知心姐姐，当孩子拉着您的衣角号啕大哭时，您轻言细语，耐心哄劝，当孩子们感到困惑的时候，您不厌其烦，全心帮助，也许别人觉得您絮絮叨叨、婆婆妈妈，可是，您知道，孩子是多么需要等待和引导。

您，是蕙质兰心的巧手大婶，常人扔掉的破瓶子、烂箱子，到您手里，巧手创造，变成一个个美观、可爱的玩教具，化腐朽为传奇，启迪着孩子们的创新思维。

您，是孩子眼里的千手观音，孩子需要您的时候，您总是左搂右抱，还不忘拉着、牵着、走着、抚摸着，一个人温暖了几十个孩子的心。

您，还是一个守望者，放飞的总是希望，守巢的总是自己，当一个个孩子飞出您的怀抱，长大后，您成了孤独的守巢人，但您无怨无悔，依然陪伴着一批又一批孩童！

您，是教师，更是孩子人生第一位教师，是您，教会了孩子文明礼貌，帮孩子养成良好的卫生、生活、学习习惯，也许有一天您的形象在孩子的心田里变得模糊，但是，您培养的好习惯代替您陪伴孩子一生！

您，是默默无闻的，更是无怨无悔的，甚至是单纯快乐的，因为您把大把大把的时间泡在孩提世界里，练就了一副好脾气，塑造了一张和蔼可亲的笑脸，您把青春奉献给一颗颗纯真的心灵，收获了一声声"阿姨、妈妈、姐姐、老师"。

在流金岁月和童声笑语中，您，已不再是您，因常说赞美孩子的话，嘴唇变得圆润，因常常制作玩教具，双手变得灵巧，因内心常装着孩子，心灵变得柔软、因面容常带微笑，而变成了美丽的天使！

（资料来源：新浪博客.http://blog.sina.com.cn/s/blog_14dbc96c40102wmqp.html.）

第二节 幼儿教师的职业义务

话题聚焦

材料一：一天，在幼儿准备午睡的时候，我一边帮孩子们脱衣服，一边和陈老师讨论工作的事情，有几个调皮的幼儿开始趁机说话。我见到很生气地说："睡觉不许说话！"顿时，休息室变得鸦雀无声，孩子们都安静下来了。我和陈老师又说回考核的问题，这时突然听到乐乐大声说："老师，睡觉时间不许说话啊！"我和陈老师听后一时语塞。午睡过后，我主动向小朋友承认我的过错，并和孩子们约好午睡的时候不说话，不影响孩子们睡觉，他们都很高兴地答应了。

材料二：有位幼儿家长告诉我，他的女儿回到家里以后，就把她所有的布娃娃集中在一起，排得整整齐齐，自己充当小老师，给布娃娃讲故事，那神情俨然就是幼儿园的老师。上了一年级，就给布娃娃教课文，一手拿书一手还指指点点说谁念得不好，谁坐得不正。到了二年级，她竟然用废纸卷成小棍打布娃娃的手，问它为什么没有完成作业……

思考：幼儿教师在教育过程中应该注意什么？

理论加油站

一、职业义务的含义

义务是伦理学中最重要的范畴之一，是人类社会中普遍存在的道德关系和道德要求。在社会生活中，作为个体，总要同他人发生相互的联系。不管个体是否意识到或承认，客观上每个个体都必然对社会关系中的他人承担一定的责任，这种责任就是义务。从一般意义上讲，义务是个人对他人、对社会应该做的事情和承担的责任，是对他人或社会做与自己的职责、使命、任务相宜的事情。无论人们承认与否，在社会关系中生活的每一个人都必然要承担一定的责任或义务。正如马克思所说："作为确定的人，现实的人，你就有规定，就有使命，就有任务。至于你是否意识到这一点，那都是无所谓的。"①

每个人在社会生活中的分工不同，因而对他人、对社会所尽的义务也有所不同。如个人作为社会公民的角色，就要对国家、对党政、对民族履行一定的道德义务；作为家庭成员的角色，就要对家庭、对亲戚朋友履行一定的家庭义务；作为某个职业工作中的一员，要承担一定的职业义务等。这些义务都是个人生活在社会中的职责、任务、使命的有意识的表述。

幼儿教师作为社会中的一个特殊职业群体，一方面，他们同一般的社会成员一样要对社会、对他人履行一定的义务；另一方面，作为一种特殊职业，幼儿教师又有着其特定的职

---

① 中共中央马克思恩格斯列宁斯大林著作编译局. 马克思恩格斯全集(第三卷)[M]. 北京：人民出版社，1960.

业道德义务。幼儿教师的义务是作为人民教师的一种社会属性，它既是幼儿教师个人对社会和他人承担的职责，也是幼儿教师从自身的理想、良心和幸福感的角度出发，调节个人教育教学行为的手段。所以，幼儿教师应勤勤恳恳、兢兢业业地履行自己的义务，才能得到社会的承认和赞扬。

幼儿教师职业义务，是指幼儿教师对幼儿、幼儿园（或社会要求幼儿教师）应当做的事情和应该承担的责任。它通常包含两方面的内容：一方面是指社会向幼儿教师提出的必须遵循的道德要求；另一方面是指幼儿教师在幼儿教育职业劳动的过程中，自觉意识到的各种道德要求的合理性，并把自觉遵循这些合理的道德要求作为自己内心的一种习惯意愿，主动地履行职业道德行为规范要求。

二、职业义务的作用

幼儿教师的职业义务既是社会、教师集体用以调节个人行为的手段，也是个人调节自身行为的手段。幼儿教师一旦确立了正确的职业义务观，就会对其职业劳动发挥独特的作用，主要表现在以下几个方面。

（一）有益于调节幼儿教师教育教学活动中的人际关系，减少和协调工作中的矛盾和冲突，促进各项工作的顺利开展

由于教育劳动的特殊性和幼儿园教育劳动的特殊环境，在幼儿园中也存在着复杂而特殊的人际关系，不可避免地出现各种矛盾和冲突，包括师幼之间、教师个人之间、教师与园领导之间的矛盾冲突等。解决这些矛盾冲突，固然需要经济手段、纪律手段和行政手段，但更需要的是道德手段。幼儿教师职业义务正是国家教育事业根本利益和幼儿教育劳动内在规律对教师行为的道德总要求，因此，幼儿教师应该善于与幼儿、同事、家长、领导等合作、交往。家庭、社会和学校的教育要形成一种同向的合力，所有的教育都要从幼儿的需要出发，以幼儿为中心和基点，以幼儿作为公共关系的出发点和归宿，共同促进幼儿身心的健康成长。幼儿教师要通过经常的交流和联系，成为家庭、社会和幼儿园之间的联络人。

幼儿教师的工作既有大量显性的、可以量化的工作，也有许多隐性的、难以量化的渗透性的日常工作，很难用硬性的指标进行考核。因此，幼儿教师工作被人们形象地称为“良心活儿”。幼儿教师在职业劳动中，能否遵循自己的职业义务和职责，将会带来截然不同的结果。如果幼儿教师能够在平凡的工作岗位上充分认识自己的职业义务，明确自己的职业职责，深刻理解所担负的使命，形成高度的责任感，就会以极端负责的态度自觉地调整自己的行为，认真地履行幼儿教师的职业义务，出色地完成教育教学任务。反之，幼儿教师如果无视自己的职业义务，只凭借自己的意愿行事，必然造成幼儿园教育工作中的矛盾和冲突，影响人际关系的和谐和教育教学工作的正常进行。

（二）有益于幼儿教师自觉遵循教师的道德要求，选择最优的教育行为

教书育人是教师的天职。我国教师的职责就是要全面执行党的教育方针，为我国社

会主义现代化建设构建和谐社会培养大批合格人才。幼儿教师要本着“一切为了孩子”这一宗旨去完成这个任务，所以应在教育行动中自觉遵循教师的要求，确立义务观和高度的责任感，这样才能以极端负责的态度自觉地调整自己的行为，忠实地履行幼儿教师的各种义务，做到无私奉献，以正确积极的工作状态来管理幼儿。

2011 年 10 月至 11 月，深圳罗湖紫荆幼儿园，午休时间，大二班的龙老师让小朋友都上床休息，几个幼儿没有听话，仍在小声说话。龙老师见状，抄起随身携带的圆珠笔，在这些不听话的孩子脚板上扎了几下，感到疼痛或者担心被扎的孩子们都乖乖地爬上床，闭上眼睛。幼儿活泼好动，自我控制能力较差，对于不愿意做的事情本身就有抵触情绪，幼儿不配合教师的要求，虽然在一定程度上影响了正常的教育教学活动，但如果教师遵循教师的道德要求，就会从幼儿的实际情况出发，采用合理的教育方式教育幼儿，这样不但事半功倍，也会促使幼儿更快地养成良好的作息习惯。

（三）有益于幼儿教师自觉培养高尚的道德品质，提升道德觉悟

幼儿教师的职业义务是与幼儿教育的实践密不可分的。任何幼儿教师都必须完成一定的教育教学任务，在执行任务的过程中使自己的行为尽可能符合幼儿教师的职业道德要求。而幼儿教师高尚的道德品质作为一种内在的信念意识和外在的品质表现，不是与生俱来的，而是要经过在幼儿园进行长期的教育教学实践，职业义务才会内化为幼儿教师的“内心需要”，使自己自觉地承担起幼儿教师的职责。“一方面，任何选择了教师职业的人，都必须履行自己的职业义务，按照教师职业道德的要求选择自己的从业行为；另一方面，教师在遵章行事的教育活动中，也会不断体验和认识到履行教师义务的必要性，从而逐渐把履行教师义务转化为自身的内在需求，形成一种高尚自觉的责任感和使命感，促进自觉到的觉悟的不断提升。”①

三、做一个自觉履行职业义务的幼儿教师

（一）全面把握幼儿教师职业义务的意义和内容

《教师法》第四章第三十二条明确规定：教师享有法律规定的权利，履行法律规定的义务，忠诚于人民的教育事业。幼儿教师作为教师队伍中的一个重要群体，同样需要依照《教育法》《教师法》《幼儿园教师专业标准（试行）》及其他有关法律、法规的要求，深刻理解职业义务对幼儿园教育教学工作和自身专业发展的意义。同时，还应全面掌握幼儿教师义务的基本内容，并按照教师义务的内容展开科学的幼儿教育工作。目前，幼儿教师主要面临岗位责任、社会责任和国家责任三大责任，而履行这些责任的前提就是全面把握幼儿教师职业义务的意义和内容，按照职业义务的要求来明确应当做或者不应当做的行为。

（二）正确理解和认识幼儿教师权利和义务的关系

“没有无权利的义务，也没有无义务的权利。”教师享有法定的权利，就必须履行相应

① 黄正平，刘守旗. 教师职业道德新编[M]. 南京：南京大学出版社，2010.

的义务。教师的法定义务，是由《教师法》等教育法律规范所规定的教师必须履行的一定作为或不作为，目的是满足权利人的法律要求。从一般意义上讲，权利主体对于权利的行使具有选择权，可以行使也可以不行使，甚至可以放弃，而义务是无条件的，是必须履行的。如果教师不履行法定义务，就要承担相应的法律责任，如果教师不承担法律责任将会受到国家强制力的制裁。因此，权利和义务之间是对立统一的关系，这种关系主要表现在四个方面：①权利和义务存在于相互对应、相互依存、相互转化的辩证过程中；②权利的绝对值总是等同于义务的绝对值；③权利和义务是价值一致性与功能互补性的统一；④权利和义务之间遵循权利义务守恒定律。由此可以看出，幼儿教师职业义务的履行与自身权利的行使是一个辩证统一的问题。教师应遵循必需的职业义务，并不意味着一味地付出和奉献，而是在享有职业权利的过程中进行的。只有明确义务和权利之间的正确关系，并用来指导实践，才能在幼儿园的实际工作中更好地发挥一名幼儿教育工作者应有的作用。

【拓展阅读】

根据1993年10月颁布的《中华人民共和国教师法》（以下简称《教师法》）和1995年3月颁布的《中华人民共和国教育法》（以下简称《教育法》）的精神，幼儿园教师是幼儿园履行教育职责，对幼儿身心施行特定影响的专业教育工作者，担负着培养社会主义事业的建设者和接班人、传播精神文明，提高全民族素质的历史使命。《教育法》《教师法》为我国幼儿教师的社会地位提供了基本的法律依据和充分的法律保障。随着我国"科教兴国"战略的实施，全社会已经认识到，振兴民族的希望在教育，振兴教育的希望在教师。幼儿教师的奠基性工作对社会的作用越来越被全社会所认识，幼儿教师越来越受到党和国家的重视和人民的尊敬。

根据《教育法》《教师法》的精神，"教师享有法律规定的权利，履行法律规定的义务，忠诚于人民的教育事业。"

我国幼儿教师的权利如下：

(1) 进行保育教育的活动，开展保育教育的改革和实验的权利。

(2) 从事科学研究、学术交流，参加专业的学术团体，在学术活动中充分发表自己的意见的权利。

(3) 指导幼儿园的学习和发展，评定幼儿成长发展的权利。

(4) 按时获取工资报酬，享受国家规定的福利与待遇以及寒暑假带薪休假的权利。

(5) 参与幼儿园民主管理的权利。

(6) 参加进修或者其他方式的培训的权利。

我国幼儿教师的义务如下：

(1) 遵守宪法、法律和职业道德，为人师表。

(2) 贯彻国家教育方针，遵守规章制度，执行幼儿园保教计划，履行聘约，完成工作任务。

(3) 按照国家规定的保教目标，组织、带领幼儿开展有目的、有计划的教育活动。

(4) 关心、爱护全体幼儿，尊重幼儿人格，促进幼儿的全面发展。

(5) 制止有害于幼儿的行为或其他侵犯幼儿合法权益的行为，批评和抵制有害于幼儿健康成长的现象。

(6) 不断提高思想政治觉悟和教育教学业务水平。

每一个幼儿教师都应当为自己肩负的光荣而艰巨的任务感到骄傲和自豪。每一个幼儿教师都应当珍惜和保护自己的权利,同时认真地履行自己的义务,自觉、主动地为幼儿教育事业奋斗,不辜负党和人民的期望和爱护。

(资料来源:http://zhidao.baidu.com/link? url=vDwzcm9pk3rRmezNdZDZd4nDsVnZRIPIsQIN_5W_hlADtVxQnwIyVIoQBczi1R8JxmdBZHelaDZztl6rjOMWk_.)

(三) 从不同角度考虑,认真履行幼儿教师职业义务

教师职业的特殊性决定了社会对教师的职业义务要求程度往往比一般义务更高。严格按照职业义务开展教师工作,对每一位幼儿教师来讲都具有一定的困难,因为幼儿园教师肩负着祖国的未来大计,爱护、帮助幼儿,促进幼儿的全面发展是幼儿教师的教学最终目标。除此之外,幼儿教师的言传身教对幼儿的身心健康发展和人格的完善都有至关重要的影响,为此,要做好以下几方面工作。

1. 无私地奉献自己的知识与才智,做一个对幼儿负责的老师

幼儿教师是知识的传播者和继承者,他们要把知识经验继承下来,又要把这些知识经验系统地传给后代,从而使幼儿更加健康全面地发展。幼儿教师的劳动相对于其他教师来说是更加神圣的,也是最艰苦、最复杂、最繁重的。完成这种劳动需要教师具有无私奉献、甘作人梯的自我牺牲精神。教师也只有无私地将自己的知识与才智奉献给幼儿,才算对幼儿、对家庭、对社会尽到了自己的义务。

【拓展阅读】

"老师,帮我穿一下衣服行吗?""老师,帮我系下鞋带儿。""老师,帮我……"每天上、下午放学前的一段时间,总有一大群孩子围在身边,让我帮助他们做这些生活自理方面的事情。说实话,有的时候真的感觉有点烦……

一天下午,带幼儿进行户外游戏时,我的胳膊不小心扭了一下,一时间不能动了。下午放学前,孩子们仍像往常一样围在我身边,要我帮助做这做那,但有几个孩子看到我的胳膊不敢动,懂事地自己穿起了衣服。虽然,他们的衣服纽扣扣错了,但毕竟是他们自己穿的。我对他们说,医生说老师的胳膊要过一段时间才能好,看来这几天,老师不能帮你们穿衣服了,绝大多数孩子都答应了,但仍有少数几个孩子没吱声。我知道,他们的确自己不会穿,于是,每到放学时我就会叫能力强的孩子帮助能力弱的孩子,然后告诉家长让孩子回家练习。

经过这件小事,长时间困扰我的问题终于得到了解决,对于如何提高孩子们的自理能力我也有了一些新的见解。有时候,"偷懒"地逼孩子们自己动手或许是一种很好的教育方式。

(资料来源:妈咪爱婴网.http://www.baby611.com/jiaoan/yjzl/jysb/201202/2981966.html.)

2. 热情地关心幼儿,爱护幼儿,做一个对家长负责的老师

幼儿园中人与人之间的关系主要表现为教师与幼儿的关系,即师幼关系。师幼关系是人与人之间的社会关系在幼儿园环境中的具体体现。幼儿园的教育活动不等同于教学活动,"生活即教育",幼儿的一日活动处处有教育因素,教师要有意识地、灵活地将教育渗

透到活动的各个环节中，以适应幼儿的学习和发展的需要。被家长和幼儿尊敬爱戴的教师，历来都与幼儿有着深厚的感情和良好的关系。他们把真挚的爱倾注在幼儿身上，用自己的心血哺育下一代。教师关爱幼儿不是出于教师个人情感，不是盲目的溺爱，更不是迁就和放任，而是教师对幼儿负责，对祖国负责，自觉履行职业义务的具体体现。

想一想

皮皮是一个很爱动的孩子，上课时常不能专心听讲。一天音乐活动时，皮皮跟着老师唱了几句之后，就开始坐不住了，一会儿摆弄自己的鞋子，一会儿扯扯身边小朋友的衣服，干扰得周边小朋友也不能专心听课……老师让皮皮去前面表演，他却听而不闻，东摸摸西看看。老师阻止他后，他就朝着小朋友们做鬼脸，惹得全班孩子哈哈大笑，而他却像没事人一样地走开了。小朋友们玩搭积木游戏，皮皮趁其不备，把小朋友搭好的积木推翻并抢走，气得小朋友直掉眼泪。每次分组游戏时，总有小朋友说："我不要和皮皮一组！"

经过观察，王老师发现皮皮很喜欢听故事，每次都听得很认真。而且，他还能把听过的故事绘声绘色地讲给小朋友听，小朋友给他鼓掌他也很高兴。王老师为了避免他和其他幼儿发生冲突，专门为他设置了一个活动区域，并为他准备了一个复读机，让他在活动时间自己听故事，这样既满足了他的要求，又不干扰其他幼儿活动。到了安静活动时间，老师就请他给小朋友讲故事，久而久之，皮皮越来越听老师的话了，和小朋友的冲突逐渐减少，交流越来越多。

思考：王老师为什么没有因皮皮顽皮而放弃不管？之后用了什么有效的方法让皮皮越来越受到大家的喜欢？

3. 精心地教书育人，为社会培养栋梁之才，做一个对社会负责的老师

幼儿教师是培育人才的园丁，是塑造人才的巨匠。通过自己教育、教学的实践活动，教书育人，培养德、智、体、美、劳全面发展的幼儿是幼儿教师职业义务之根本。幼儿教师的这种义务观念是同其一定的生活目的和道德理想紧密相连的。因而，幼儿教师履行这种对社会和国家所承担的义务，也是自己内心的必然愿望和要求。

【拓展阅读】

家长谈话

妮妮是中班时插班来的一个女孩子，天天早上入园哭闹。白天在班里活动还好，只是有些郁郁寡欢，不是很活泼。过了几天，妮妮妈妈无奈地表示要带她去看心理医生，因为自从换了幼儿园，孩子就像换了一个人。鉴于早晚接送孩子时只有只言片语的简短交流，根本无法了解孩子的具体情况，老师提出邀请家长来园进行一对一的交流，以便找到妮妮哭闹的原因。妮妮妈妈抽时间来到幼儿园，在沟通过程中，老师了解到妮妮是一个很活泼的孩子，爱唱爱跳爱笑，在以前的幼儿园里被老师当成榜样，天天被表扬、事事被称赞，爱干什么就干什么，很受宠爱。老师帮助家长分析：妮妮来到中班，但她的年龄属于小班年龄，新接触的环境和人对孩子来说已有压力，又加上几乎所有孩子都比她大，能力比她强，她原来的优势一时体现不出来，所以孩子用哭闹表现她的焦虑和不适应。老师平时和妮妮交流时了解到妮妮在家总是自己玩，爸爸回家晚，妈妈在电脑旁工作，姥姥干活，没有家人陪伴造成她内心没有足够的安全感……在日常生活中老师根据妮妮的特长和特点尽力提供机会让她表现自己，提升自信。如唱歌时，请妮妮为大家示范（和几个小朋友在一起），她的音准、节奏感觉特别好。“唱得真好听啊，学得很认真！”老师适时地表扬她，妮妮非常高兴，在班里的笑容越来越美了。

（资料来源：线亚威.幼儿园教师职业道德读本[M].北京：高等教育出版社，2013.）

第三节　幼儿教师的职业良心

话题聚焦

2015 年 5 月 27 日在山东省沂南县岸堤镇梁家北村幼儿园，李霞挂着吊瓶给孩子们上课。今年 48 岁的李霞是山东省沂南县岸堤镇梁家北村的一名幼儿教师。2011 年，李霞被查出身患乳腺癌，她的身体因为长期的化疗和手术而变得羸弱，也不能大声说话，为了让孩子们听到她的声音，她每天佩戴着扩音器上课。现在的李霞一年有 300 多天在讲台上输液，与病魔顽强抗争的同时，坚持陪伴在孩子们身边。

（资料来源：http://cpc.people.com.cn/n/2015/0529/c87228-27074255.html.）

思考：

1. 什么力量促使幼儿教师李霞身患重病仍然坚持给孩子们上课？
2. 幼儿教师李霞的做法对我们日后的幼教工作有什么启发？

理论加油站

一、职业良心的含义

良心是一个最基本的道德范畴。马克思主义伦理学从唯物史观出发，揭示了它的深刻内涵。良心就是人们在对他人和社会履行的义务过程中所形成的道德责任感和自我评价能力，是一定的道德观念、道德情感、道德意志和道德信念在个人意识中的统一。马克思主义同时指出良心是多层次的，可分为个人良心、职业良心和阶级良心等层次。个人良心一般是良心的最基本要求，是最初层次，是一种要求一般社会成员具有的最起码的良心标志，如同情心、羞恶心、是非心、辞让心等。但由于社会分工的不同，社会对各行各业赋予的义务也不同，因而职业良心的要求也各不相同。一个人对自己所负的义务认识得越深刻，他的道德责任感就越强，那么，他的良心对自己行为的指导和纠正作用就越大，他的良心也就越高尚。

所谓职业良心，是劳动者在职业劳动中所形成的一种自觉意识，此意识主要取决于劳动者在生产活动中养成的职业良心情感、职业良心信念和职业良心习惯等，是职业良心在思想自觉意识中的内化。职业良心不同于职业道德，职业道德是指从事正当职业的人员在履行自己职责的过程中所遵循的行为准则。而幼儿教师职业良心是幼儿教师个人在自己的教育实践中，对社会向幼儿教师提出的一系列道德要求的自觉意识和情感体验，是幼儿教师个人对幼儿、幼儿园和社会履行其教师职责的道德责任感以及对自己教育教学行为进行道德控制和道德评价的能力。

【拓展阅读】

古代教育家的良心观

孟子，名轲，字子舆，是战国时期伟大的思想家、教育家、政治家，儒家学派的代表人物。与孔子并称"孔孟"。孟子继承并发展了孔子的思想，系统地提出了性善论，"良心""良知"等概念在孟子这里第一次获得了明确固定的道德意义。孟子提出良心论，将人性之善以一种具功能性的良心活动来实现，就使自在自为的善质获得了能动的良心的支持。孟子说："恻隐之心，人皆有之；羞恶之心，人皆有之；恭敬之心，人皆有之；是非之心，人皆有之。恻隐之心，仁也；羞恶之心，义也；恭敬之心，礼也；是非之心，智也。仁义礼智，非由外铄我也，我固有之也，弗思耳矣。故曰，'求则得之，舍则失之。'"孟子将恻隐、羞恶、恭敬、是非之心称为良心；是一般人应有的、最起码的同情心、羞耻感以及对他人应有的尊重和对事物的理性判断等。

张载，北宋哲学家，理学创始人之一。他继承了孟子的性善论，发展了性于人无不善的"天地之性"，在此基础上，良知概念在张载的思想中，其意义得到了进一步的澄明。他主张教育的目的在立人为性，在学所以为人，最终成为致善致仁的"圣人"。他说："学者须当立人之性。仁者人也，当辨其人之所谓人，学者所以为人。"

陆九渊，南宋著名的理学家、思想家和教育家。他的教育思想以"道"本体论为逻辑起点，通过"心即理"这一心学理论框架，将传统儒家教育思想转化为一种心学教育思想体系。他以"良知"来解释"本心"，不仅首次赋予了"良知"以本体色彩，而且他尤其强调良心的普遍性和永恒性。

王阳明，明代著名的思想家、文学家、哲学家和军事家。他吸收了前朝教育家的良知观念，赋予了良知普遍性、先验性、直觉性的特征，提出了"致良知"学说。他将"知行合一"、思诚、诚意、存天理灭人欲等前期的诸端打并归一、一并收摄、包容至广。

（资料来源：王晓燕.中国古代教育家的教师职业良心思想研究[D].西安：陕西师范大学，2007.）

二、职业良心的作用

不同的职业有不同的活动方式、不同的职业特点和对职业利益和义务的认识,形成了不同职业的良心要求。社会对它们赋予的义务的差异,使得职业良心的要求也各不相同。幼儿教师的职业良心,是对社会要求的积极反应,又是对幼儿教师义务的深刻理解和自觉行动。它是通过幼儿教师的教育实践,把社会主义社会对幼儿教师的客观义务要求转化为幼儿教师内心的道德准则和个人品德。所以说,幼儿教师的劳动是地地道道的"良心活"。职业良心在幼儿教师的工作实践中对教师的教育行为具有重要作用。

(一)在实施教育行为前,职业良心对幼儿教师选择正确的教育行为起着指导的作用

幼儿教师在选择自己的教育行为时,总是从某种动机出发,考虑其选择某一教育行为的后果及影响。教师的良心可以指导教师根据道德规范的要求,从幼儿的利益出发,对教育行为进行思考和权衡,肯定符合教师道德义务要求的动机,否定不符合教师道德义务要求的动机。同时,它还能提醒教师从"动机—效果"的预测及推己及人等方面入手,进行认真严肃地思考、权衡和慎重地选择自己的行为。所以,教师良心是教师在精神上抵制利己主义和不道德的行为动机,是选择道德的行为动机的内在力量。陶行知先生在育才学校当校长时,曾经发生过这样一件事情:一天,陶行知在校园里看到学生王友用泥巴砸自己班上的男同学,陶行知立即制止了他,并让他放学后到校长室去。放学后,王友早早地来到校长室门口准备挨训。这时,陶行知走过来了。他一看到王友,就掏出一块糖果递给他,说:"这是奖给你的,因为你按时来了,而我却迟到了。"王友惊愕地接过糖果,目不转睛地看着陶行知。这时,陶行知又掏出一颗糖果递给王友,说:"这块糖果也是奖给你的,因为当我不让你再打人的时候,你立即就住手了,这说明你很尊重我,我应该奖励你。"王友更惊愕了,他不知道校长到底想干什么。这时,陶行知又掏出一块糖果放到王友的手里说:"我已经调查过了,你用泥块砸那些男生,是因为他们不守游戏规则,欺负女生。你砸他们证明你很正直善良,并且有跟坏人做斗争的勇气,应该奖励。"王友听了非常感动,他失声叫了起来:"校长,你打我吧,我砸的不是坏人,而是自己的同学呀!"陶行知满意地笑了,又掏出一块糖果递给王友,说:"你能正确地认识错误,这块糖果值得奖励给你。现在我已经没有糖果了,你也可以回去了。"陶行知先生在面对学生的错误时,没有用训斥、苛责、打骂等伤人自尊的方式而是选择了宽容,平心静气,换位思考,旁敲侧击,智化对方心理。因此很多时候,微笑比严厉更有力量,赏识比批评更具激励。选择正确的教育行为,将给孩子的一生带来积极的影响。

(二)在实施教育行为的过程中,职业良心对幼儿教师的教育行为起着监督规范的作用

职业良心可以监督幼儿教师是否按照道德的动机去行动,又可以监督幼儿教师的行为是否符合师德的要求。教育后代是一种义务,是利他的、牺牲的工作。幼儿教师的工作

艰辛又复杂，常发生一些意想不到的困难和阻力。特别是在社会主义市场经济条件下，在物质利益的刺激下，幼儿教师的教育行为会遇到不道德的动机和目的的诱惑和干扰，使幼儿教师对实现原来的动机缺乏信心，产生动摇，甚至企图使用不道德的手段来实现自己的目的等。这时，良心一旦发现自己的行为有偏离幼儿教师道德规范要求的迹象，会及时发出“我不能这样做”“这样做不对”的指令，迫使幼儿教师修正自己的行为方向，使其继续选择有利于幼儿身心发展的教育行为，避免不利于幼儿身心发展的教育行为，从而沿着既定的目标和方向奋勇前进，这就是人们常说的“良心的发现”。

（三）在教育行为实施后，职业良心对幼儿教师的教育行为起着评判影响的作用

一个具有强烈责任感的教师在完成一项工作之后，往往会在心里作一番自我评价。当教师意识到自己的行为损害了幼儿的利益，给幼儿教育带来了不良后果，即使没有受到别人的指责和社会舆论的批评，也会受到良心的谴责，产生内疚和惭愧，甚至决心不惜一切代价纠正自己的行为，进而吸取教训，减少或避免此类现象的再次发生。当自己的教育行为取得了良好的效果，带来了幼儿的进步和发展，内心就会产生自豪感和成就感，特别当看到幼儿能够独立完成一项任务或者团队配合完成一项任务的时候，虽然没有得到夸奖，但良心上产生的满足感会形成一种力量和信心，在日后的教育中继续坚持这种行为。因此，人们常常把良心形象地比喻为“内心道德法庭”[①]。

所以，职业良心是幼儿教师道德思想和道德情操的精神支柱，正是通过这种心灵的自省与自律，不断完善着幼儿教师的道德人格。

想一想

材料一：某重点中学的一位老师，在课堂上经常把最重要的知识内容放在最后讲，而且往往来不及讲完就到下课时间了。这时候，这位老师就会这样说：“这些内容是很重要的，不过对一般人来说也没必要非弄懂不可，如果哪位同学想要弄明白，可以来找我。”于是，就有学生到办公室找这位老师，得到的回答是：“晚上到我家里来。”这位老师的“高明”之处就在于，他掌握了学生和家长的心理，留在课堂最后时间讲但又未讲完的知识，下一堂课他是绝对不会再讲的。于是乎，他心安理得地做起了有偿家教，美滋滋地数着钞票。

材料二：车库里的“家教馆”：南方某市的一个小区，每幢楼的一楼都是车库，车库层高约 2 米，面积约 10 平方米。谁能知道，其中的一个车库，竟然是一个“家教馆”！由于记者就住在这一小区内，记者注意到，从 7 月初开始放暑假，这一车库就成了“家教馆”。“主持”的教师是某名牌中学的数学教师。7 月中旬，正值当地最炎热的时候，这一“家教馆”照开不误。有一次，记者走进这一“家教馆”，只见狭小的车库里坐满了学生，降温设施只有一台电风扇，学生们边抹汗边听课。但小小的“车库家教馆”每天上午、下午都有学生在补课。记者在另一小区看到的补课场地可要大得多、“正规”得多了——地下室。面积约

① 潘翠娟.论社会主义教师职业良心的作用[J].广西师范学院学报(哲学社会科学版)，1999(1).

50平方米，室内灯光很明亮，装有柜式空调；课桌椅齐全，能同时容纳30人上课。记者注意到，整个暑假，这一补课场地基本上没有“闲置”过，门庭若市，上午、下午、晚上“三班倒”。一位接送孩子补课的家长告诉记者，补课的教师是一对夫妻，都是重点中学的，分别教英语和语文。补课费用是每个学生每半天60元。记者算了一下：以每天两期、每期30名学生计，这对教师夫妻每天就能收入3600元。如果晚上再“辛苦”一下，每天的收入就能有5000元之巨！有了这样巨额收入的诱惑，难怪这些教师如此“不辞辛劳”了。

（资料来源：http://edu.163.com/edu2004/editor_2004/school/040922/040922_156668.html.）

思考：怎么看待两则材料中教师的行为？请根据职业良心的作用相关知识点进行分析。

【拓展阅读】

“耳光响亮”打醒了谁

“教育之没有情感，没有爱，如同池塘没有水一样。没有水，就不成其池塘，没有爱就没有教育。”

这是《爱的教育》中文版译者夏丏尊先生，在20世纪20年代翻译此书时说过的话。19世纪意大利作家亚米契斯写下的《爱的教育》虽然是薄薄一册小书，却已在全世界出版了数千万册，称得上是一本教育学“圣经”。

突然想起这本书和这番话，是由于发生在山西太原市蓝天蒙特梭利幼儿园的揪心一幕：一个5岁女童因为不会算“10＋1”，被教师李竹青在短短十几分钟里扇了几十下耳光。目前，打人者已被拘留，涉事幼儿园已被取缔。

中国的上千万名教师中，为学生成长呕心沥血、恪尽职守者是绝大多数。像李竹青这样进行“耳光教育”的虽然只是极少数，但从中折射出的教育暴力问题却不容忽视。

近年来的校园暴力案可谓五花八门。每每这样的个案被揭露，那触目惊心的场面总会引来舆论的一片哗然和愤怒指责，然后是当事教师被处以从检查、停职反省到开除等惩罚，幼儿园、学校或教育机构赔偿、道歉以至被取缔，事件便告一段落。如是反复，警示戒除的功效却不明显。

如何杜绝教师体罚乃至虐童的现象发生？首要的当然是靠法治和监管。我们已有《教育法》《教师法》《教师师德规范和未成年人保护法》《侵权责任法》等，对教师体罚学生皆有明确规定。只是，法律的威严并未受到重视，原本该起到作用的行业监管也是如此。从这个角度说，如何建立健全针对未成年人健康成长、环境安全的动态监管系统，防范暴力个案发生，如何以更加严格的法律和制度倒逼教师恪守师德和人性底线，值得反思。

而更重要的一点，却是要研究一些地方的教育为何失去了最为核心的一点——爱。

法治与管理只能维护教育的底线。缺失了爱，避开摄像头或公众眼睛的施暴者一样会换个方式作恶。在某些幼儿园里，怎么打孩子看不出痕迹、怎么让孩子挨了打不告状竟然成了一个“课题”。情感教育可以培养孩子爱的能力与正义感，这是幼儿园、小学时期教育最重要的部分。怒气冲冲、口不择言，甚至肆意体罚施暴，伤害的远不是一个被打的孩子。这会给更多孩子带来什么样的精神伤害，又会给未来的中国社会带来什么样的后果，想起来就令人不寒而栗。

仅仅事后惩戒肇事者是不够的。教育改革和发展，需要的不是奢谈“蒙台梭利”之类，而是要找回那份最基本的爱与尊重，这离不开整个社会的共同努力。

（资料来源：http://society.people.com.cn/n/2012/1025/c1008-19380301.html.）

三、做一个有职业良心的幼儿教师

教师的职业良心是教师职业道德体系的重要范畴之一。师者，所以传道授业解惑也。作为教师，面对学生要用无私的奉献精神对学生谆谆教导，用自己的知识为学生灌输知识的能量，并且是无私的，不需要回报。孔子早在两千多年前就提出了有教无类，并直言：“其身正，不令而行；其身不正，虽令不从。”他的弟子3000人，贤者72人。孔子为教师树立了榜样。教师的身教对学生的品德起着潜移默化的作用。所以，没有良心的教学，犹如在荒凉的土地上耕耘，既不会用心地播种，也不可能结出硕果。幼儿园是孩子们踏入人生的第一所学校，幼儿教师就是开启孩子心灵智慧的第一把钥匙。所以，想要成为一个有职业良心的幼儿教师，需要在日常工作中做到以下几个方面。

首先，规范自身的道德行为是做一个有职业良心的幼儿教师的基础。我国古代的思想家、教育家荀卿在《荀子·修身》中曾经说过：“礼者，所以正身也，师者，所以正礼也。无礼，何以正身？无师，吾安知礼之为是也？……夫师以身为正仪，而贵自安者也。”汉代著名的思想家扬雄在《法言学行》中说：“师哉！师哉！童子之命也，务学不如务求师，师者，人之模范也。”教育家叶圣陶先生也说过，教育工作者的全部工作就是为人师表。为人师表既是社会主义教师的重要道德规范，又是法律义务。随着社会的发展，幼儿的教育在成长生涯中占据了很大的比重，所以，幼儿教师的道德行为慢慢被世人关注。作为一名幼儿教师不仅要用自己的学识去教育幼儿，更重要的是要用自己的品德去塑造祖国花朵的灵魂，用自己的行为去影响幼儿，规范“学高为师，身正为范”的职业道德行为，这也是做一名有职业良心的幼儿教师的前提条件。只有严格规范自身的道德行为，才能在幼儿面前时时处处用教师道德规范严格约束自己的行为，成为幼儿学习的榜样，成为真正的“人师”。

想一想

妞妞是某幼儿园大班的小朋友。妈妈近日发现，当大家要一起吃饭的时候，妞妞总是跑到妈妈的梳妆台前拿起化妆品在脸上象征性地涂抹一番，眉毛、眼睛、嘴巴、脸蛋一处也没落下，家人看到妞妞的装扮啼笑皆非。妈妈问妞妞：“为什么一吃饭就要化妆？”妞妞回答道：“我们幼儿园的老师就这样，每天我们早上吃饭的时候，老师就会对着镜子化妆。”妈妈了解到事情的原委，就委婉地与老师进行了交流，这位教师也意识到了自己的行为给幼儿和家长带去了不良的影响，及时进行了改正。从那以后，妞妞也不再化妆了。

思考：妞妞的不良习惯是从哪里学来的？作为幼儿教师要怎么做？

其次，培养自身的职业责任心是做一个有职业良心的幼儿教师的前提。一个人的责任意识不是与生俱来的，更不是一成不变的，要靠自己的努力与认真处事的态度。培养职业良心，必须从培养责任心做起，因为责任重于泰山，有责任心和责任感的人会想方设法地把工作做好；拥有职业责任感和责任心的人必定拥有高尚的职业道德。每一个行业都需要众多有责任感和责任心的人，需要众多把责任看得重于一切的从业者。那么，幼儿教师的责任心体现在哪里呢？

由于幼儿还处于稚嫩的"萌芽"期，在语言表达方面比较薄弱。像尿湿裤子、被褥的情况在幼儿园中常常会发生，这就要求教师要仔细观察孩子的异常，及时地发现并给孩子换洗干净。再如吃饭，一些孩子在家形成了某些不良习惯，如挑食、磨蹭、喂饭等，面对这些情况，教师必须要耐心教育，帮助幼儿改正，并教导他们养成良好的生活习惯。假若是寄宿制幼儿园，幼儿的起居饮食都是由教师来照顾的，幼儿间发生争执、幼儿身体出现问题、幼儿的情绪变化等，虽然这些是不可避免的，但是作为幼儿教师，应当把这些事情的发生率降到最低，这就需要具备强烈的责任心。如果没有责任心，就无法及时察觉到这些情况。"小洞不补，大洞吃苦。"一件小事很可能会演变成让人无法预料的大事。一位有责任心的教师，不管在什么时候，都会时刻关注孩子，及时地发现问题、解决问题。所以，教师需要通过专业化、规范化、精细化组织管理，培养职业责任心，把责任心当成做好一切工作的前提。这样，每一位幼儿教师都能以良心作为杠杆，以理性的态度践行自己的职业角色，自觉遵守基本职业道德规则和自己的职业良心准则，承诺自己所应当担负的职业责任[①]。

【拓展阅读】

平等的爱

宝英刚刚从大学毕业，来到幼儿园工作还不到一个月，就赶上了教师节。教师节前后，家长们频频地送来各种节日"礼物"，有化妆品、围巾、购物卡、电话充值卡……看着这些精美的"礼物"，很多都是学生时期梦想的奢侈品，怎能不让囊中羞涩的宝英动心呢？但是宝英很清楚，这不是自己劳动所得，是不能要的。虽然家长口口声声说是"自愿送的""节日礼物"，而且"不值几个钱"，但是宝英很清楚家长的"自愿"里夹杂的其他含义，如果接受了，会严重影响自己的专业形象。

就在宝英准备说"不"的时候，她又犹豫了。因为她亲眼看到班上的另外两位老师都收了，而且收得很"自然"。如果自己说"不"，同事会怎么看自己？自己一个新来的"小兵"不"入乡随俗"的话，会不会受到排挤呢？宝英又不知该如何是好了。就在迟疑之间，各种礼物已经堆成了一座小山。

有了。教师节过后的周末，宝英转了转幼儿园周边的商场，对家长们送来的各种礼品进行了价格调查，并计算了礼物的总价。最后，她来到玩具市场，为班上的孩子们精挑细

---

① 张国蓉.培养职业良心 提高职业良心水平[J].经济与社会发展，2009，7(12)：34-38.

选了一批玩具，类型多样，保证班上每个孩子人手一份，并且每人的玩具价格相差不多。最后，玩具的总价刚好控制在礼物的总价上。

新的一周里，宝英老师将玩具一一送给了班上的孩子们，感谢孩子和家长们送来的教师节祝福，同班的老师和班上的家长一下子都懂了。

朋友得知后，怪宝英"还没拿到工资就先垫进去了一笔钱，家长们送的东西有用没用的，又不能当钱用"。宝英坚持："这样我才能坦然地继续做孩子们的老师。只能希望以后家长们不要再给我出这个难题。"

（资料来源：冯婉桢.与诤友对话[M].上海：华东师范大学出版社，2016.）

最后，良好的专业能力是做好一个有职业良心的幼儿教师的必备条件。职业良心应根植于心，融化于生命的血脉，镌刻在灵魂的深处。由于幼儿教师教授的对象相对其他教学阶段的对象比较特殊，主要是3～6岁的幼儿，因此有些人认为幼儿教师不需要懂得太多的专业知识，只需要性格开朗，会一些简单的技能，如唱歌、跳舞、画画、手工制作等，能够安全地带领小朋友进行户外活动，做做游戏就可以了。其实不然，不管是音乐、舞蹈、绘画、手工等这些专门的艺术领域，还是幼儿园的教育教学工作，幼儿教师都需要带着良心去做事情。在教育工作的每个方面，一位合格的幼儿教师都不能触及底线，不能违背基本原则，无论成就的高低、职位的尊卑、环境的优劣，是何时何地都不能超越的职业操守。反之，则担不起灵魂工程师的美誉，也是对教师这个太阳底下最光辉职业的玷污。因此，良好的专业能力是做好一个有职业良心的幼儿教师的必备条件，也是幼儿教师传道授业之根本。

【拓展阅读】

爱，融化在孩子心田

每当孩子们入园的时候，您总是第一个到来，微笑迎接您的孩子，带给他们快乐。

每当孩子们上课的时候，您总是谆谆教导，耐心启发您的孩子，传授他们知识。

每当孩子们吃饭的时候，您总是不辞劳苦，悉心照料您的孩子，呵护他们成长。

每当孩子们休息的时候，您总是久坐床前，细心看护您的孩子，保障他们安全。

每当孩子们活动的时候，您总是率先示范，用心鼓励您的孩子，健康他们体魄。

每当孩子们感到困惑的时候，您总是不厌其烦，全心帮助您的孩子，启迪他们心智。

每当孩子们遇到挫折的时候，您总是激发潜能，诚心面对您的孩子，增强他们信心。

每当孩子们做错事情的时候，您总是赏罚分明，精心教育您的孩子，教会他们担当。

每当孩子们取得成绩的时候，您总是不吝赞美，真心表扬您的孩子，培养他们自信。

每当孩子们回家的时候，您总是最后一个离开，不舍送走您的孩子，给予他们眷恋。

爱在滋生，在蔓延，像播撒在孩子心田的一粒种子，生根发芽，一片叶子是品德，一片叶子是智慧，在爱的浇灌下，茁壮成长，绽放五颜六色的花朵，结出异彩纷呈的果实。

（资料来源：新浪博客. http://blog.sina.com.cn/s/blog_4b0455cb0101ahuk.html.）

第四节 幼儿教师的职业幸福

话题聚焦

被树叶唤醒——姜老师克服职业倦怠的心路历程

曾经,我是那样地向往做一名快乐的幼儿教师,整天被一群天真烂漫的小天使们簇拥、围绕,与他们同歌,与他们同舞,肆意张扬我的青春,挥洒我的浪漫……

然而,琐碎、忙碌的工作渐渐磨糙了我的心。我的心宛如一湖死水,激不起爱的浪花。在流水般的日子里,我明白了什么是熟视无睹,倦怠的情绪开始爬上我的眉梢。于是,孩子们的欢笑不再悦耳,孩子们的询问已觉厌烦……可是,就在此时,一件小事却突然刺痛了我的神经,震撼了我的心灵,让我从职业的倦怠中挣脱出来,让我在孩子们清澈的目光中重新绽放爱的微笑。

去年有一个星期我班要开展关于秋天的主题活动。我让幼儿每人收集一些形状各异的树叶,用书压平整后带到幼儿园,谁的任务完成得好,谁就会得到一朵小红花。孩子们都非常看重小红花,因而各尽所能地收集来各种各样的树叶,自豪地看着老师欣赏自己的树叶并把它们放到盒子里(自己收集来的树叶能被老师"重用"是孩子们非常自豪的事),然后高兴地领取一朵小红花。这个活动持续了三天,班级里大部分的孩子都带来树叶,远远超过了活动的需要,所以后来我只是针对性地挑选一些有特点的树叶。因为大部分孩子都得到了小红花,所以我也不再提起此事。到了第四天早上,华华举着一片有点皱的树叶来到我的面前,说:"老师,我带树叶来了,给你。""哦,"我放下手里的活儿,随手接过树叶看一眼说:"你这树叶不好,扔了它吧。"说完我便把树叶扔在了垃圾桶里,继续我的工作。过了一会儿,我感觉有点不对劲儿,抬头一看,华华还站在那里盯着垃圾桶里的树叶不肯离去。"快回去吧。"我又补充一句。华华这才默默地转身离开。然而就在这一瞬间,我发现他的眼中有泪光在闪烁。看着他的背影,我的心微微颤抖一下:我是否做错了?

离园时,华华一看见爷爷,便哭着说:"我没有得到小红花,我的树叶被老师扔掉了。"我忙迎上去向他爷爷说明情况,他爷爷说:"没关系,没关系,这孩子给老师添麻烦了。"从交谈中,我了解到华华的父母都在工厂打工,早出晚归,根本没有时间看管他;而他爷爷体弱多病,又要操持家务,根本没有闲情陪他收集树叶。这片树叶,是他早就在一棵小树上看中的。每天从小树下走过时他都要在树下站上一会儿,盼着树叶能从树上落下来了。这不,今天早上这片树叶终于从树上落下来了,他高兴地捡起来说要拿到幼儿园给老师做标本,谁知……送走他们,我的心莫名地痛起来。孩子们年龄虽小,但同样需要别人的尊重和理解,渴望老师的关注和呵护,而我竟在不经意中伤害孩子那幼小而脆弱的心!

走到垃圾桶前,我重新拾回那片树叶,将它喷了水,小心地夹在书中。我要感谢这片树叶,是它拂去蒙在我心灵上的尘埃,让我重新审视我的工作,让我重新走进孩子的世界。

等明天,我要给孩子们讲一片树叶的故事,讲一个小男孩的渴望,讲一位老师的歉意,我要带孩子们把这片树叶做成最美丽的标本,珍藏在心中……

（资料来源：李云翔.幼儿园教师岗位要求及基本职责[M].北京：高等教育出版社，2011.）

思考：材料中的姜老师出现了教师工作中常常遇到的瓶颈，即“职业倦怠期”，是什么让姜老师重燃工作热情，获得职业幸福感的？我们从她身上学到了什么？

一片树叶唤醒姜老师，让她重新审视自己的工作，重新燃起工作的热情。每一位幼儿教师都要有一双善于发现的慧眼、一颗努力奋斗的事业心，时刻鞭策自己，努力去发现工作中的快乐，寻找作为一名幼儿教师的幸福感，同时也提高了自身素质，从而适应当前幼儿教育发展的需要。

理论加油站

一、幼儿教师职业幸福的含义

“幸福”的英文是“happy”，解释有：① feeling，giving，or showing pleasure or contentment，这一定义表明幸福与快乐有关，是一种持续进行的状况；②(of behavior，thoughts，ect)suitable，表示幸福与伦理规定有关；③pleased，not finding it difficult(to)，表明幸福需要一种无障碍的外部条件[①]。幸福是什么呢？霍尔巴特说：“幸福是一种存在方式，一种我们希望它延续不断，或我们愿意在它之中长久生存下去的存在方式。”檀传宝说：“幸福是人的目的性自由实现时的一种主体生存状态。”罗国杰认为：“幸福作为道德范畴，指的是人们在物质生活和精神生活中，由于实现了自己的理想和目标而引起的精神的满足。”而马克思主义所理解的幸福，不仅是对于丰富的物质生活和精神生活的享受，更重要的是通过劳动对生活的创造。

幸福是多层次的，真正的幸福是不能描写的，它只能体会，体会越深就越难以描写，因为真正的幸福不是一些事实的汇集，而是一种状态的持续。幸福是人生的主题，感到幸福的人，其人生总是快乐和阳光的，人们不分种族、地域、职业、老幼、男女，都把幸福作为生命体的永恒追求。那么，教师的职业幸福是什么呢？

幼儿教师职业幸福是指幼儿教师在教育工作中运用教育智慧，获取教育对象及社会的积极评价后感受到的一种来自职业本身的尊严感与幸福感，它让幼儿教师感觉到实现了自己的职业理想，发挥了自己的潜能，实现了自身的专业成长和专业发展，是一种持续的快乐体验[②]。幼儿教师体验到职业幸福有着双重意义：一是自己幸福；二是用自己的幸福去感染幼儿，让幼儿也感受到幸福。缺乏幸福感的幼儿教师不可能培养出幸福的儿童，只有当一个幼儿教师能够由衷地感受到生活的美好和职业的幸福快乐，内心蕴积着对生活和工作的热爱与柔情时，才可能自然、真诚地带给幼儿细腻的关爱和期待。只有教师“幸福地教”，才有幼儿“幸福地学”。所以，当我们在繁忙与劳累的工作中学会换一个角度思考问题，改变态度，就能让我们所从事的职业幸福感翻倍。[③]

① 束从敏.幼儿教师职业幸福感研究[D].南京：南京师范大学，2003.

② 宁本涛.教师职业幸福感群体缺失的制度困境与反思[J].当代教育与文化，2010(4).

③ 莫源秋.做个幸福快乐的幼儿教师[M].北京：中国轻工业出版社，2017.

【拓展阅读】

生活是美好的

契诃夫

生活是极不愉快的玩笑，不过要使它美好却也不很难。为了做到这点，光是中头彩赢20万卢布，得个“白鹰”勋章，娶个漂亮女人，以好人出名，还是不够的——这些福分都是无常的，而且也很容易习惯。

为了不断地感到幸福，那就需要：①善于满足现状；②很高兴地感到：事情原本可能更糟呢。这是不难的。

要是火柴在你的衣袋里燃起来了，那你应当高兴，而且感谢上苍：多亏你的衣袋不是火药库。

要是有穷亲戚上别墅来找你，那你不要脸色发白，而要喜洋洋地叫道：“挺好，幸亏来的不是警察！”

要是你的手指头扎了一根刺，那你应当高兴：挺好，多亏这根刺不是扎在眼睛里！

如果你的妻子或者小姨练钢琴，那你不要发脾气，而要感激这份福气：你是在听音乐，而不是在听狼嗥或者猫的音乐会。

你该高兴，因为你不是拉长途马车的马，不是寇克的“小点”(注：寇克是19世纪德国细菌学家，“小点”指细菌)，不是旋毛虫，不是猪，不是驴，不是茨冈人牵的熊，不是臭虫……你要高兴，因为眼下你没有坐在被告席上，也没有债主在你面前，更没有和主笔土尔巴谈稿费问题。

如果你不是住在十分边远的地方，那你一想到命运总算没有把你送到边远地方去，岂不觉着幸福？

要是你有一颗牙痛起来，那你就该高兴：幸亏不是满口的牙痛。

你该高兴，因为你居然可以不必读《公民报》，不必坐在垃圾车上，不必一下子跟三个人结婚……

要是你被送到警察局去了，那就该乐得跳起来，因为多亏没有把你送到地狱的大火里去。

要是你挨了一顿桦木棍子的打，那就该蹦蹦跳跳，叫道：“我多运气，人家总算没有拿带刺的棒子打我！”

要是你妻子对你变了心，那就该高兴，多亏她背叛的是你，不是国家。

照此类推……朋友，照着我的劝告去做吧，你的生活就会欢乐无穷了。

二、职业幸福的作用

幼儿教师是幼教事业的主体，幼儿教师自身的幸福关系到其自身的职业生存意义和人生价值观的实现，对幼儿的人格培养和学习习惯也会产生直接的影响，同时也对和谐幼儿园的创建起着至关重要的作用。因此，幼儿教师职业幸福这个道德范畴，在整个教育和教学过程中起着非常重要的作用。

1. 幼儿教师职业幸福感是培养幼儿幸福感的保证

让幼儿拥有幸福感是教育的最终目的，是幼儿教师义不容辞的责任。拥有幸福感的幼儿教师才能带领幼儿去体验幸福、追求幸福并创造幸福。幼儿教师的内在幸福可以通过外在的行为影响幼儿，幼儿在潜移默化中获得和幼儿教师相似的幸福感。作为幼儿教师，在与幼儿的接触中，要用欣赏、审美的眼光看待每一名幼儿，把孩子看成可爱的天使，那么自己就会变成快乐的天使。在平时的教育工作中以平等、真诚的态度与幼儿交往，放下教师的架子，以真诚的自我展现自己，和幼儿打成一片，一起体验成长的足迹，就会发现幸福和快乐就在身边，也将获得满满的幸福感。除此之外，要求管理者尊重幼儿教师的心理需要，尽量为幼儿教师提供更多的机会和支持，这样幼儿教师体会到了工作的快乐，理所当然也会把快乐带给幼儿，那样的情境想必是妙不可言的。

2. 幼儿教师职业幸福感是实现幼儿教师自身价值的必然要求

幸福是与人生的目的和职业理想联系密切的范畴，只有当幼儿教师追求的目的和忠于教育事业的理想实现时，幸福感才会油然而生。一个不热爱教育事业的人，不勤勤恳恳地工作，很难体会到作为一名幼儿教师的幸福。一个愿意把自己的一生都奉献给教育事业的人，把全部的精力都置身于研究教育教学活动中，并取得优异成绩时，便会体会到作为一名幼儿教师的幸福，自身价值和意义也在这一刻体现了出来。因此，实现幸福是幼儿教师毕生的追求，为了追求幸福，幼儿教师会以昂扬的斗志和饱满的热情投身到工作中，并能把幸福融入教书育人的整个过程，通过与幼儿的心灵交流，并得到幼儿园、家长和幼儿的共同认可，体验从事幼儿教师这个职业的快乐，从而感受到自身价值的实现，更加快乐地工作。

3. 幼儿教师职业幸福感是创建和谐幼儿园的需要

一切成功的教育都是和谐的教育。幼儿教师与幼儿园的关系是鱼与水的关系，幼儿教师是幼儿园建设的重要参与者，是维持幼儿园稳定的一分子，幼儿园要牢固树立以“教师为本”的管理理念，只有在管理中以“教师第一”为导向，才有教师心目中的“幼儿第一”。而一名具有职业幸福感的幼儿教师一定是受到幼儿喜欢和爱戴的好老师。因此，在幼儿园里教师获得幸福感体现在以下两方面。

一方面，幼儿园在管理制度上，应寻求灵活的考核评价方式，把考核评价权交给幼儿教师，还要尽最大的可能给幼儿教师专业成长创造空间，搭建舞台，了解每个幼儿教师的个性，因势利导，发挥其特长，努力给予专业自主权，为幼儿教师的业务发展、职称评定等实际问题提供可能的和应有的帮助与指导，让每一位幼儿教师都有崭露头角、尝试成功的机会。总而言之，幼儿园方面对待幼儿教师要多尊重少强制、多信任少疑虑、多自由少拘谨、多公平少偏袒、多劝解少指令，多去欣赏每个幼儿教师身上的闪光点，充分发扬个人的长处，这样幼儿教师对幼儿园、对领导就会倾向于听安排、顾大局、多贡献，那么，同事之间就会多尊重多帮助，师幼之间就会多爱心和多责任心①。这才能使得幼儿教师在各自的

① 马述民.关注教师幸福感 构建和谐小学校园[J].基础教育参考，2012(17).

岗位上“活”起来，并感到园领导是可信的，同事是和善的，幼儿园的教育教学工作也是快乐的。

另一方面，在对幼儿的付出与收获上，幼儿教师也会体会到职业的幸福感。3～6 岁学龄前的幼儿大多是在犯错中长大的，而幼儿教师的幸福感往往也是在帮助幼儿纠正一次次错误之后伴随而来的。有人曾说：“孩子犯错，上帝都会原谅。”真正关爱幼儿的教师就是在一次次帮助幼儿成长中获得成功感，继而体会到职业的幸福感。所以，幼儿的每一次成功伴随的都是幼儿教师的汗水与辛苦，每一点进步都离不开幼儿教师的谆谆教诲、循循善诱，而一声“老师，我喜欢你!”“老师，节日快乐!”“老师，谢谢你!”足以让幼儿教师感叹：“当一名幼儿教师真幸福!”

除此之外，幼儿园还应该关心幼儿教师的生活，为其提供足够的“精神福利”，组织开展一些文体活动，在丰富幼儿教师生活、活跃幼儿教师身心中促进彼此间的沟通与交流，增进互信，提升幼儿教师的职业幸福感。以积极乐观的态度面对工作生活中遇到的困难，并用幸福感染身边的幼儿和同事，从而建设一个和谐幸福的幼儿园。

【拓展阅读】

愿意当幼儿园教师的N条理由

青峰路幼儿园幼儿教师职业幸福感

(1) 感到开心；孩子们永远是快乐的。

(2) 有假期：一年可以歇上 2 个月。

(3) 收入稳定。

(4) 在孩子崇拜仰慕的眼光里(多神气)，有成就感。

(5) 没有升学压力，更没有分数对比的担忧。

(6) 做孩子的第二任老师(父母是第一任老师)，很神圣啊。

(7) 可以和孩子的家长建立亲密的伙伴关系。

(8) 每天的童言稚语一箩筐，回家讲给家人听，开心能感染一家人呢。

(9) 班上老师说了算，大家都要听老师的，老师的“权力”很大。

(10) 整天和天真、活泼的孩子在一起，感到年轻，富有朝气，充满活力。

(11) 孩子童稚纯真的眼光，让你感到世界的美好。

(12) 可以玩一玩小时候没有玩过的玩具，尤其是滑梯及迷你健身器械，特别好玩。

(13) 可以不用刻意粉饰自己，以真实、平和、诚挚的心态对待他人。

(14) 每次上早班，进班前看到一张张稚嫩的笑脸。小朋友们隔着玻璃就大喊着：“老师，早上好!”那一刻有着无法言喻的幸福感。

(15) 小朋友们调皮的时候，你被气得说：“我走了，再也不要看到你们!”当然，在你没走之前，他们已经哭得稀里哗啦，被需要的感觉真好。

(16) 在别人眼中幼儿园教师是琴棋书画样样都会，简直现代版的大家闺秀，哈哈。

(17) 和孩子们在一起永远拥有一颗天真年轻的心，抛弃世俗的许多纷争和烦恼，快乐地生活。

(18) 喜欢孩子搂着我的脖子亲吻我脸颊的感觉。

(19) 每天可以听到悦耳的童音，那可是天籁之音。

(20) 曾经羡慕办公室里的“白领”吹着空调穿着套装优雅地办公，直到因事去了一趟气派的写字楼，才发现：环境封闭，人们工作压力大，忙起来连说话的时间都没有。想想自己，不但想说就说，还可以趁着锻炼、散步的机会和孩子们一起自由呼吸，真是享受啊。

(21) 我一出现，小朋友欢呼一片，我太骄傲了！我一蹲下，就有小朋友张开双臂抱我，我太满足了！我一开口，孩子就把最秘密的事告诉我，我太幸福了！我——喜欢当幼儿园老师。

(22) 没有领导的苛刻，没有成人的复杂，有的是家长的微笑与关怀，暑假可以与好友一起结伴旅游。

(23) 童年那种肆无忌惮的快乐对于大多数人来说是有时间限制的，可是，幼儿园老师可以躲在这层职业的外表下快乐得随心所欲。

(24) 在小朋友们遇到困难急切地向你求助：“老师，老师，快来啊……”那一刻觉得自己最伟大！简直是“超人”。

（资料来源：决胜网.学前教育，http://www.juesheng.com/，2018-04-15.）

三、做一个幸福的幼儿教师

爱因斯坦说：“真正的快乐，是对生活的乐观，对工作的愉快，对事业的兴奋。”从幼儿教师工作的性质看，它是一个具有丰富情感的生命个体沟通的职业，幼儿教师在与幼儿、同事、领导和家长进行思想交流、情感融通时品味着精神的欢愉。课堂上，他在与幼儿民主对话中分享着求知的乐趣；工作中，他通过与同事的友好合作体验着和谐的欢愉，他因工作得到家长的信任和理解而心情舒畅，也在领导的认可和关爱中品味着“家的温馨”。法国小说家雨果曾说过：“生活中最大的幸福是有人爱我们。”幼儿教师在和谐的情感氛围中付出爱的教育的同时也收获着爱的回报，感受着生命的尊严和幸福。而幼儿教师的职业又有着它的特殊性，所以，想要做一名幸福的幼儿教师还需要做好以下几点。

（一）适时自我调节心态，寻找工作中的快乐

幼儿教师的职业幸福是一种心态和状态，也是信念与追求的体现，必须拥有好的心态面对工作和幼儿。心态决定状态，有了好心态就有了好心情，心情是可以传递的，幼儿教师是爱的事业，有了好心情，就能笑着面对生活，就能爱护每一位幼儿，并和他们“打成一片”，构建和谐幸福的师幼关系，就能通过言传身教让幼儿陶醉，接受情感的洗礼、引导和激励。况且，有了好心态，就会少些烦恼多些快乐，少些狭隘多些豁达。在忙碌中、创造中收获更多的幸福，虽然很苦很累，但也享受着幸福和快乐。印度哲学家奥修曾说过：“世间万物都是相互依存的，生命的整体也是相互依存的，你使他快乐，他也使你快乐。”确实是这样，在师幼互动的过程中，你让幼儿快乐，幼儿也同样会让你快乐。所以，当幼儿教师的劳动被他人、社会认可时，必然会带来无比的快乐，会被幸福紧紧“包裹”。

【拓展阅读】

孩子的吻带给我的快乐

时间像长了翅膀，转眼间我已经工作了十个春秋。我一直在寻找着生活的快乐，发掘工作的意义。那天，孩子深深的吻带给了我震撼，让我感到快乐。

又一次在做“我的好朋友”的游戏时，孩子们踊跃参加，气氛很活跃，他们都争先恐后地介绍自己的好朋友，当我猜对后，他们就会伸出大拇指说“OK”。孩子们簇拥着我，我感到他们是那么的活泼、可爱。轮到王含时，他看了看我，调皮地笑着，说“我的好朋友”梳着长长的辫子，穿着红色的运动装，她喜欢说英语。所有的孩子的目光立刻落在我身上，这让我感到一种压力和紧张，我使劲猜，可就是猜不对。孩子们都神秘地冲我笑，有的还朝我努努嘴。突然，我明白了——王含口中的朋友就是我，于是我大声地说道：“是晏老师！”孩子们都为我欢呼，只见王含快步走上前来亲亲我的脸颊。接下来，孩子们纷纷亲吻了我。我被孩子们突如其来的举动弄得有些尴尬，但马上就开心地笑了，一种从未有过的快乐与成就感让我感到幸福，孩子们真是太可爱了！

孩子的吻像一股清泉滋润着我，它是那么的甘甜，那么的清醇。在他们的亲吻中，我见证了他们的成长。他们像童话里活泼可爱的小精灵，偶尔和我开玩笑或捉弄我一番，而这都带给我极大的快乐，他们是生活中最美的色彩和最动听的音符。孩子快乐着，我也快乐着！

（资料来源：张燕.在反思中成长[M].北京：北京师范大学出版社，2010.）

（二）善于建立良好的人际关系，从容面对不慌张

幼儿教师的工作烦琐、辛苦，心理压力大、烦恼多，如果未能很好地处理好周围的人际关系，想必只会让自己的工作雪上加霜、如履薄冰。那么，作为幼儿教师，处理好哪些人际关系比较重要呢？

1. 幼儿教师与幼儿的关系

幼儿教师与幼儿之间的关系简称为师幼关系。师幼关系的和谐与否关系着教学质量的好坏，也关系着教师与幼儿之间是否存在着幸福感。就像一位幼儿园教师在教育日志中写道：“工作以来，幼儿给予自己的每一个微笑、每一个拥抱、每一次亲吻，都能让我被幸福融化掉……和孩子在一起是幼儿园教师最大的幸福。正是这份幸福，吸引着我们坚定地走上或走在幼儿教育工作的道路上。”和谐的师幼关系体现的是一种良好状态下的教师与幼儿之间的关系，幼儿教师与幼儿美好、融洽地相处，都是以一种积极的、向上的状态面对彼此，相互之间传递着幸福的正能量。高尔基说过：“谁不爱孩子，孩子就不爱他，只有爱孩子的人，才能教育孩子。”在与幼儿沟通中，要学会倾听，给幼儿足够的表达时间，明白他的初衷和目的，这样也利于幼儿教师在教学中做到因材施教。感人心者，莫先乎情；为人师者，莫失乎爱。爱心是水，滋润着双方的心田；爱心是金钥匙，能够打开幼儿的心灵窗户；爱心更是成功教育的原动力。作为一名合格的幼儿教师，应该关爱每一名幼儿，尊重每一名幼儿，对待幼儿，凡事都不能简单处理，必须考虑到孩子的心理行为和个体需求，

晓之以理，动之以情，耐心帮助他们，把爱的雨露洒向孩子们的心间。

2. 幼儿教师与家长间的关系

《幼儿园工作规程》第四十八条指出："幼儿园应主动与幼儿家庭配合，帮助家长创设良好的家庭教育环境，向家长宣传科学保育、教育幼儿的知识，共同担负教育幼儿的任务。"在学龄前期，对幼儿影响最大的是家庭，家园共育可以说是素质教育的立足点。所以家园关系成为幼儿与幼儿园之间的一座桥梁。和家长建立良好的情感关系，有利于家长对教师工作的认可和支持，同时，教师在犯了难以避免的"错误"时，易于得到家长的谅解。比如，用爱心和细心去感动家长，用专业技能和敬业精神去感动家长，用热忱之心和温暖的班级环创设计去感动家长，用孩子每日的变化和对孩子的深入了解去感动家长等，从而形成家园无障碍沟通。相信在双方的共同努力下，每一个幼儿都会非常优秀。

【拓展阅读】

美国幼儿教师与家长沟通的一种重要方式

在美国幼教机构，家长与幼儿教师约谈已形成制度。全美幼儿教育协会制定的《高质量早期教育标准》中明文规定：幼儿教师每学年至少与每个孩子家长约谈一次，并可根据需要随时安排，以讨论孩子在家和在园的进步、成绩与问题。幼儿教师与家长约谈在美国已成为一种比较成熟的家园沟通方式，并积累了丰富的经验。美国出版的《幼儿教育学》《早期教育概论》都载有关于约谈的经验介绍及注意事项如下。

(1) 做好准备工作

要及早告知家长约谈的时间、地点与内容，征得家长的同意。在约谈前，幼儿教师要汇集、查阅这个孩子各方面发展情况的材料，进行分析，提取有用的事例。实际上，这项准备工作在孩子入园后就已开始。每个孩子都有一个材料盒，用于存放幼儿教师平时观察记录的材料及孩子的作品等，可供约谈前挑选、查看与使用。

(2) 营造宽松的气氛

有些家长，对约谈会感到拘束、不自在，所以，幼儿教师要注意营造轻松的气氛，比如，先倒一杯咖啡，说一些孩子在班上有趣的事。在交谈时也要自然一些，显得亲切，像开始时可先问一句："小约翰近来在家怎么样？"这样的问题家长好回答，从而能自然地进入交谈。

(3) 避免使用专用术语

采用日常使用的普通语言与家长交谈，家长听得懂。在介绍孩子发展情况时，不要说得过于笼统，而要具体一些。比如，不要光说"小约翰的小肌肉发展水平低于正常标准"，要补充实例或换一种说法，像"小约翰还要继续学习串珠子""用手剪剪东西，我们在教他"等。

(4) 要以平等的身份与家长交谈

幼儿教师切勿以专家自居，采取居高临下的态度教训家长，不要发号施令似的总是说"必须""应该"怎样，更不能责怪家长，要尊重家长，多倾听家长的话。幼儿教师提出共同促进孩子发展的措施时，宜采用商量的口吻，征求家长的意见。

(5) 谈孩子缺点时要注意方式

对孩子的评价一定要客观、全面，既要肯定优点与进步，也要真诚地提出不足之处。在谈孩子的缺点时，要根据情况区别对待。如果与家长很熟悉，可以说得直率一些。有些家长自尊心强，把谈孩子的缺点视为对自己的批评，感到有压力。所以，幼儿教师特别要注意方式，不要用"迟钝""调皮"等字眼来形容孩子，以免家长听了不舒服。

(6) 交谈时不要谈及别的孩子

与家长不要谈论别的孩子，也不要随意与别的孩子进行比较，说长道短。因为这样做会使家长产生疑问，不知老师在别人面前怎样说自己的孩子。

(7) 交谈完了要肯定约谈收获

幼儿教师要指出谈话对家园双方都有益，强调对自己的工作有帮助，如进一步了解了孩子，有利于今后的教育工作。同时，对家长来参加约谈表示谢意，欢迎家长以后继续支持园里的工作，自己愿意竭诚与家长密切合作，共同促进孩子的发展。

(8) 约谈完毕，幼儿教师要做小结

小结的内容包括：谁提出的约谈；谁参加了约谈；提出了哪些问题及解决的方案和措施；约定了什么时间继续沟通；有关措施实施情况。

(资料来源：幼儿园园长联盟，2018-12-03.)

3. 幼儿教师与同事间的关系

与同事间的关系是最能影响幼儿教师的工作心境和积极性的。工作氛围就如天气一样不可能总是万里无云、风和日丽，同事之间闹矛盾就像刮风下雨一样，比较常见。重要的是不能总是让乌云密布的气氛笼罩在大家周围，更不能兴风作浪、火上浇油。所以，幼儿教师要坚守保持冷静、互敬互让、通情达理、就事论事地处理问题的原则，同时还要保持同事之间彼此依靠又相互独立。有这样一张柔软坚韧的支持网络，幼儿教师疲惫时就可以靠一靠，无助时就可以借把力，失败时就不会触底，成功时就可以把欢乐传递到每个角落。

【拓展阅读】

以刺猬的方式相亲相爱

每天和你在一起时间最长的人是谁？不是你的家人，也不是你的朋友，而是你的同事。和同事关系好，本是好事，但是切记同事之间拒绝亲密。最恰如其分的职场友谊，就像冬天里的两只刺猬，为了取暖，要挨得近点，而身上的刺，又让他们保持一定的距离。

一、最佳心理距离：比熟人近，比朋友远

同事是你生活里非常重要的人物，不是见面点头、打招呼的泛泛之交，也不应该是互相掏心窝子的闺中密友。下面的几项同事关系处理原则，可以把握。

(1) 尊重。同事关系不同于亲友关系，亲友之间一时的失礼，可以用亲情来弥补，而同事之间的关系是以工作为纽带的，一旦失礼，创伤难以愈合。所以，同事之间最重要的是尊重对方。

（2）物质上往来应一清二楚。同事之间可能有相互借钱、借物或馈赠礼品等物质上的往来，每一项都应该记得清楚明白。向同事借钱、借物，应主动给对方打张借条，以增进同事对你的信任。在物质利益方面，无论是有意还是无意地占同事的便宜，都会引起不快。

（3）适当的关心。作为同事，在对方有困难时应主动问讯，对力所能及的事应尽力帮忙。这样，会增进双方之间的感情，使关系更加融洽。

（4）背后闲话少不了，但不涉及隐私。每个人都有"隐私"，隐私与个人的名誉密切相关，背后议论他人的隐私，会引起双方的紧张甚至恶化，因而是一种不光彩的、有害的行为。

（5）有误会及时澄清。同事之间相处，一时的失误在所难免。如果出现失误，应主动向对方道歉，征得对方的谅解，对误会应主动向对方说明，不可小肚鸡肠，耿耿于怀。

二、最佳生活距离："九小时"外互不打扰

最正确的态度是尽量少在同事之间谈论自己的家庭、老公、老婆和孩子，在同事中始终保持适当的神秘感。当然如果有一些志趣相投的同事，你可以利用休息时间和他们约会、相聚，一起组织活动。但记住次数不要太频繁，不要花费太多的时间。

三、读懂同事的潜在语言

（1）周末同事们约好一起去郊游，却没有告诉你。这表明他们不喜欢你。你可能与上司太亲密以致脱离了群众；抑或你的工作十分出色，引起了同事的嫉妒。这都在提醒你，要尽快与同事拉近关系。

（2）同事在背后诋毁你，你自己却没发现有什么过错。这表明你缺少与同事的配合和沟通。办公室是一个集体，单枪匹马地去抢功必然会遭到背后的冷箭。这样下去，你很快就会陷于孤立无援的地步。

（3）同事常向你倾诉个人隐私和对上司的不满。这表明你在办公室是个很有威信的人，但这很容易会被其他人和上司看作小帮派，如果你的工作业绩平平，饭碗就有丢掉的危险。

（4）同事带着孩子到办公室，却没有给你介绍。也许是因为你以前对同事关心太少，你应主动与同事的孩子说话，借此沟通与同事的关系。

（资料来源：计无双.以刺猬的方式相亲相爱[J].莫愁·智慧女性，2008-08.）

（三）努力提高综合素质，时刻做有准备的人

幼儿教师综合素质的高低也与职业幸福感息息相关。与时俱进的教育改革给教师带来了前所未有的挑战。因此，必须通过提高自身的综合素质和能力来奠定自己的未来发展之路，做一个时刻有准备的人。幼儿教师的综合素质达到一定的高度，就会形成自己的教育教学管理方式，就能创建幸福班级、构建幸福课堂。在班级里、在课堂上，幼儿教师和幼儿一起享受集体荣誉感和学习的快乐，教育教学过程就会成为师生共同的幸福之旅。这样，幼儿教师就会赢得幼儿的爱戴、家长的信任、领导的赏识、同事的尊重，同时就会充满职业幸福感。

【拓展阅读】

做一名快乐的幼教人

每个人都有羡慕别人的时候。偶然的一次机会，聆听浙江省特级教师朱静怡老师的讲座。当我坐在下面听朱老师讲第一句话的时候，就被朱老师浑身洋溢的快乐所吸引，心底的一丝羡慕油然而生：年近古稀的老人，怎么还能拥有如此年轻的心态，并以她的快乐感染在场所有的年轻人？

一、源自心底的快乐

"我是幼教人。"简单一语，道出了朱老师年轻快乐的根由。至今，朱老师仍坚持着带班上课，以不懈的教学实践诠释着"幼教人"三个字的真实含义。几十年如一日的课程研究使她从丰厚的理论积淀和经验建构中如鱼得水般获得成功的快乐。从朱老师淡淡的言谈中体味她四十多年的教学经历，爱是她的主旋律，而勤于积累和思考正是朱老师之所以成功的重要因素。在朱老师《和青年教师谈学习》一文中有一句警言：人生犹如大树，学习好比树根，只有不断地汲取养分，大树才能长得茂盛。朱老师以其自身的学习积累为我们做了一个好榜样，从拾零为整的学习到短期集中学习，从系统的理论学习到理论专著学习，朱老师走过了一条漫长的学习之路，使她学得深，站得高，看得远。作为幼教人，朱老师快乐地学习着、思考着，她给我们讲述的每一个关于孩子的故事，都能让我们体会到学习成长的快乐。我们和孩子们一起学习、一起成长，这种源自心底的快乐，会让所有的幼教人更加年轻、美丽。

二、源自教育的快乐

"教学活动是教师与幼儿合作表演的舞台。"作为一线的教师，我们时刻都和孩子们在"教学活动的舞台上"进行着"合作表演"，时刻体验着儿童带给我们的惊喜以及教育带给我们的快乐。从朱老师带给我们的一个个教学案例中，我们分享着朱老师源自教育的快乐。从小班孩子"数数衣服有几件"的"要碰到自己肉肉"的那种挠痒痒式的童趣，到"小猫钓鱼自制教具"的"多、快、好、省"的小猫化妆式的幽默，我们看到了朱老师的教育艺术和教育机智，被她和孩子们在一起"把一日活动当课上，把课当游戏做"的快乐所感染。在朱老师的日常活动中，简单的一片落叶都可以成为教学活动的道具，不经意的一个举动都深藏着教育的意义，这些都离不开朱老师对孩子的细致观察和入微分析。孩子是怎样学习的？我们怎样为孩子发展提供教学的支撑？带着朱老师抛给我们的问题，我回顾自己的教学实践，竟然也发现了那些平常被忽视的快乐：玩"熊和石头人"的游戏，游戏情节中加入幼儿自创动作造型，更添了游戏的情趣与幼儿学习的快乐；玩"爆米花"游戏的同时自编儿歌；玩"火车过桥"，孩子们可以用身体表现出多种桥的造型……原来，每一个教学活动都能让我们发现惊喜，每一个教育细节都能让我们快乐无限！以前常说，老师是蜡烛，燃烧自己照亮了别人，实际上，我们是在被孩子们创造的精彩中体会着人生的快乐！好的教育活动，就是这样在感染孩子的同时也感动着我们自己。确实，我们和朱老师的教育艺术之间有着太远的距离，但我们同样可以用我们的智慧去获取教育的快乐，努力缩短与朱老师之间的距离。快乐由心生，愿所有的幼教人都能够从教育中获得快乐。

（资料来源：陆春燕.快乐幼教人[J].山东教育，2010，33.）

沙场点兵

1. 材料分析：

裴兰兰，现为清水县永清镇文曦幼儿园园长，1987 年出生于土门镇一个普通农民家庭的她 2003 年考入天水师范幼教专业学习，2008 年从陇南师范高等专科学校音乐教育专业毕业，在校期间通过自考取得西北师范大学自考本科学历。毕业后独自一人远赴上海，在上海市松江区九州幼儿园从事幼教工作，后经推荐到华东师范大学培训学习，取得"园长证书"。

创办一所幼儿园是这个农村女孩毕业之初就为自己规划的职业理想。为了实现理想，她怀着一颗不服输的心，一份对教育事业执着的爱。2011 年 9 月，在教育部门、园内教师和亲朋好友多方支持下，她创办的第一所幼儿园——清水县永清镇童心幼儿园迎来开园招生并逐渐步入正轨。2016 年 7 月由于房租到期不予续租，被迫终止办学。

创业路上，场地受限、生源不足、资金周转不灵等种种困难，让裴兰兰感受到了大学生创业的艰辛，但她从未停止过办幼儿园的信念，一直在寻找适合的机会。

功夫不负有心人。2017 年年初，已有办园的经验的她，决定投资 260 余万元开始筹备和策划创办清水县永清镇文曦幼儿园。新建幼儿园建筑面积 1940.02 平方米，户外场地 1200 多平方米，现有在园幼儿 520 人。拥有幼儿活动室 13 间，办公室、厨房、科学实验室、残卫室、保健室、隔离室、多功能厅、公共洗手间等辅助用房一应俱全。园内现有教职工 46 人，专任教师 26 人，保育员 9 人，有教师资格证 20 人，教师资格合格率达 77%，全体职工的平均年龄不到 30 岁，一支高素质，富有爱心、上进心，团结协作的年轻教职工团队让幼儿园成为全县一流的民办幼儿园。

思考：裴兰兰的职业理想是什么？在实现职业理想的道路上她遇到困难是怎样做的？体现了什么精神？

2. 中央电视台在 2012 年的新闻联播"百姓走基层"的环节中做过一次关于"你幸福吗"的问卷调查，1000 个人就有 1000 种回答，但答案又是相似的。简单地说，幸福的人都是相似的，不幸的人各有各的不幸。幸福本就是一种生活感受、一种人生体验、一种追求过程。幸福就在脚下，幸福就在自己的手中。作为未来的幼儿教师，如果有一份这样关于"你幸福吗"的调查问卷在你手中，从职业出发，你希望在问卷上看到什么样的问题？请大家自拟一份关于幼儿教师"你幸福吗"的调查问卷。

第三章 幼儿教师职业道德规范

本章导读

教师职业道德规范是教师在教育职业活动中必须遵循的行为准则，是教师职业活动中道德关系和道德行为普遍规律的一种反映，是一定社会对教师教育行为的基本要求。幼儿教师只有认清自己的职业道德规范，才能更好地实现自身在职业生活中的价值，才能正确行使自己的专业权利。

为了促进幼儿教师专业发展，建设高素质的幼儿教师队伍，教育部于 2012 年 2 月 14 日正式颁布了《幼儿园教师专业标准（试行）》（以下简称《专业标准》）。《专业标准》的具体内容包括“专业理念与师德”“专业知识”和“专业能力”3 个维度。其中，“专业理念与师德”这个维度在《专业标准》框架中居于首要位置，明确了幼儿教师专业理念与师德的内涵，共涉及“职业理解与认识”“对幼儿的态度与行为”“幼儿保育和教育的态度与行为”和“个人修养与行为”4 个领域，20 项基本要求。这些基本要求旨在造就具有良好职业道德和专业精神的合格教师，既体现了“幼儿为本”的理念，也体现了“师德为先”的理念。

第一节　幼儿教师的职业观

话题聚焦

河北73名幼儿教师离家赴疆，临行这番话让人热泪盈眶……

“响应党的号召，志愿援疆支教，坚守理想信念，忠诚教育事业，牢记‘四有’重托，履行神圣职责，潜心教书育人，奠基边疆未来，为新疆教育发展和民族团结奉献全部智慧和力量！”

2019年2月26日，河北省援疆支教教师出征动员大会在石家庄举行，203名援疆支教师生集体宣誓，在春风里踏上赴新疆支教征程。

在这203名援疆支教师生中，有73名是来自河北各地幼儿园的幼教老师，这是首次选派幼教老师支教新疆，她们此次去新疆支教最少一年，最长要三年时间。

我是一名幼儿教师

面对记者的话筒，她们如是说——

来自石家庄市第一幼儿园的梁卓老师：

“我从事幼教职业21年了，这次援疆我是主动报名参加的。园长接到河北省幼儿教师援疆支教计划通知在会上宣布，并且鼓励符合条件的优秀教师报名，我当时就动心了。”在梁卓的心里，“新疆是个令人向往的好地方，曾经在电视上看到过支援边远地区老师的报道，当时就觉着这样的老师很伟大、值得敬佩。这次能有这样的机会实现自己的理想抱负我感到非常荣幸和自豪。”

在石家庄市第一幼儿园，梁卓是一名骨干教师，也是一名党员，“我愿意为党分忧、为国尽责！愿意为提升新疆学前教育的质量和民族团结，社会稳定贡献自己的一份力量。”梁卓的孩子正在上初二，正是关键的时候，但是当她把想要援疆的想法告诉家里人后，家里人都很支持,"我的父母曾经是中学教师,全家人在得知我准备报名援疆支教后都表示要尽最大努力解决我的后顾之忧,全力支持我的工作。"

梁卓这次要去的是新疆库尔勒,这些天她一直在查有关库尔勒的各种资料,"库尔勒是个美丽的城市,通过网络和在那边工作过一段时间的支教老师了解了一些那里的情况,但是并不多。我计划要把石家庄市第一幼儿园的养成教育和生命教育特色课程,以及教育兴园科研强园的理念推广给对口支教园所。让那里的孩子也能感受到先进的教育理念。"

"我们园长给了我很多实质性建议,并且帮助我整理、归纳、拷贝重要的教育教学资料,鼓励我发挥特长,搭建起石家庄和库尔勒两地园所的桥梁。"梁卓说。

来自河北省邯郸市复兴区的陈岩老师说道:

"作为一名学前教育工作者,能够为新疆的教育事业发展奉献绵薄之力,我倍感荣幸,倍加珍惜。"

"做好对口援疆工作,是以习近平总书记为核心的党中央做出的全局性谋划、战略性决策,是一项促进民族团结、推动新疆发展、实现长治久安的重要政治任务。几天后,全省选派的 73 名幼儿教师将奔赴新疆这片热土,在那里挥洒我们的汗水,贡献我们的智慧,留下我们的足迹。这是一份荣誉,更是一份沉甸甸的责任。"

"我们深知当地的自然条件和生活条件与内地相比有一定差距,但是,我们将不畏艰难,努力克服气候、饮食等各方面的困难,执着坚守,倾心倾力,满腔热忱投入到工作中去。"

"大漠孤烟直,长河落日圆",广袤的新疆正张开怀抱迎接我们的到来。我们必将爱岗敬业,任劳任怨,恪尽职守,不辱使命,圆满完成援疆支教工作,为新疆发展和民族团结贡献我们的力量。

(资料来源:家长会[N].河北青年报,2019-02-27.)

思考:习近平总书记说,"一个人遇到好老师是人生的幸运,一个学校拥有好老师是学校的光荣,一个民族源源不断涌现出一批又一批的好老师则是民族的希望。"读完这些支教赴疆的幼教行业先行者的故事,身为未来的幼儿教师,你有何感想呢?

理论加油站

《专业标准》中,"职业理解与认识"领域的基本要求包括以下几个方面:贯彻党和国家教育方针政策,遵守教育法律法规;理解幼儿保教工作的意义,热爱学前教育事业,具有职业理想和敬业精神;认同幼儿园教师的专业性和独特性,注重自身专业发展;具有良好职业道德修养,为人师表;具有团队合作精神,积极开展协作与交流。具体而言,可以表现为爱国守法、爱岗敬业、为人师表、团结合作 4 个方面。

一、爱国守法

爱国,简而言之,就是热爱自己的国家。爱国是教师必须具备的一种高尚的情感,是教师对祖国最深厚的感情。正如苏联教育家加里宁所言:"教师把自己的全部精力和血汗，把他所有的一切宝贵品质都贡献给自己的学生，贡献给本国人民。”[①]具体而言，教师的爱国不仅表现在自身要有爱国主义的觉悟，身体力行贯彻爱国主义上；还表现在其本职工作中贯彻爱国主义教育，帮助学生树立爱国主义理想，践行爱国主义信念上。林崇德有言：“教师要爱国，并把这种对国家的忠贞感染给学生，这才能真正体现为人师表。”[②]

守法，就是遵守法律、法规、法令等。马克思、恩格斯曾经指出：“人的本质并不是单个人所固有的抽象物。在其现实性上，它是一切社会关系的总和。”[③]换句话说，每个人都不是独立存在的，都是一个“社会人”，教师也不例外。而法律是由立法机关制定、国家政权保证执行的一系列行为准则，它是一个社会、一个国家、一个地区的基本秩序得以维持的基本手段。这就要求每一位社会成员都要用法律来规范自己的一言一行、一举一动，不做违法乱纪的事。具体到教师，不仅自身要学法、知法、守法，做遵纪守法的楷模、依法治教的模范；还要注意教育孩子们知法、懂法，做一名守法的儿童。

总之，爱国守法是幼儿教师献身教育的思想基础，是社会向幼儿教师提出的基本要求。其中，爱国是必须，守法是必要。爱国是一种高尚的道德情感，守法是一种最基本的道德规定。

（一）幼儿教师爱国的基本要求

热爱祖国是一种高尚的道德情感，是每一个人作为一个国民都应该具备的基本素质，也是每一个人都应当自觉履行的责任和义务，热爱祖国更是一名人民教师应该具备的最基本的感情。幼儿教师热爱祖国具体体现在以下三个方面：一是有爱国之情，做到祖国的利益高于一切；二是有报国之志，做爱国的模范；三是有效国之行，在幼儿园保教活动中，积极实施爱国主义教育。

(1) 有爱国之情，做到祖国利益高于一切。爱国之情是每一名公民最朴素的基本道德。身为幼儿教师，更要牢固树立爱国主义思想，深刻认识到自己的工作是与国家的未来发展紧密联系在一起的，自己的工作和祖国的未来发展、国家的繁荣昌盛息息相关，幼儿教师的工作不是简单的保教，而是培养祖国的建设者和接班人。有了这种认识，才能自觉担负起这份责任和使命，才能树立起献身教育事业的信念，做到言行一致，不论遇到什么困难，都能从大局出发，为事业着想，呕心沥血，鞠躬尽瘁，矢志不渝地为培养一代新人而默默奉献自己的一生。

(2) 有报国之志，做爱国的模范。幼儿教师是一个特殊的职业，率先垂范、为人师表是其最显著的特征，而幼儿的行为具有明显的模仿性、向师性。只有教师率先垂范成为一名爱国的模范，才能培养出爱国的孩子。正如于漪老师所说：“要把学生培养成为热爱党、热爱祖国、立志为四个现代化贡献毕生精力的人，做教师的心中必须揣着一团革命的火，热爱无产阶级事业，与党同心同德，为伟大事业的巩固与发展奋斗终生。”[④]真正的爱国主义不应表现在漂亮的口号上，而应表现在自己日常的一言一行、一举一动中。

---

① 加里宁.论共产主义教育[M].北京：中国青年出版社，1979.

② 林崇德. 以德为先，为人师表[N].中国教师报，2009-08-09.

③ 中共中央马克思恩格斯列宁斯大林著作编译局. 马克思恩格斯选集(第一卷)[M].北京：人民出版社，1972.

④ 教育部师范教育司. 全国特级教师经验选(一)[M].北京：人民出版社，1981：109.

(3) 有效国之行，在幼儿园保教活动中，积极实施爱国主义教育。幼儿教师的效国之行，表现为深深地热爱自己的教育事业，满腔热情的教书育人，甘为人梯，竭尽全力为祖国培养优秀人才。正如著名的特级教师霍懋征所言："爱孩子就是爱祖国，我要把热爱祖国、热爱教育事业之情，倾注到我的学生们身上，全身心地投入小学教育事业中。"[①]幼儿教师的效国之行还表现为在日常教育教学活动中积极实施爱国主义教育。爱国主义教育从幼儿开始是时代赋予幼儿教师的责任和义务。幼儿教师可以从孩子的年龄特点出发，通过改善教育环境，寓教于乐，发挥爱国主义教育的渗透作用；还可以通过饲养一些小动物，利用孩子对小动物特别的喜爱，培养他们主动关爱事物的能力，由浅入深，使他们理解祖国并不只是一个抽象的概念，而是由他们的父母、亲人、社会等构成的一个大的统一体，让他们理解祖国母亲的真正含义等。

【拓展阅读】

我是台湾女儿，是中华儿女

我是台湾女儿，是中华儿女

卢丽安，女，汉族，1968 年 12 月出生于中国台湾省高雄市，台湾政治大学英语系毕业，英国爱丁堡大学硕士，英国格拉斯哥大学英国文学系文学博士。复旦大学外国语言文学学院英文系教授、博士生导师。

现任中共十九大代表，复旦大学外国语言文学学院副院长、上海市台湾同胞联谊会会长、全国台联第十届常务理事会副会长。

2018 年 3 月 1 日，当选感动中国 2017 年度人物。

她的颁奖词是："台湾的女儿，有大气概，祖国为大，乡愁不改，把握现在，开创未来，分离再久，改不了我们的血脉；海峡再深，挡不住人民追求福祉的路。"

卢丽安 1968 年生于高雄，从小受家人的影响对大陆有着特殊感情。20 世纪 90 年代中期，卢丽安和丈夫在英国完成学业后回到台湾任博士后研究员。

1997 年，卢丽安夫妇到复旦大学任教。几年下来，卢丽安就成为复旦大学最受欢迎的教授之一。

2013 年 7 月，卢丽安当选上海市台湾同胞联谊会会长，为身在上海的台湾同胞们服

① 霍懋征. 没有爱就没有教育[J]. 人民教育，2005(8).

务。2015 年，卢丽安加入中国共产党，2017 年，被选举为中国共产党第十九次全国代表。

党的十九大结束后，“卢丽安效应”在慢慢蔓延。很多台胞朋友为她点赞，因为她说出了广大台胞们的心声。还有她的学生，默默地留言支持老师，向老师学习回报社会。卢丽安的父母表示，只要女儿做的是对社会、民族、国家有益的事，能够促进我们两岸的和平与发展、促进岛内同胞在大陆的发展，都会支持。

谈到两岸关系时，卢丽安真诚地表示，“我的家族历史与自己的成长经历让我坚信：和平与发展一定是两岸关系的主要走势，这也是两岸同胞共同的心声。”

“我以台湾的女儿为荣，我以生为中国人为傲。”卢丽安在今年“党代表”通道上如是说。这就是卢丽安，不管走到哪里，她爱国爱乡的一颗初心和浓浓的赤子情怀，从未改变。

（资料来源：央广网新闻中心. http://news.cnr.cn/native/gd/20180302/t20180302_524150235.shtml.）

（二）幼儿教师守法的基本要求

爱国守法要求幼儿教师自觉遵守法律法规，做遵纪守法的模范。为此，幼儿教师首先要认真学习《教育法》《教师法》《义务教育法》《未成年人保护法》等法律法规，做到知法；其次要严格遵守各级教育行政部门和所在幼儿园的各项规章制度，并熟练运用相关的法律法规来指导自己的教育教学实践，做到守法；最后要在保教活动中通过各种形式使幼儿知法、守法，重视对幼儿进行法律情感的陶冶和法律行为习惯的培养，做到普法。

（1）知法。目前，在宪法的指引下，我国已经形成了以《教育法》《教师法》《义务教育法》《未成年人保护法》等法律法规为骨干的教育法律法规体系。其中，《教师法》是我国教育史上第一部专门为教师制定的法律，对教师的权利、义务以及法律责任等都做出了明确的规定。《未成年人保护法》是为保护未成年人的身心健康，保障未成年人的合法权益，促进未成年人在品德、智力、体质等方面全面发展，培养有理想、有道德、有文化、有纪律的社会主义建设者和接班人而制定的。幼儿教师只有学习和熟悉这些法律法规的内容，才能做到懂法、守法、依法执教，才能杜绝体罚学生、违法乱纪、触犯刑律等现象。

（2）守法。守法要求幼儿教师把法定的职业规范转化为教育教学实践活动，以法律为尺度，严格依照法律进行教师职业行为选择。我国《教育法》和《教师法》规定，教师的行为选择如果不符合法律，就要承担法律责任，受到法律制裁。例如，《教师法》第三十七条规定：“教师有下列情形之一的，由所在学校、其他教育机构或者教育行政部门给予行政处分或者解聘：（一）故意不完成教育教学任务，给教育教学工作造成损失的；（二）体罚学生，经教育不改的；（三）品行不良，侮辱学生，影响恶劣的。教师有前款第（二）项、第（三）项所列情形之一，情形严重，构成犯罪的，依法追究刑事责任。”因此，幼儿教师的教育教学活动一定要合法、规范、严谨，要用相关的法律法规来指导自己的教育教学实践，要从教育的方法到手段都符合法律的规定。

（3）普法。身为教师，知法是权利义务，守法是师德内容，普法则是基本职责。孩子是祖国的花朵，是祖国的未来，保护好孩子是全社会的责任。作为幼儿教师，要保护好园内的孩子，使其免受非法侵犯，更是责无旁贷。一方面，幼儿教师在教育活动中，对侵犯其所教育管理的幼儿合法权益的违法行为应给予制止；另一方面，对来自家庭社会的有害于幼儿身心健康成长的不良现象和行为有义务进行批评和抵制。与此同时，也不能忽略在教育教学中对孩子进行法制教育。例如，在日常生活中向孩子传递一些法律知识，通过游戏活动对孩子渗透一些法律教育等。总之,幼儿教师应重视对幼儿进行法律情感的陶冶和法律行为习惯的培养,做到普法。

二、爱岗敬业

爱岗敬业是人类社会最普遍的奉献精神。它不仅是个人生存发展的需要,也是社会存在和发展的需要。对于幼儿教师来说,爱岗就是热爱党的教育事业,具体表现为热爱幼教工作、热爱幼儿。敬业就是对幼教发展和幼儿成长有使命感和责任感。具体表现为对教育教学工作认真负责、一丝不苟、精益求精,对幼儿热情关怀、尽心尽力。爱岗是敬业的前提,是一种情感体验;敬业是爱岗的体现,是一种态度和行为,二者相互联系,相互促进。总的来说,爱岗敬业要求幼儿教师对自己的职业有强烈的认同感,珍惜和热爱自己的岗位;对自己的工作有强烈的使命感和责任感,勤业敬业,勇于奉献;要有目标、有理想、有规划,志存高远。

(一) 幼儿教师要对自己的职业有强烈的认同感,要珍惜和热爱自己的岗位

爱岗敬业是成为一名合格幼儿教师的前提与基础,是幼儿教师履行职责的自觉性和承担使命的责任感的集中体现。爱岗敬业要求幼儿教师尊重和珍惜自己的选择,敬重自己的职业,对自己的职业持有强烈的认同感和责任心,自动自发地投入全部的精力和热情。一个热爱学前教育事业的人,会感到保教活动对其人生的意义与生命的价值,同时,她也会在保教活动中感受到生命的律动和活力,体验人生的快乐与幸福,在平凡的岗位上做出不平凡的业绩。

(二) 幼儿教师要对自己的工作有强烈的使命感和责任感,勤业精业,勇于奉献

幼儿教师的勤业与精业是其具有崇高职业道德精神的重要体现。勤业表现为忠于职守、认真负责、执行规范、坚持不懈、积极进取,是实现教师职业功能的基本保证;精业表现为业务纯熟、精益求精、不断改进,是实现职业劳动最高效益的价值追求。勤业与精业要求幼儿教师在保教活动中对幼儿园的教育教学工作认真负责,一丝不苟,精益求精,对幼儿热情关怀,尽心尽力,富有爱心、耐心和责任心。勇于奉献则要求幼儿教师不计名利、甘为人梯,把幼儿的成长发展和进步视为自己人生价值的体现。

想一想

女园长死死抱住持刀闯幼儿园者被砍两刀

41岁的余某某是金华某民办幼儿园的园长,幼儿园在当地很受欢迎,共开设了8个班,共有260多个孩子,仅教师就有近20名。

女园长死死抱住持刀闯幼儿园者被砍两刀

2013年1月23日下午2点左右,一名女老师找到了余

园长，说有个 20 来岁的小伙子找她。

余园长走出办公室，发现一名穿着蓝色上衣、黑色长裤，个子瘦瘦小小的，手上还拎着个塑料袋的年轻男子一直在教室门口晃荡。可任凭余园长怎么问，他都不作声，只伸着脖子往教室里看。突然，年轻男子从塑料袋里掏出了一把二三十厘米的尖刀就往教室里冲。

当时教室里有七八个孩子，都只有三四岁，被吓得大叫。看到那把刀，余园长也吓坏了，不过她马上反应过来，一把抢在男子身前，挡住了他的去路。男子的情绪开始激动起来，看到余园长挡住了自己，挥刀便刺了过去。

余园长忍着疼痛，一把抱住了行凶男子。借这个机会，其他老师赶紧把教室里的孩子们从后门疏散了出去，并拨打 110 报警。随后，该男子被闻讯赶来的附近木材加工厂的工人们一起制服。而满身是血的余园长也被送到医院抢救。经医院诊断，余园长左前胸和右后肩被刺，伤口深达六七厘米。

余园长当幼儿园老师已经 18 年了，最初选择这个职业，就是因为喜欢孩子。

（资料来源：根据网络素材整理.）

思考：材料中的余园长在幼儿的生命面临威胁时，做出了怎样的选择？她为什么要做出这样的选择呢？

（三）幼儿教师要有目标、有理想、有规划，志存高远

一般而言，幼儿教师专业角色的形成可分为三个阶段：第一阶段为角色认知，了解幼儿教师所要承担的社会职责、职业特点和需要遵守的基本行为规范；第二阶段为角色认同，在有了一定的教育实践经验之后，亲身体验到了幼儿教师所承担的社会职责，并用来衡量和控制自己的行为；第三阶段是角色信念，即将幼儿教师角色中的社会要求内化为教师的个体需要，开始坚信自己对幼儿教师职业的认识和选择是正确的，从而形成幼儿教师职业所特有的荣誉心、责任心和敬业精神。志存高远要求幼儿教师要立足本职，追求卓越，获得教师职业上的成功。教师职业上的成功包括两个方面：一是成就学生，让学生成才，使学生成人；二是成就自己，在成就学生的过程中提高自己的教育教学水平，著书立说，成名成家。总之，教师的责任大如天，使命重如山，一个肩膀挑着学生的现在，一个肩膀挑着祖国的未来。没有对教育的忠诚，缺乏高远的教育理想，就不能承担这份沉甸甸的责任。

【拓展阅读】

艾米拉古丽：用爱心托起明天的太阳

用真心和爱心对待每个孩子

——记全国教书育人楷模、新疆巴楚县多来提巴格乡幼儿园园长艾米拉古丽·阿不都

“今年秋季开学，全乡有 10 所新建或改（扩）建的幼儿园要开园迎接孩子，有 1013 名新幼儿入园。实在太忙了，好多事都需要处理好，必须要给孩子们创造一个温馨的环境。”临近开学，新疆巴楚县多来提巴格乡幼儿园园长艾米拉古丽·阿不都，整天忙得不可开交，

04新闻·要闻

用真心和爱心对待每个孩子

“一带一路”大学创新创业教育校长论坛在西安举行

中共中央办公厅国务院办公厅印发《关于深化教育体制机制改革的意见》

一会儿去询问幼儿食堂情况，一会儿要忙着布置迎新工作。

虽然忙碌，但她十分开心：“我热爱这份工作，看到全乡所有适龄孩子都能入园接受教育，再累也值得。”

千辛万苦为孩子创设优美环境

“当一名幼儿园老师，一直是我的梦想。”2009 年 9 月，艾米拉古丽的梦想实现了，从一名小学教师转任多来提巴格乡双语幼儿园园长。

然而，刚到幼儿园，她发现压在身上的担子太重了。第一个难题就是幼儿园缺少老师。“一个班级只有一名老师，既是老师也是保育员。”艾米拉古丽告诉记者，“如果有一名老师请假，这个班就没有人教了。”

遇到这种情况，艾米拉古丽就自己上课。“不能让孩子没老师。在农村，家长的观念还没完全转变，把孩子送到幼儿园来，我们就得照顾好孩子，让家长满意。”

墙上光秃秃的，怎么办？艾米拉古丽就带着老师一起画画。她结合多来提巴格乡的特色文化，把漂亮的图画画满墙，有可爱的小动物、美丽的花以及传统文化故事，都是孩子们喜欢的。

画累了，手臂僵了，便揉一揉；脚站麻了，就跳一跳。一幅画画下来，往往累得腰酸背痛。“但看到墙壁生动起来，心里就特别高兴，只要孩子们喜欢，再累也值得。”艾米拉古丽说。

除了美化墙面，还要把幼儿园建设中留下的垃圾清理干净。这些原本应该由建筑工人做的事，如今要由幼儿园十几名女老师完成。然而，为了抢抓时间，让孩子们尽快搬进新的幼儿园，艾米拉古丽豁出去了。

身为园长的她，带领老师拖地、擦玻璃、刷厕所、清垃圾。一天下来，衣服、头发都成了土灰色，鞋子也湿透了，手上磨起了水泡。经过几天的加班加点，以腰酸背痛的代价，换来了一所干净、整洁、漂亮的幼儿园。

为了让家长把孩子送到幼儿园来，艾米拉古丽走村串户家访，到适龄幼儿家里做工作，邀请家长到幼儿园观摩、参与保教活动，让家长亲眼看到孩子在幼儿园的喜人变化，认识到孩子接受学前教育的重要性。

“看着园里的孩子一天比一天多起来，觉得自己的努力没有白费。”艾米拉古丽高兴地说，如今，幼儿园已有2000多名少数民族孩子就读。

让少数民族孩子都学好普通话

作为双语幼儿园，让少数民族孩子学会普通话十分重要。为此，艾米拉古丽根据幼儿生长发育规律、年龄特点编制课程，以游戏为主，动静交替，“引导幼儿在玩中学、学中玩，寓教于乐，让孩子在日常活动中学会说普通话”。

“这个种植区是孩子们的最爱。”艾米拉古丽告诉记者，“这是我们专门在幼儿园设立的种植区、饲养角，让幼儿在愉快的参与过程中学习语言、得到发展。”此外，在幼儿园操场上还画了多种形式的跳格子、跳房子游戏等体育活动图案，让幼儿在体育活动中交流学习普通话，既锻炼了身体，也养成了开朗、阳光的性格。

艾米拉古丽还把学习普通话与幼儿的习惯培养结合起来，融入幼儿的进餐、如厕、盥洗以及坐、行、读、画等方面，使幼儿在养成良好生活、学习习惯的同时，也熟练掌握了普通话。为此，她还在幼儿园开展了“我们比一比”活动，即在幼儿每日入园时安排10分钟的时间，围绕幼儿的生活习惯、文明礼貌、行为习惯等内容举行班级活动，使幼儿说普通话成了常态。

“要让孩子们学好普通话，作为老师，就要率先垂范，自己先做到说好普通话。”艾米拉古丽严格要求老师在幼儿园时，必须使用国家通用语言文字教学。她以身作则，带领少数民族老师一同学习普通话。如今，幼儿园人人都会说普通话。

始终捧着一颗真心对待孩子

“作为一名幼教工作者，应具有超强的耐心、入微的细心，还要有一份真心和爱心。”这是艾米拉古丽常挂在嘴边的一句话。

幼儿园有不少单亲孩子和家庭经济困难孩子。艾米拉古丽给他们买文具、洗衣服、过生日，鼓励他们好好学习，给予比其他孩子更多的关注和关爱。她说：“每当面对这些孩子时，都会有一股热流涌向心头，有一股力量驱使自己去关爱他们。”

家长马木提·亚森感动地说：“我们特别感激艾米拉古丽园长，她对孩子们太好了，为孩子们付出了很多。没有她，我们的孩子哪能被照顾得这么好呢！”

艾米拉古丽知道，家园联系、家园共育是做好幼儿园工作必不可少的关键环节。工作中，她要求老师学会换位思考，多站在家长的角度想问题。

每到农忙季节，家长早上八九点钟就把孩子送到学校，天黑了才接走。艾米拉古丽总是坚持送走最后一个孩子才回家。农闲的时候，艾米拉古丽便举办“家庭运动会”“家园联谊亲子游戏”等活动，增进父母亲人与孩子间的爱。

如今，多来提巴格乡所有适龄幼儿都入园了，这让艾米拉古丽特别高兴。她说：“我要用所有的爱，培养好他们，让他们健康快乐成长。”

（资料来源：蒋夫尔.用真心和爱心对待每个孩子[N].中国教育报，2017-09-25.）

【拓展阅读】

教师敬业的十种表现

教师工作关系到人类知识和文明的传承，关系着社会的发展和进步。作为从事教育工作的教师来说，应该做到“敬业”两个字。教师敬业包含的内容很多，概括起来主要有以下10种表现。

一是把教师工作当作终生追求的事业来干。作为一名教师，一定要有为教育事业奋斗终生、奉献一切的思想和准备，只有把它当作孜孜以求、实现自己人生价值的事业，才会全身心地投入人民的教育事业中去。

二是把所教的每一个学生都当成自己的孩子。孩子之间总会有千差万别，但他们都是社会未来的一员，做教师的必须做到无条件地去爱每一个孩子，尽己所能去培养每一个孩子。

三是把促进每一个学生成长进步作为自己的神圣职责。学校的课堂、学习的教材是统一的，然而学生却是一个个活生生的、有特点的个体，因而决定了教育必须要“因材施教”。

四是把每一节课都上成优质高效课。“满堂灌”“大作业量”不是好办法，而“减负增效”才是出路。教师要研究学生学习的规律和特点，让学生“乐学会学”，奠定“终生学习与发展”的基础。

五是把读书学习作为丰富自我的终身爱好。作为教师，要适应现代化教育的需要，就必须养成喜欢读书、善于钻研的好习惯。

六是把每一位教师看成携手共赢的亲密战友。教师的工作需要密切配合，教书育人是一个综合工程，必须处理好教师与教师之间的关系。

七是把每一位家长看成平等协作的教育伙伴。在孩子成长的过程中，父母和老师既有分工又有合作。只有家、校联合，才能形成完整的教育。

八是把学校当成荣辱与共、休戚相关的家。作为明智的学校领导，一定会信任和依靠教师，团结大家共同奋斗，为办出好学校而努力；作为明理的教师，也应该以校为家，以勤奋工作为学校建设增砖添瓦。

九是把烦琐劳累的工作当作科研探索之路。因人的千差万别，教育的过程必然充满艰辛和不易。这就需要教师不懈地去摸索教育的规律、特点，寻求最佳的途径和方法。

十是把教育业绩看作自我生命光彩与价值的“史记”。教育事业就像播撒阳光雨露一样，哺育着一茬茬幼苗茁壮成长。既然选择了教育生涯，就要力争当好教师，当名师，就要追求卓越，力求最好。只有这样，当回首往事、感怀一生的时候，才能无怨无悔。

（资料来源：http://www.smxdaily.com.cn/html/smxrb/2008/12/2/2008122193333.html.）

三、为人师表

教师是以言传身教的方式来影响和教育学生的。我国著名的教育家叶圣陶曾经说过：“教育工作者的全部工作就是为人师表。”[①]对于幼儿教师来说，这一点尤为重要。幼

① 陈大庆.叶圣陶论教师的职责[J].师范教育，1987(11).

儿教师工作的对象是幼儿，幼儿的特点是爱学习、爱模仿、精力充沛、求知欲强、有好奇心、可塑性强。他们都具有明显的“向师性”，乐于接受教师的教导。他们不仅学习教师传授的知识和技能，还自觉不自觉地学习和模仿教师的穿着、声调、走路以及各种动作。在幼儿的心目中，教师的言行往往就是道德标准。因此，为人师表是幼儿教师职业道德区别于其他职业道德的显著标志，是对幼儿教师的特殊规范。它要求幼儿教师要在各个方面都成为幼儿的表率、榜样和楷模。

（一）幼儿教师在保教活动中要注重仪容仪表，加强语言修养

众所周知，好模仿是幼儿的天性，幼儿的学习实质上就是一种感性的模仿。因此，幼儿教师对孩子的影响是全方位的。首先，幼儿教师的衣着要符合教师的职业特点、道德要求和审美标准。具体而言，就是要整洁美观，朴实大方，颜色搭配合理协调，不稀奇古怪，不艳丽花哨，同时还要便于活动。其次，幼儿教师的言语要规范、简洁，生动、形象。具体而言，就是要普通话发音标准，用最简洁的语言表达最丰富的内容，要抑扬顿挫，富于音韵美和节奏感，使人听来如沐春风，引人思考，发人深思。切忌粗鲁污秽，脏话连篇，大喊大叫。

（二）幼儿教师在保教活动中要规范自身行为，举止文明礼貌

教师的行为表达着情感，幼儿从教师的行为中接受着情感的熏染和启迪。这是因为教育是人与人心灵上的相互接触，教师所表现出的道德面貌，既是幼儿认识社会、认识问题、认识人与人关系的一面镜子，也是幼儿道德品质成长最直观、最生动的榜样。幼儿教师的一言一行随时可能给幼儿的心灵播下种子，影响孩子的一生。因此，幼儿教师在教书育人和日常生活中都要注意自己的言行举止，做到谦虚礼貌、不卑不亢，不能粗野无礼、蛮横放任。这是教师道德对教师行为的起码要求。

（三）幼儿教师在保教活动中要以身作则，树立高尚的教师形象

以身作则，率先垂范，是社会主义教师崇高品德的表现，也是幼儿教师完成保教工作必须具有的高尚品德。教师不仅要在学校里言行一致，表里如一，做学生的表率；在社会上也要做维护公共秩序、遵纪守法、遵守社会公德的模范。凡是要求学生做到的，教师首先要做到；凡是要求学生不做的，教师更不能做。幼儿教师要平等对待每一名幼儿，对幼儿讲清道理，以理服人；不挖苦、体罚或变相体罚幼儿。唯其如此，才能真正做到为人师表。使“教师”这个行业被社会认可，进而在全社会形成“尊师重教”的良好风气，推动社会主义精神文明建设。

想一想

排队风波

早上8点是入园高峰期，晨检处孩子、家长排起了长龙。保教老师正笑眯眯地忙碌着。“你这孩子，”爷爷拉着孙子走到队伍前面：“插进去，让老师快点帮你检查！”孩子迟

疑着往后退,拉着爷爷要排到队伍的后面。“哎呀,你这孩子,怎么这么笨?也不机灵点儿,插队进去不就好了吗?”爷爷一副恨铁不成钢的样子,再次把孩子往队伍里推。孩子急了,“哇”的一声哭了出来,回过头对着爷爷拳打脚踢。队伍中,有家长让出了一个空儿,爷爷拉着孩子钻了进去。晨检结束,孩子依然一副委屈的样子,不停地用小手捶打着爷爷。爷爷一边躲闪,一边责备着:“傻瓜,以后就是要学得机灵点,不要傻乎乎的。”

我迎上去,蹲下身来帮他擦眼泪:“来,开心点儿,和老师一起进班吧。”

爷爷松开了手:“和老师一起进班吧。”

我牵着孩子的手,边走边聊:“让老师猜一猜,你是中(1)班的小朋友,对不对?”孩子点点头。

“今天好多小朋友都在排队等待晨检,你也想和他们一起排队等,是吗?”孩子再次点了点头。

“你知道是爷爷错了,坚持要排队,你真了不起!”我摸了摸孩子的头,孩子的表情缓和多了,有了一丝笑意。

“可是要把想法告诉爷爷,爷爷才会支持你呀!”我钩起孩子的小手指,“我们拉拉钩,以后心里想什么,就说出来,好不好?”孩子笑了,转身跑进了教室,回头对我说:“老师,再见。”①

(资料来源:左志宏.幼儿园教师职业道德[M].北京:北京师范大学出版社,2014.)

思考:材料中教师的做法,哪些地方体现了为人师表的职业道德要求?

【拓展阅读】

在教书育人中收获幸福

——追记对外经济贸易大学模范教师于瑾

在对外经济贸易大学学生、教师的口中,国际金融贸易学院于瑾教授是仙子、天使、女神,聪慧、纯粹、温润包容,与嚣杂的尘凡无争,一心都在追求完美。

离去一年间,门下弟子每每见面,相对泫然。于瑾的师母王福恒听说于瑾被对外经济贸易大学追授模范教师后说,“她是模范教师,她更是精神楷模!”

“我回去歇一会儿啊。”2018年5月24日上午,完成博士生论文指导后,极度疲惫的于瑾跟同事们告别。回到家中,她还回复了6名本科学生的论文修改意见,可入睡后就再没有醒过来。

家人遵照于瑾一贯的低调性格,没有广为告知,但在八宝山的送别仪式现场,四百多名学生排成长队,挤满了大厅,许多于瑾课上的旁听生都赶来送别。这位素色裙、波波头、说话温柔可爱、总是浅浅微笑的老师默默地印证了“桃李不言,下自成蹊”的古语。

上讲台,精益求精

在大学校园里,一些学生偏向选内容简单、容易拿高分提绩点的课,喜欢妙语连珠的热闹课堂。于瑾教的是复杂艰深的微观金融,也不是天生的“段子手”,但她的课却受到一

---

① 倪敏.幼儿园教师最需要什么[M].南京:南京大学出版社,2011.

届届学生的追捧。

“很多老师为了方便基本用PPT讲课，于老师很少用，不仅如此，她还坚持为学生编写学案。”对外经济贸易大学国际金融贸易学院院长洪俊杰对此印象深刻。

与靠着一沓发黄讲义在讲台上一站十几年的教师不同，于瑾每次登台授课都会重新备课，教案总是最新的。于瑾的丈夫王文灵告诉记者，于瑾每次开课，头一天都要在计算机前忙到深夜，把最新的实例和金融数据补充进教案，做完准备工作后常常失眠。

但站上讲台的于瑾总是神采奕奕。2017级硕士生贾敏回忆，于老师讲课非常注意观察学生、调动氛围，每到内容复杂、集中的段落，就要和学生进行眼神交流，确认没有游移的眼光才会继续进行。而遇见学生有精神疲惫跟不上的情况，她就打个趣“小朋友们快支撑不住了，我们休息一下吧”。于老师一堂课讲下来常常满头大汗。

“于老师喜欢卖萌，喜欢歪着头、装作一脸困惑地开我们玩笑，喜欢笑眯眯地叫我们‘小朋友’。”2016级本科生任正用“可爱”来形容于瑾，而“小朋友”“小可爱”也是于瑾常常用来称呼学生们的口头语。

“我和于老师只有货币银行学的一课之缘，但这门课我真正理解了、学懂了。信手拈来的金融时事，融会贯通的概念模型，让这门高深的课平易近人起来。”任正回忆，在去世前一周，于瑾还从家为她带来最新版《投资学》教材，这是一次课间闲聊她偶然提及想自学的。“现在看着那本厚厚的教材，想到再也难以回报老师，只能把这份情感埋在心里，告诉自己要铭记、要努力。”

做科研，心系育人

20世纪80年代的金融教育缺乏数理训练支撑，一般老师都会选择宏观金融作为教学和研究方向。但随着中国金融改革开放加速，于瑾敏锐地感觉到，未来需要懂微观金融、会做定量研究的人才。

对自我高要求的她自学补齐了相关数理知识，成为国内第一批研究金融衍生品、期货、期权等微观金融问题的学者。

于瑾的博士导师王绍熙教授说：“在我带的学生中，于瑾是尖子中的尖子，很早就在核心期刊上发表了不少论文。”于瑾的博士论文“利率期限结构研究”就是直面金融领域最根本的资金价格问题。记者在采访中了解到，在评定教授职称时，于瑾获得全票通过。

最近10年，于瑾研究新兴市场金融，其成果被“期权之父”、诺奖得主罗伯特·默顿收入麻省理工学院金融教学材料。“于瑾对新兴市场的研究引人注目。”听到于瑾去世，默顿深感惋惜，并亲自担任了于瑾教育基金会学术委员会的主席。

但在后来的科研生活中，于瑾并没有走上追逐科研锦标、学术头衔的道路，而是将自己的研究心得注入教学体系、教材建设中。20世纪90年代末，院领导找到于瑾，希望她挑起重担，开设新的微观金融课程“投资学”。她搜罗最新资料数据、悉心研究，打造出一门贴合实务的王牌课程。

后来，院里引进研究微观金融的年轻教师，于瑾又毫不犹豫将自己多年积累、反复打磨的教案送给了他们。“她对我讲，年轻人海外留学归来，知识体系更完备，多些支持，他们一定能比我们强。”蒋先玲说。

学高才能为师，于瑾将自己在微观金融领域的研究转化为授课内容，丰富扎实的教学内容吸引了越来越多的学生，课堂一再扩容。学院的“金融市场与金融机构”“证券投资基金”“证券投资实务”等课程都是在于瑾手中建设起来的。

“可以说，于瑾老师为奠定对外经济贸易大学的现代金融课程体系做出了独特贡献，我校的《投资分析》《国际金融市场》《货币银行学》等教材都是由她主编的。”洪俊杰说。

于瑾关注前沿、关注实务也是在为学生的研究蹚路。于瑾的学生张少青说：“学生选择论文方向时，于老师从来都是自己先阅读相关文献，不会布置没读过的文献。”多位学生都提及，开题的时候，于老师的指导说明都在3页以上，列出各种方向，附上案例；修改论文时，于老师都是逐字逐句地修改和批注……

“毕业答辩，论文框架、讲述方式、可能的问题，于老师准备得比我们还充分，让我们既愧疚，又深受勉励。”贾敏说。

课堂外，照亮他人

“于瑾姐姐总是设身处地为别人着想，对别人的需求明察秋毫，谈吐委婉，举止得体，而我总是直来直去。她总能在帮助别人的过程中收获幸福。”同事江萍说，与于瑾的交往让自己反思，变得更包容、更有耐心了。“温柔如水的她，内在却拥有着巨大的人格力量。”

润物无声，在一次次抉择中，于瑾的人生态度影响着她的学生。面对年薪百万元的境外发展机会和赴陕西安康当驻村第一书记的选择，硕士范蔚然选择了后者，“于老师就是把看似平凡的事做到最好，她一定会理解我。”而当何亮宇本科毕业后想去甘肃支教，又担心前途，犹豫间是于瑾坚定了他的决心：“等你支教回来，只要你愿意，我当你导师。”

结婚、生孩子……很多学生重要的人生时刻都邀请于瑾到现场见证。除了学术之外，人生、事业、情感、家庭都会成为于瑾和学生交流的话题。

2012级硕士王俊刚刚入学时惊讶地发现，有的早年毕业的学生已经是两个孩子的妈，依然不忘从外地赶来看于瑾，深夜长谈，后来她理解了，“于老师发自内心地关心学生，虽然自己不发朋友圈，却能记住学生的动态，在情绪低落的时候关心我，和我们聊天。她的温润善良给人一种向上的能量。”

在采访中记者了解到，一位南开大学毕业的外资银行高管受到于瑾的影响，10多年来自费往返京津到学校开课。原来，为了解决书本与实务脱节的问题，于瑾想方设法发动亲属、校友等社会关系，找来业界专家给学生开课。

当时学校给的讲课费不多，于瑾觉得过意不去，便跟请来的人说，我替你去领讲课费，转身自己添一部分钱给到人家。蒋先玲说：“很多业界大牛几乎义务地来帮于瑾这个忙。于老师的诚恳、不计回报的付出感动了他们，这就是她的人格魅力。”

了解到于瑾的事迹后，北京市委常委、副市长殷勇说，金融行业总爱讲“杠杆”，于瑾这样的老师教书育人、立德树人，影响了那么多人，她的育人“杠杆”作用是最大的。

时光流逝，转眼一年多了，清明、周年，于瑾的学生们会自发地相聚、去陵园看望恩师。“于瑾是一个细心、耐心的人。每逢各种纪念日、节日，于瑾总会写个小卡片、做点小玩意，让生活充满意趣。她散发的光辉让身边每一个人都感觉到温暖。”王文灵说起于瑾伤感难抑：“于老师其实找到了最适合她的职业，教书育人的工作没有止境，在这个岗位上，她可以心无旁骛地追求完美，也将自己的才华用在塑造优秀的人身上，在这点上，她是幸福的。”

（资料来源：在教书育人中收获幸福[N].光明日报，2019-09-18.）

四、团结合作

现代教育是一个分工协作的系统工程，要求每所学校、每个教师群体内部必须建立起一种团结合作、互相帮助的新型道德关系，这样才能优势互补，形成强大的教育合力，共同完成教书育人的任务。团结合作要求幼儿教师正确处理与同事的关系，做到互相尊重，互相学习，团结一致，密切配合，共同促进幼教事业的发展。具体而言，要求幼儿教师谦虚谨慎，尊重同事，主动交往，互相勉励，互相学习，互相帮助，友好合作，公平竞争，维护其他教师在幼儿中的威信，维护集体荣誉，共创和谐园风。团结合作是实现教育目的的必要条件，也是调整教师之间关系的职业道德规范。

（一）团结合作是保证教育连续性和一贯性的客观要求

从微观层面来看，幼儿教师的教育劳动方式是个体性的脑力劳动；从宏观层面来看，教育过程是一个复杂的系统性的工程。现代社会，一个人的成长需要许多人从多角度、多侧面实施全方位立体的交叉教育。现代教育担负着培育创新型人才的艰巨任务，而这一任务的完成需要全体教职员工的通力合作。只有全体教师团结一致，相互合作，形成集体的智慧和教育的合力，才能产生良好的教育效果，才能培养出德、智、体、美、劳全面发展的“四有”新人和现代社会需要的新型劳动者。

（二）团结合作是优秀幼儿教师必备的人格要素

幼儿教师是人类精神文明的培育者和人类灵魂的工程师，承担着教书育人的神圣职责，起着开发智力、培育人才、承前启后、继往开来的重要作用。基于此，社会要求幼儿教师在教育实践活动中不仅要提高个人修养，做一名品德高尚、智力和才能都优秀的人，还要具有完美的人格特征，从而对幼儿产生言传身教、潜移默化的影响。幼儿教师的这种人格特征是由良好的思想政治素质、高尚的道德和品行素质、优秀的科学文化素质、突出的能力素质等构成。而团结同事、互助合作等品格正是幼儿教师高尚的思想、道德和科学文化、能力等素质的综合体现。

（三）团结合作是形成良好育人氛围的重要保障

幼儿教师集体的风貌和园所育人环境状况是决定教育思想成功的重要因素。良好的育人氛围是办好教育的精神力量，它能对全园的师生员工起潜移默化的教育和熏陶作用，并能长久地影响教师和幼儿的学习和生活。良好育人氛围的形成离不开幼儿教师团结合作精神的发扬，因为幼儿教师的集体风貌是构成育人氛围的主体，只有团结合作的教师集体才能培养出良好的幼儿集体，才有形成良好育人氛围的基础。教师集体风貌的核心就是教师之间的人际关系氛围。教师之间相互尊重、相互信任、团结合作、共同发展，则园所的人际关系必然和谐，风气必然正，各项工作开展起来也必然事半功倍。

【拓展阅读】

“某幼儿园师德承诺书”摘录(改编)

作为一名人民教师，这份职业赋予我们无上的荣耀和万千的责任。在今天，借第29个教师节之际，我们要为我们的教育理想做一件值得纪念的事：共同签署一份师德承诺书，为孩子们纯净的眼神、为家长们信任的托付，做出我们的承诺！

(1) 爱岗敬业，严格自律，不迟到、不早退、不空岗、不在工作时间上网购物、聊天等；在教学活动中不出现使用通信工具等影响正常教育教学的行为，工作不拖沓、不推诿。

(2) 依法从教，廉洁从教，不从事以盈利为目的的第二职业和有偿家教等，不接受家长宴请，不接受家长礼物。

(3) 热爱幼儿，公平对待每一位幼儿；尊重幼儿的个体差异，促进每一位幼儿发展；不歧视、讽刺、挖苦幼儿，不说伤害幼儿自尊和心灵的话语，不体罚或变相体罚幼儿。

……

(6) 团结合作，关心集体，顾全大局，互相尊重，共同维护、营造“奉献、无私、包容、进取”的团队氛围，共创和谐幼儿园文化。

(资料来源：左志宏.幼儿园教师职业道德[M].北京：北京师范大学出版社，2014.)

第二节　幼儿教师的儿童观

话题聚焦

孩子幼儿园午睡却再也没能醒来

李斌今年4岁半，在华立幼儿园读中班。爸爸李元生清楚地记得孩子出事当天的情景。5月12日早上，他像往常一样送孩子去幼儿园：“当时他还是活蹦乱跳的，没有什么异常。”

李斌的妈妈姚小珍说，孩子上幼儿园之前要去体检，体检合格，儿子顺利入读幼儿园。平时儿子的身体很好，今年以来连感冒发烧都没有得过。

李元生说，12日15时03分，他突然接到了幼儿园的电话，对方说孩子身体出了状况，正在急救。当时他就蒙了，早上还好好的孩子怎么下午突然就不行了呢？他赶紧赶到官洲街社区卫生服务中心，却得到了孩子不治身亡的噩耗。面对无比悲痛的家长，园方表示将配合警方调查。

事发当日回放：

7时49分　孩子正常入园

13时30分　开始午休

14时30分　老师叫小朋友们起床

14时53分　老师将孩子抬出教室

14 时 55 分　幼儿园拨打 120

（资料来源：http：//legal.people.com.cn/n/2015/0515/c188502-27005794.html.）

思考：发生这样的悲剧，你认为幼儿园有责任吗？幼儿教师应该怎么做？

理论加油站

幼儿教师看待、认识、评价幼儿的观念和对待幼儿的态度，即幼儿教师的儿童观直接影响着幼儿教师实施教育的理念、路径、方式和实际行动。《幼儿园教师专业标准（试行）》从关爱幼儿、尊重幼儿、关注幼儿生活教育三个方面对幼儿教师的儿童观进行了规定。具体要求为：关爱幼儿，重视幼儿身心健康，将保护幼儿生命安全放在首位；尊重幼儿人格，维护幼儿合法权益，平等对待每一位幼儿，不讽刺、挖苦、歧视幼儿，不体罚或变相体罚幼儿；信任幼儿，尊重个体差异，主动了解和满足有益于幼儿身心发展的不同需求；重视生活对幼儿健康成长的重要价值，积极创造条件，让幼儿拥有快乐的幼儿园生活。根据这四个方面的要求，幼儿教师的儿童观主要表现为：关爱幼儿，尊重幼儿，关注幼儿生活教育。

一、关爱幼儿

热爱学生是教师的天职，是教育学生的前提，是教师必备的情感品质，也是教师热爱祖国、热爱人民、热爱和谐社会的具体体现，因而也是幼儿教师必须遵循的职业道德规范。

（一）关爱幼儿是幼儿教师职业道德修养的灵魂

1. 关爱幼儿体现了社会主义人道主义精神

社会主义人道主义精神是一种尊重人、关心人、爱护人的伦理原则和处理人际关系的道德规范。幼儿教师热爱幼儿不仅体现了对幼儿人格、尊严、做人权利的尊重，而且体现了教师对幼儿的关心和爱护。

2. 关爱幼儿是教师教育之爱的具体体现

教育是净化心灵、塑造灵魂的工作。教师热爱学生也称教育之爱，是指教师对学生的一种自觉的、纯洁而真挚的、普遍而持久的爱。它是教师的一种高尚和积极的情感，具有丰富的内容和要求。关爱幼儿是教育艺术的基础和前提。幼儿教师对幼儿的教育必须建立在一种高度的责任感上。幼儿教师的这种责任感是一种充满科学精神的教育之爱，这种爱不同于母爱中的偏私，也不同于友爱中的单纯。幼儿教师之爱，立足于对祖国前途的关心，对教育事业的忠诚。幼儿教师的这种爱具体表现为对幼儿的关心、理解和期望。

3. 关爱幼儿是幼儿教师的社会法律义务

关爱幼儿不仅是幼儿教师职业道德规范的重要内容，也是《教育法》《教师法》等教育法律法规对教师的法定要求。如《教师法》第八条规定：“教师要关心、爱护全体学生，尊重学生人格，促进学生在品德、智力、体质等方面全面发展。”《教育法》第十四条规定：“教师应当热爱社会主义教育事业，努力提高自己的思想、文化、业务水平，爱护学生，忠于职责。"《幼儿园工作规程》第六条也规定幼儿教师要"尊重、爱护幼儿"。这些法律条文说明了关爱幼儿是幼儿教师必须履行的法律义务。关爱幼儿、保护幼儿安全,不论是从法律角度,还是从道德规范角度,都是幼儿教师不可回避的责任。促进幼儿全面发展、保护幼儿的生命安全和身心的健康发展,是幼儿教师所应具有的职业精神,也是检验幼儿教师的一个职业道德标准。

幼儿教师要关心爱护幼儿,而且要关心爱护每一个幼儿。幼儿教师应以博大的胸怀,呵护每个幼儿,让孩子们体会到母亲般的师爱。人格尊严是宪法赋予公民的一项基本权利,幼儿虽然在教育活动中居于受教育者的弱势地位,但其人格尊严不容侵犯。关爱每一个幼儿、保护每一个幼儿的健康成长,是法律赋予幼儿教师的职责和义务。即使是对待违反纪律、犯了错误的孩子,也不能简单、粗暴地训斥,而是应以爱心为本,以诱导、体贴、关心为重。

(二)关爱幼儿是幼儿教师职业必须遵守的道德底线

1. 要保护幼儿的生命安全

对幼儿生命安全的保护是幼儿教师的首要职责,也是幼儿教师对幼儿实施教育的基础。保护幼儿的生命安全包括:一是随时关注幼儿身边的危险,确保幼儿在园安全;二是具有生命意识,注重对幼儿进行生命安全教育,通过多种方式引导幼儿认识生命、珍惜生命、热爱生命,提高幼儿的安全意识、抗险能力和自救能力;三是在危急时刻,幼儿教师应该挺身而出,保障幼儿的生命安全。

2. 要呵护幼儿的身心,使其健康发展

关注幼儿的身心健康是幼儿教师专业特性的体现之一。幼儿教师对幼儿身体健康的关注主要在于严格执行幼儿一日生活作息时间,保证幼儿的休息和户外活动的时间与质量,保证幼儿膳食结构合理,帮助幼儿纠正偏食、挑食、多食、少动等不良饮食习惯和生活习惯等。幼儿教师对幼儿心理健康的关注则更突出了其专业性,不但要在组织保教活动时充分考虑到幼儿的心理特点,注重幼儿的心理感受,不得损害幼儿的心理健康,还应该关注到幼儿的一些特殊心理需求,并及时和幼儿家长沟通联系,一起帮助幼儿解决问题,走出心理困境,维护幼儿心理健康。

二、尊重幼儿

《幼儿园教育指导纲要(试行)》基于"以幼儿为本"的思想理念,提出幼儿教师要"以关怀、接纳、尊重的态度与幼儿交往",成为幼儿心灵的倾听者和保护者。幼儿教师对幼儿的尊重意味着对幼儿权益的重视与维护,承认幼儿的人格独立和个体差异。对幼儿的尊重程度反映了幼儿教师是否拥有正确的师幼观,其核心要求是幼儿教师要公平公正地对待每一个幼儿。

(一)要尊重幼儿的人权

幼儿作为独立的"人",应该拥有自己的基本权利。1959 年联合国大会首次通过了

《儿童权利宣言》，1989 年又通过了《儿童权利公约》，明确规定了儿童的生存权、发展权、受保护权和参与权。儿童的生存权包括生命权、健康权和医疗保健权；儿童的发展权是指儿童拥有充分发展其全部体能和智能的权利，具体指信息权、受教育权、娱乐权、思想和宗教自由、个性发展权等；受保护权提出了反对一切形式的儿童歧视，保护儿童的一切人身权利；参与权是指儿童有参与家庭、文化和社会生活的权利。《儿童权利公约》强调儿童应该与成人平等共享相同的权利。《幼儿园教育指导纲要（试行）》也强调"幼儿园教育应尊重幼儿的人格和权利"。因此，幼儿教师应该认识到"幼儿为本"理论下的教育与"成人本位"教育最根本的区别就在于：教育是帮助幼儿最终成长为成熟的、有责任感的、能正确行使自己权利的合格社会公民，还是把他们变成成人的奴隶或附属品。热爱幼儿，尊重幼儿的人格，理解、尊重并保障幼儿参与与自身有关的一切活动并发表自己的意见的权利，让每个幼儿愉快地、有尊严地度过童年生活，应该成为每一名幼儿教师坚定的教育信念。

想一想

"小淘气"的转变

欣欣是我们班有名的"小淘气"。活动课上不光自己有好多小动作，还总是去打扰别的小朋友，孩子们常告她的状，我多次对她进行严厉地批评教育都没有收到良好的效果，这个孩子令我头疼，一直也没找到好的办法令她改变。

有一天，我看见电风扇很脏，就在桌子上放上椅子，准备踩着椅子擦一擦。可是，站在椅子上，我的心怦怦直跳，生怕摔下来，这样一想就更紧张了，双腿也颤抖起来。突然，我感到椅子不再晃了，低头一看是欣欣，她的两只小手使劲地扶着椅子，那股认真劲真让人感动，我想起自己平时对她那么凶，可孩子呢……我的眼睛湿润了。

从椅子上下来后，我向她竖起了大拇指："欣欣，你真懂事，老师谢谢你了。"并在她脸上亲了一下。也许是因为我以前从没这样夸过她，她的脸腾地一下红了，什么也没说，转身走了。

从那以后，奇迹出现了。上课时，欣欣听话了，偶尔也犯小错误，但一接触到我温柔的目光，她就会立即坐好；活动时，她也特别喜欢和我在一起，邀请我做游戏，从她那带着稚气的脸上我看得出她的内心充满了激动和自信。

老师不经意的尊重，对孩子来说太珍贵了，也许会改变孩子的一生……

（资料来源：幼教网.http：//www.youjiao.com/e/20180808/5b6a87b5bfbcd.shtml.）

思考：一开始，"我"为什么对淘气的欣欣束手无策？后来是什么改变了欣欣？从这个小案例中，你得到了什么启示？

（二）要尊重幼儿身心发展的自然规律

儿童的发展过程是一个自然的进程，无论是生理发展还是心理发展，均有其内在规律。幼儿教师在进行保教的过程中，如果违背了儿童发展的自然规律，往往就会事倍功半，欲速不达，影响儿童的正常发展。在学龄前儿童的教育中，表现较为普遍的就是父母和教师缺乏等待孩子自然成长的耐心，总是自觉不自觉地揠苗助长，给孩子带来本可避免的身心伤害。《幼儿园教育指导纲要(试行)》明确指出："尊重幼儿身心发展的规律和学习特点，以游戏为基本活动，保教并重，关注个别差异，促进每个幼儿富有个性的发展。"幼儿教师必须理解幼儿的学习与发展规律是不以成人的意志为转移的，应当怀着敬畏之心不断探索、发现，努力遵循这些规律，通过创设良好的教育环境，让幼儿在游戏和生活中学习、发展，健康成长。

(三) 要尊重幼儿独立的人格和自我意识

"尊重幼儿人格"就是要将幼儿视为平等的人格主体予以尊重。《儿童权利公约》的基本精神就是强调幼儿不仅是被保护和教育的对象，而且是具有积极性和主动性的"权利主体"。幼儿教师对幼儿人格的尊重体现在三个方面：首先，认识到幼儿虽然年龄小，思想不成熟，但他们也是一个有着自己的想法、观点的能动的个体，幼儿的人格、观点和想法以及权益应该受到尊重和重视；其次，幼儿教师要将幼儿的想法和观点、权益作为自己设计、组织教育教学活动的起点和依据，教师所采取的教育教学行为不能无视甚至损害幼儿的合法权益；最后，及时制止不尊重幼儿人格、侵害幼儿权益的行为和现象，或依靠自己的能力向相关部门反映，用自己的实际行动保护幼儿的人格和合法权益。

幼儿的自我意识是幼儿社会适应性发展的基础，没有良好的自我意识就没有良好的社会适应性。自我意识包括自我感觉、自我评价、自尊心、自信心、自制力、独立性等。尊重幼儿，就是要注意保护孩子的自尊心。心理学家认为：自尊是一种精神需要，是独立人格的内核。维护自尊是人的本能与天性。幼儿的自尊心是他们成长的动力。保护好幼儿的自尊心，增强他们的自信心，这是一名合格幼儿教师的责任。

(四) 要尊重幼儿的个体差异

首先，"尊重幼儿的个体差异"要求"平等对待每一位幼儿"，即幼儿教师在日常保教工作中要做到公平公正。其次，"尊重幼儿的个体差异"要求尽量满足不同幼儿的需求，这是尊重幼儿的深层次要求。具体而言，幼儿教师应该努力做到以下三个方面：一是在理念上尊重每一个幼儿的个体差异。每个幼儿在不同的方面存在差异，幼儿教师要承认、尊重并接受每一个幼儿在认知、情感与社会性甚至外貌等各个方面的独特性和差异性，特别要避免在日常工作中对外貌姣好或者能力较强的幼儿有意无意地偏爱；二是在教育活动中给予每一个幼儿基于其能力而言平等的机会和资源，按照每一个幼儿的不同兴趣、能力、气质和性格等个体差异，因材施教，使每一个幼儿的个性心理品质和能力都能够在原有的基础上获得进步；三是对幼儿的评价要公正，评价的原则是每一个幼儿在原有基础上有发展和进步，避免将不同发展水平的幼儿作横向的优劣比较。"不讽刺、挖苦、歧视幼儿，不体罚或变相体罚幼儿"是幼儿教师的师德底线。"讽刺、挖苦、歧视"是对幼儿人格的漠视，"体罚和变相体罚"更是对幼儿人身权益的直接侵犯，都会对幼儿的身心健康造成不可弥补的伤害。

想一想

用自信点亮孩子幸福的童年

那是一个娇小的身影，一头长长的头发因为不顺溜而显得很毛糙，她怯懦而胆小，最初的她总是搬着椅子站在那里一动不动，当老师询问她怎么了的时候，她总是低着头说："我不知道我的位置在哪里。"

当老师大声问"哪个小朋友还没有梳头"的时候，她坐在自己的位置上吃着面包淡定地听而不闻，老师必须走到她面前她才会微微地起身；当她吃不完饭的时候，她从不会主动举手告诉老师，而是自己坐在椅子上掉眼泪，等到老师走到她面前询问时，她才会轻轻地说一句"我不想吃了"。每次集体教学活动中从没有见过她举手回答问题，老师主动叫她回答问题的时候，她也总是显得唯唯诺诺，她，就是中一班的瑶瑶。

为了解决这个问题，我专门进行了一次家访，跟瑶瑶的家长沟通了孩子的情况，瑶瑶的奶奶一脸无奈地说："这孩子从小跟着我长大，就是胆小。"

回到幼儿园，瞅准一个机会，我第一次蹲下身，摸了摸瑶瑶的小脑袋，认真温柔地看着她，轻声对她说："宝贝，老师好喜欢你，你胆子再大一些，老师就更喜欢你了。以后你有什么想法，一定主动告诉老师，好吗？"她仿佛受到了鼓舞，认真地点点头。

之后，我们之间似乎有了一个秘密的约定，我抓住一切机会肯定她、鼓励她，她也开始有了细微的变化：做操的时候，她会提醒没有站好的小朋友；需要帮助的时候，她会主动跟老师说；有一次班级美术活动中，当我问她画的是什么的时候，她也没有像往常那样沉默，而是坚定地说我画的是星空和花海。那一刻我深刻地感受到了瑶瑶的变化，也暗自庆幸，面对瑶瑶的问题，自己没有漠视不管，轻言放弃，而是积极主动追根溯源，寻找解决的办法……

如今，在日常的集体教学中，经常能看到瑶瑶积极举手回答问题的场景，唯一不足的是她还很少能主动提出自己的问题，但我相信瑶瑶已经慢慢走上了自信的道路，期待她有更大的进步和更优秀的表现，也期待她能用自信点亮幸福的童年！

（资料来源：幼教网.http：//www.youjiao.com/e/20180824/5b7f9cc4e3ef7.shtml，有改动.）

思考：面对瑶瑶的问题，我都做了什么？体现了我什么样的儿童观？

三、关注幼儿生活教育

《专业标准》要求幼儿教师要重视生活、游戏对幼儿健康成长的重要价值，强调幼儿教师要积极创造条件，让幼儿拥有快乐的幼儿园生活。这体现了对幼儿日常生活和游戏价值的科学认识，也体现了对幼儿人格和年龄特点的尊重。

（一）生活教育是幼儿园教学的出发点

教育即生长，教育的过程就是一个持续不断的生长过程，在教育过程的每一个阶段都应以增加生长的能力为目的。教育要达到促进儿童发展之目的，首要一个前提就是要遵循儿童生命发展的内在逻辑和规律。尤其是作为教育基础部分的幼儿教育，是建立在每个儿童个体生命的基础之上的。离开了每个儿童个体的生命，教育就会失去它的意义和价值，成为一种抽象的东西。教育只有把根基建立在儿童个体生命的基础上，才能找准自己的位置，开展自己的活动，完成自己的使命。幼儿教育活动的开展必须建立在儿童个体生命的基础上，在充分认识儿童生命特点的基础上进行。

关注幼儿的生命，要树立正确的儿童观，解放幼儿，让幼儿自由自在地成长。幼儿的生命是幼儿园教学的思考原点，幼儿园教学是幼儿生命的触发剂。教育如果违背了幼儿发展的顺序、特性，不仅不能促进生命的发展，反而会影响生命的发展，甚至会出现反生命的现象。

目前，现代教育逐渐远离生活，学校成了儿童与生活之间的藩篱。孩子的游戏、自由活动、体育锻炼乃至休息的时间被无情地挤占。孩子探索时的乐趣、遇到困难时的迷茫、尝试活动中的期待、孩子能力的发展、个性养成等在教学中被忽视。这些都在提醒幼儿教师：教学已经失去了引导儿童感悟生命、体验生命、实现生命意义的本真追求。关注幼儿的生活教育，就是要求幼儿教师从自身做起，努力扭转这种局面。

（二）生活教育对幼儿的成长具有重要作用

《幼儿园教育指导纲要（试行）》明确规定，幼儿园教育应尊重幼儿身心发展的规律和学习特点，充分关注幼儿的经验，引导幼儿在活动中生动、活泼、主动地学习。幼儿园教学应关注幼儿的日常生活，关注日常生活给予幼儿的各种发展机会，关注日常生活中的种种价值与意义，关注幼儿在日常生活中的每一个疑惑、困难与问题，关注幼儿在日常生活中的每一个发展历程。在幼儿的生活中，通过让其不断获得丰富的经验来促进其生长和发展。教学要结合幼儿的生活，让幼儿用自己的眼睛去观察，用自己的手去触摸，发展幼儿的认知、观察、分析、探索能力，发展幼儿积极的情感和态度。只有在真实、自然的生活中，幼儿才能获得和谐的发展。

幼儿教师要实现一日生活的教育价值需要采取多种措施。首先，教师应关注幼儿生活的各种形态，而不能将有目标、有计划的教育狭隘地理解为“教学活动”，将游戏活动和生活活动当作各种教学活动的“过渡环节”。其次，幼儿教师必须有意识地对幼儿在园一日生活进行充分利用和有效干预，在内容上充分拓展，创设丰富多彩的环境，将教育扩展到幼儿在园一日生活的方方面面，甚至延伸到家庭和社区中去。最后，幼儿教师还要转变和克服一些已有的偏见和陋习，逐步实现幼儿生活与幼儿发展的统一与贯通。如目前在很多幼儿园中，教学活动之外的幼儿生活基本处于被忽视的状态，没有引起教师的重视，对相关活动的组织和实施没有明确目标，生活活动与教学活动相脱节，未能在幼儿的生活与发展之间建立起必要的实质性联系。只有改变这种状态，幼儿在幼儿园的生活才能真正回归幼儿生活的本质——具有自在性和游戏性的生活。

【拓展阅读】

亲爱的孩子，还记得吗

亲爱的孩子，还记得吗？

当你离开家，走进幼儿园，不停哭泣的时候，仅仅几天的集体生活让你的笑容重新绽放。
谢谢你，我的孩子，
你的笑容让我们都学会了适应。

亲爱的孩子，还记得吗？
自然角的植物在你们的精心种植、照料下，散发出勃勃生机。
谢谢你，我的孩子，
你的付出让我们都学会了关爱。

亲爱的孩子，还记得吗？
一本小小的《心情日记》记录着你们的喜怒哀乐，
当你捧着它跟我诉说的时候，
我知道我已成为你信任的对象。
谢谢你，我的孩子，
你的讲述让我们都学会了分享。

亲爱的孩子，还记得吗？
六一集体舞演出，你们尽显大班哥哥姐姐的豪气，
整齐的服装、到位的动作、优美的舞姿，让我惊喜。
谢谢你，我的孩子，
你的表演让我们都学会了自信。

亲爱的孩子，还记得吗？
当你用新奇的眼光观察周围生活，
你那打破砂锅问到底的精神让人感动。
谢谢你，我的孩子，
你的探索让我们都学会了求知。

亲爱的孩子，还记得吗？
即将毕业时，
你最担心的竟然是怕遗忘了幼儿园的老师，
还说想让老师陪你上小学、中学、大学……
谢谢你，我的孩子，
你的担心让我们都学会了怀念。

谢谢你，我的孩子，
和你一起游戏，让我领悟到创造的神奇魅力；
和你一起谈话，让我体会到无穷的想象乐趣。

和你一起学习，让我感受到求知的执着；

和你一起生活，让我忘却了烦恼和忧愁。

爱是一份依靠，爱是一份牵挂；

爱是一份奉献，爱也是一份获得。

爱就在我们每个人的心里，

亲爱的孩子，我会想你的。

（资料来源：幼教网.http：//www.youjiao.com/e/20180718/5b4f0f4b7e7c0.shtml.）

第三节　幼儿教师的保教观

话题聚焦

一个不爱午睡的孩子

朱雨萱每天来幼儿园总是大哭大闹，抓住妈妈的衣服或是头发不松手，是什么原因使她这么不愿意上幼儿园呢？我和朱雨萱进行了一次谈话。

师：你为什么不愿意上幼儿园呀？

朱：我不愿意睡午觉。

师：不睡午觉不好的，会影响下午的游戏活动。

朱：妈妈说我不睡午觉的。

师：妈妈真的这么说了吗？

朱：说了。

师：如果妈妈真的这样说了，那是妈妈不对，我明天会问你妈妈的。

第二天，朱雨萱的妈妈送她来到幼儿园，我问了朱雨萱的妈妈一些情况："是您不让朱雨萱睡午觉的吗？""不是，朱雨萱不愿意睡午觉。她不愿意到幼儿园，为了让她到幼儿园我就同意了，没想到让小孩子骗了。""但是对孩子提出的要求要分析是否正确、有理，不能随便答应孩子的要求，这样会给孩子带来不好的思想情绪，甚至会影响孩子一天的学习和游戏活动。所以我向你了解一下孩子在家的基本情况，让我们一起来教育孩子。"

接下来我开始观察分析朱雨萱的午睡情况：朱雨萱从小就没有午睡习惯，在幼儿园里时间长了还好，但如果放假回来，便会有很长一段时间睡不着。班里的幼儿已经睡下很久，大部分幼儿都已经睡熟了，但我还是不断地听到有谁在小声地哼唱。这是谁呢？循着声音走过去，发现原来是朱雨萱还没有睡着。

于是我先采用"循序渐进"的方式促进其在园期间形成良好的睡眠习惯。

我没有一下子要求她改掉不午睡的坏习惯，而是采用"循序渐进"的方式。她开始睡不着，我就坐在她旁边，有时拍拍她，有时给她讲一个小故事，帮助她睡眠。慢慢地她能睡一会儿了，但不一会儿就会醒过来，醒来以后就在床上翻来翻去，我就让她起来做一些安静的游戏，如看书、做手工等。不让她觉得睡觉是一件苦恼的事。就这样，渐渐地，我发现她入睡的速度快了、时间也长了。

接着我又争取家长的配合，和家长进行联系，要求家长和幼儿园配合，使孩子在家中也能养成午睡的习惯，这样不间断地进行培养、教育，也就慢慢达到了预期的目的。

经过一段时间的努力，朱雨萱现在来幼儿园都是高高兴兴的，不哭了，中午睡觉也肯睡了，已经养成了午睡的好习惯。

（资料来源：http://www.jy135.com/html/baoyuzhongxin/youeryuan/200909/22427_2.html.）

思考：面对哭闹、不爱睡午觉的朱雨萱，你认为案例中老师的哪些做法值得我们学习？

理论加油站

《专业标准》提出幼儿教育要坚持保教结合的原则，遵循幼儿的学习方式、重视环境和游戏对幼儿发展的作用，充分利用各种资源实现家园共育。具体要求为：注重保教结合，培育幼儿良好的意志品质，帮助幼儿形成良好的行为习惯；注重保护幼儿的好奇心，培养幼儿的想象力，发觉幼儿的兴趣爱好；重视环境和游戏对幼儿发展的独特作用，创设富有教育意义的环境氛围，将游戏作为幼儿的主要活动；重视丰富幼儿多方面的直接经验，将探索、交往等实践活动作为幼儿最重要的学习方式；重视自身日常态度言行对幼儿发展的重要影响与作用；重视幼儿园、家庭和社区的合作，综合利用各种资源。根据这些方面的要求，幼儿教师的保教观主要表现为：注重保教结合；游戏为主，科学保教；家园共育，形成合力三个方面。

一、注重保教结合

学前期的幼儿年龄小、身体智力水平发展远远落后于成人，因此他们保护自身生命安全的能力、身体活动的能力、自我照料和独立生活的能力、识别危险物品和防御的能力都比较差。他们缺乏生活经验，很难预测和避免生活中的危险，这些都决定了幼儿教师既要在生活上给予幼儿精心照料和安全保护，也要对幼儿进行必要的知识启蒙和能力培养，即始终坚持"保教结合"的原则。《幼儿园工作规程》第三条指出：幼儿园的任务是贯彻国家的教育方针，按照保育与教育相结合的原则，遵循幼儿身心发展的特点和规律，实施德、智、体、美等方面全面发展的教育，促进幼儿身心和谐发展。

（一）保教结合的含义

保教结合要求幼儿园教师把促进幼儿身体健康、养成幼儿生活卫生习惯和自理能力与帮助幼儿学习知识技能、促进幼儿智力发展放在同等重要的位置。具体而言包含三个层面：首先，幼儿教师要时刻牢记幼儿园不仅有教育问题，还有保育问题；其次，幼儿教师应清楚幼儿园的保育工作和教育工作同等重要；最后，幼儿教师应努力做到保育和教育互相结合，互相联系，互相渗透，共同促进幼儿的身心和智力健康发展。

（二）实现保教结合的途径

幼儿教师怎样才能贯彻保教结合的原则呢？首先，要真正理解保教结合的含义，深刻理解保教结合就是要保护幼儿安全，安排好幼儿一日生活，做好幼儿的疾病预防和膳食营养，培养幼儿良好的生活卫生习惯和优秀的道德品质，帮助幼儿积累各个方面的生活经验，培养幼儿的生活自理能力。其次，幼儿教师要精心设计幼儿在园一日生活的各个环节，将保教结合具体落实到日常生活、教学活动以及游戏活动等各项活动中，真正做到教中有保，保中有教，相互渗透，有机结合。最后，幼儿教师还应注意和保育员以及家长协调配合，更好地将保教结合的原则贯穿于幼儿园教育教学活动的方方面面。

（三）保教结合的具体要求

（1）幼儿教师要牢固树立保教结合的工作理念。相关数据表明，4岁左右的幼儿以保育为主教育为辅，保育约占80%；6岁左右的幼儿以保育为辅教育为主，保育约占60%。

（2）幼儿教师要做到“教中有保”。例如，先从常规培养开始，在开学初由班级的3位保教人员共同制作常规计划，教幼儿最基本的生活常识，如怎么吃饭、怎么穿衣服、怎么大小便，这既是保育，也是教育。通过学习基本的生活常识，幼儿不但学会了生活技能，也掌握了相应的健康知识。教师在教育过程中为幼儿创设宽松、民主的教育氛围，让幼儿在愉快的、健康的环境中学习。良好的环境为幼儿提供活动和表现能力的机会和条件，是实行保育和教育相结合，促进幼儿身心和谐发展的最好场所。

（3）幼儿教师要做到“保中有教”。例如，在幼儿入园时，既有保育工作——向家长了解幼儿情况，对幼儿昨晚今晨的健康情况心中有数；又有教育工作——教育幼儿使用礼貌用语。在组织幼儿喝水时，既有保育工作——照顾幼儿每天喝足量的水，提醒幼儿渴了知道自己接水喝或请老师帮助接水喝；又有教育工作——教育幼儿接水时要互相谦让，不浪费水等，保教结合共同实施。

（4）还应注意教师和保育员要密切配合，做到既有分工，又有合作，不能各司其职，互不沟通。总之，保育与教育应该是在同一个过程中实现的，而不是孤立进行的。保育工作与教育工作都很重要，它们在幼儿全面发展中互不可替，真正做到“教中有保，保中有教”保教结合，才能使每一个孩子都健康成长。

二、游戏为主，科学保教

《专业标准》明确提出：“重视环境和游戏对幼儿发展的独特作用，创设富有教育意义的环境氛围，将游戏作为幼儿的主要活动；重视丰富幼儿多方面的直接经验，将探索、交往等实践活动作为幼儿最重要的学习方式。”美国教育学家苏娜丹戴克也曾经说过：“告诉我，我会忘记；做给我看，我会记住；让我参与，我就会完全理解。”游戏是幼儿的天性，也是儿童社会化的重要途径，是符合学前儿童年龄特点的一种独特的活动形式。在幼儿园里，幼儿的大部分时间都是在游戏中度过的，他们往往通过游戏表达自己的思想、情感、愿望和观念，从中得到极大的快乐。游戏是幼儿有效的学习手段，是幼儿最喜欢的活动，幼儿教师在保教活动中，尤其应该重视游戏的设计与应用。要想达到这一目的，具体来说，应该从以下几个方面着手。

（一）加强幼儿园教师专业能力的培养培训

建立健全民办幼儿园教师福利及其他保障机制，减少民办幼儿园教师的流动性；建立健全幼儿园教师培养培训一体化服务模式，重点培训农村幼儿园和民办幼儿园教师，有针对性地对不同层级幼儿园进行长期分阶段培训，公办和民办帮扶共进。

（二）科学选择保教内容，科学设计保教方法

幼儿园保教内容应与幼儿年龄水平和"最近发展区"相适应，要体现基础性、通识性、文化性、多元性，应是幼儿最需要、最感兴趣的，且经过努力或指导一学就会的内容，应有一体多元的幼儿园教材参考体系供教师选用。幼儿园教育活动实施要让幼儿"动起来"，教师要在观察中发现幼儿的需要、兴趣，必要时给予指导；启发幼儿积极思考，在"动"中学习与思考，做到动静结合；教学活动尽量充分利用实物或玩教具进行，与生活紧密相连，让幼儿体验、探索、发现。

（三）帮助家长了解学前教育的基本规律和特点，指导家长科学育儿，形成对孩子的适度心理期待

园长和教师应理性对待家长需求，成立家长工作坊，通过多种形式的亲子互动活动和家园合作活动改变其评价观。

想一想

孩子摔倒以后

户外活动时间到了，随着老师的一声"出去玩啦"，小朋友们争先恐后地往外奔跑。

正在教室里拿玩具的我忽然隔窗望见小朋友似乎都在看着什么，我刚想出去，唐柏涵着急地走进来："陈老师，快看那！张哲文摔倒了。"我赶紧跑出教室，这时张哲文已经爬起来了，他咧着嘴，想哭又有点不好意思的样子。我一边安慰他，一边连忙检查他是否受伤。可是，周围的小朋友却没有一个人去扶他，去问候他一声。"这些孩子，怎么这样没有同情心？"我思索着，得趁这个机会做点什么。

户外活动结束，回到教室，我问孩子们："张哲文摔倒了，我们应该怎么办？"孩子们歪着脑袋，眨眨眼睛，欲言又止。我亲切地招呼他们围坐在我身边，让他们说一说自己是怎么想的。吴以诺说："他的嘴都歪了，样子真好笑。"魏妤萱说："我想拉他，他自己起来了。"邱天辰说："哈哈，谁让他不听老师的话乱跑呢！"还有几个小朋友说："是他自己不小心跌倒的，不是我撞倒的。"听着孩子们天真的话语，我没有肯定谁对谁错，而是给他们讲了一个小故事——《小黄鸭和小青蛙》，重点讲述小青蛙受伤了，小黄鸭怎样说的，又是怎样做的……

小朋友们仰着小脸，静静听着，谁也不说话，陷入了沉思……没有太多的解释，我相信他们能明白其中的道理。过了一会儿，反应最快，语言表达能力强的黄沐辰说："老师，我知道了，我们要学习小黄鸭去关心帮助别人。刚才张哲文摔倒了，我们应该扶他起来，问

问他摔疼了没有。”听了黄沐辰的一番话，大家都赞许地望着他，鼓起了掌。

这件事使我明白了日常生活中利用讲故事对幼儿进行教育，比空口说教更有效，幼儿更容易接受。这件事也让孩子们认识到了，当他人遇到困难和不幸时，我们应该及时伸出援助之手，不应该漠视旁观。

（资料来源：幼教网.http：//www.youjiao.com/e/20180824/5b7f9a1a2e573.shtml，有改动.）

思考：上述材料中，老师的哪些做法值得我们学习？

三、家园共育，形成合力

一个人能否均衡而有个性地健康成长，离不开学校、家庭、社会教育三方面的合力。著名的教育家陈鹤琴先生说过：“幼儿教育是一种很复杂的事情，不是家庭一方面可以单独胜任的，也不是幼稚园一方面能单独胜任的，必定要两方面共同合作方能得到充分的功效。”中共中央在《进一步加强和改进学校德育工作的若干意见》中明确指出：“学校教育、家庭教育、社会教育紧密地配合，学校应主动同家长及社会各方面密切合作，使三方面的教育互为补充，形成合力。”由此看来，学校、家庭、社会教育有机结合是我国教育常抓不懈的重要工作。具体到幼儿教育，也不能偏离家园共育这一正确轨道。实现家园共育，幼儿教师应做到以下几点。

（一）幼儿教师要尊重家长

家庭是社会的细胞，是孩子健康成长的重要场所，家长则是孩子的第一任教师。孩子入园后，他们的全部生活仍然与家庭保持着密切关系，家长的教育仍具有重要意义。所以，教师的工作除了和幼儿产生关系外，还不可避免地会和幼儿的家长进行接触，和他们一起交流孩子的学习、生活情况，一起商讨提升孩子智力的方法……因此，教师与家长交往的过程中，首先要尊重对方，真诚相待，对所有家长一视同仁，不训斥、指责家长；公平合理地对待每一位幼儿家长。同时还要采取不卑不亢的态度，既不过分指责家长，也不能一味地巴结、谄媚那些有权有势的家长。

（二）幼儿教师要主动与家长联系沟通，认真听取家长的意见和建议，尽可能取得家长的支持与配合

作为一名幼儿教师，不仅要时刻关心孩子的一举一动，还应加强与家长的情感沟通与信息交流，老师要有强烈的责任感和角色意识，要明确自己在家园合作中承担的任务——教师是家园合作活动的发起者、组织者和参与者。只有教师的积极态度被家长接纳，教师与家长沟通、交流的道路畅通，幼儿园才能得到更多的来自家长方面的支持。而家长与幼儿园的合作伙伴关系一旦建立，彼此间再也感觉不到来自对方的威胁，双方才会为了孩子的健康成长而齐心协力。

（三）幼儿教师要积极向家长宣传科学的教育思想和方法，帮助家长树立正确的育儿观

现实中，许多家长对孩子年龄特点不了解，不知道如何教育孩子。有时教育孩子的方

式很不恰当，一味地溺爱，甚至放纵。而教师是有一定育儿知识的专业人员，遇到问题应通过各种方式去启发、引导家长，让他们了解孩子的身心特点，更新教育观念，掌握正确的育儿方法。幼儿教师可以通过家园联系册、家长开放日、家长沙龙等途径，向家长宣传幼儿园的保教工作，同时拉近与家长的情感距离，让家长有机会充分了解幼儿园的教育情况。在此基础上，积极配合老师，以实现家园共育。

（四）幼儿教师要强化服务意识，换位思考，时时处处设身处地为家长着想，解除家长的后顾之忧

如今，幼儿教师年轻化，很多教师尚没有为人父母的角色体验，有的即便已经做了母亲，在与家长沟通时，也常常会遇到难以达成共识的局面，这就要求教师要了解父母的角色，并从父母的角度去理解家长的心情和需求。例如，孩子在集体活动中手或头碰破一点皮，家长接孩子时十分惊讶、十分心疼是正常的，而有的教师却表现得若无其事，认为家长大惊小怪。那么，这样一件小事立即会使家长觉得老师对自己孩子不够关心，对工作不够负责，进而影响家长与教师的关系，给家园沟通设置了障碍。如果教师还能站在孩子父母的角度去疼爱孩子，很自然地就会理解家长的心情，处事态度也会大不相同，那么家园沟通就不会受阻。教师与家长的沟通双方都有责任，但教师更应主动些，并且要努力为沟通渠道创造条件。幼儿教师要真正从狭隘的教育观中走出来，必须充分认识到：家长工作的最终目的在于实现家园合作，共同为幼儿奠定良好的素质基础。

总之，实现家园共育，幼儿教师应该积极、主动、理性地从整合教育资源的角度，培养自己的合作精神，尊重家长，主动沟通，换位思考。善于与不同类型的家长相处，遭到家长误解时教师要保持冷静，善于自控；遇到矛盾时，教师要主动反思，积极争取家长的支持与配合。

【拓展阅读】

与家长沟通小窍门

多向家长介绍孩子的优点，再委婉地提出可以改进的地方。

以换位思考的思维方式与家长沟通，先表示对家长的理解。

沟通方式多样化：短信、微信、微博、QQ、电话等，但要注意自身形象的展示，如签名、上传的照片等。

与家长沟通随机但不随意。

遇到特殊事件，及时、坦诚地与家长沟通，勇于承担责任。

多使用文明用语，与家长说话要客气，如使用“您”“谢谢”“请”“对不起”等用语。

与家长沟通时，避免使用“你应该”“你必须”“你得……”等命令性的词语，而应多使用“我觉得……”“您认为这样可以吗？”等委婉、协商的用语。

不能忽略与“乖”孩子家长的沟通，教师的教育对象不是只有“不乖”的孩子。

要主动联系家长。家长不主动联系教师不代表家长不想了解孩子的在园情况，也许只是怕妨碍教师来开展相应的教育活动。

坚持每周与家长沟通，说一说这一周孩子在幼儿园都做了些什么、获得了那些经验等，这比家长从孩子处了解更有效，也更能使家长认可、支持教师的教育理念与方式，更愿意配合教师来开展相应的教育活动。

从为孩子着想的角度而不是便于自己管理的角度与家长沟通、提出要求，家长更容易接受，如“您的孩子最近经常迟到，我担心他运动时间会不充足，所以方便的话请准时来园，好吗？”

（资料来源：左志宏.幼儿园教师职业道德[M].北京：北京师范大学出版社，2014.）

第四节　幼儿教师的自我发展观

话题聚焦

幼儿园虐童教师——颜艳红的性格面面观

对某些人的火，全发泄在学生们身上，烦！

——摘自颜艳红的微博

颜艳红：我不认识我自己

2012年10月24日，一段关于浙江温岭城西街道蓝孔雀幼儿园老师颜艳红虐待幼童的视频在网上传开，一时间舆论哗然，全民关注。视频中该女幼师颜艳红在教室内强行揪住一名幼童双耳并提离地面近20厘米，被揪男孩表情十分痛苦，大哭不止，而颜艳红则是乐在其中，表情愉悦。该事件在网上曝光后，颜艳红被曝光出大量的虐童照，如用胶布封住幼童的嘴巴，让幼童在两个桌子之间做俯卧撑，将幼童扔进垃圾桶……据颜艳红本人说之所以会出现如此行为是因为“一时好玩”，才会让另一名教师用手机拍下。

初二就离开农村来到温岭，虽然只相隔25公里，但颜艳红的很多事情对于家人来说都是一个谜。最让父亲颜本友担心的就是她谈恋爱的问题。“她没有男朋友。”颜本友说，“没带回来的就不算男朋友。”

其实，了解颜艳红的人都知道，从小家庭的不幸和周遭人的冷言冷语，让她相比其他同龄女孩子更加渴望被爱，表现在感情生活中就是多愁善感和多疑。

颜艳红的微博，绝大多数内容都是关于自己感情生活的，大多充满着猜疑和焦虑：“无论遇到什么事情，都不要轻易说你不喜欢我，不要轻易放弃我这段感情，因为下一站的人未必比我好。”“以后在家里全部关机，爱怎样就怎样，不理不问更看不到，反正现在你也很少找我，少点气受。”

父亲颜本友过分的老实和懦弱，直接影响了颜艳红对异性的喜好标准。一直以来，她都喜欢有点“霸道”的“大男人”。成熟、稳重外加一点大男子主义，是她的择偶标准。

感情世界里，这个乖乖女有着暴戾的另一面。了解她的一位密友透露，她经常会分析自己男友的一举一动，进而怀疑对方背叛自己，她不止一次“警告”男友，背叛自己就要砍死他。去年8月，颜艳红结束了一段让她刻骨铭心的恋情，原因就是对方认为她太多疑，而颜艳红曾经希望做那个人“一辈子的女朋友”，分手那天，她在网络上留下一句话：“我知道我不能再为你而哭了。”她曾经说，她想早点结婚，但又担心太仓促的选择会复制自己家庭的不幸①。

思考：家庭的不幸，使颜艳红形成了多疑、敏感、暴戾、焦虑的性格特征，而一旦把这些人格缺陷带入工作中，最终酿成了惨剧。读完这则材料，请你谈谈幼儿教师保持健康心理的重要性。

理论加油站

教师职业道德有两种存在形式：一是社会公众对教师的殷切希望和要求，表现为教师职业道德和行为准则；二是教师自身通过学习和实践逐步认同、内化这些道德规范和行为准则，使之成为个体的道德品质。《幼儿园教师专业标准（试行）》对幼儿教师的个人修养做了明确规定：富有爱心、责任心、耐心和细心；乐观向上、热情开朗，有亲和力；善于自我调节情绪，保持平和心态；勤于学习，不断进取；衣着整洁得体，语言规范健康，举止文明礼貌。根据这些规定，在幼儿教师的自我发展观方面，职业道德规范具体表现为：良好的个性修养、健康的心理和终身学习的品质三个方面。

一、良好的个性修养

良好的个性修养不仅是幼儿教师顺利开展保教活动的必要条件，而且也会对幼儿的性格特征产生潜移默化的影响。幼儿教师必须具备的良好个性修养主要包括：富有爱心、责任心、耐心和细心以及衣着整洁得体，语言规范健康，举止文明礼貌。

（一）良好的个性修养体现在幼儿教师富有爱心、责任心、耐心和细心

1. 爱心是幼儿教师对幼儿实施教育的基础和前提

师爱是幼儿心理健康发展的重要条件和必要的环境因素，年龄越小的幼儿对心理环境的要求越高。著名的教育家苏霍姆林斯基曾说过“教育首先是教师跟孩子精神上的接触”“教育技巧的全部奥秘在于教师如何爱孩子”。教师与幼儿心灵的沟通是教育的前提和基础，教师只有把爱心献给孩子，孩子才能积极接受教师的教育。如果一位教师整天阴沉着脸，动不动就对幼儿大声呵斥，幼儿生活在压抑的气氛中，就会感到恐惧、紧张。实践证明，充分接收到成人正确而有理智的爱的孩子，总是充满自信，朝气蓬勃，积极向上的；反之，长期得不到肯定，在批评中长大的孩子总是自卑、胆怯、缺少自信。例如，有的孩子上课时喜欢捣乱，活动时经常打人，这往往是由于教师对他们付出的爱和关心太少。他

① 程绩.“多面幼师”颜艳红[N].新闻晚报，2012-10-29.

想利用“捣乱”“打架”来引起教师的关注，进而获得老师的爱。因此，有爱心的幼儿教师总是能为幼儿创造良好的精神氛围，使幼儿能够在安全、愉快和积极的心理状态下，观察、尝试与创造。

2. 责任心是幼儿教师良好个性修养的集中体现

幼儿教师要对孩子负责，要平等地欣赏、对待身边的每一个孩子。不能以貌取人，不能厚此薄彼，助长孩子的自负或伤害孩子的自尊。相反，要关爱有加，细心地照顾好每一个孩子，保护好他们，维护好他们容易受伤害的弱小心灵。幼儿教师要对家长负责，当家长把他们的心肝宝贝放心地交到教师手里时，教师不仅要像妈妈一样呵护孩子、关爱孩子、帮助孩子，还要担负起做教师的责任，培养孩子形成良好的习惯，教他如何做人、如何学习、如何生活，引导他们明白道理。幼儿教师要对幼儿园负责，教师并不是单独存在的，作为幼儿园群体中的一员，幼儿教师要努力工作，树立幼儿园的良好形象，对自己的定位不应仅停留在完成本职工作，而应力求将工作做得更加完美。

3. 耐心和细心是幼儿教师良好个性修养的中心环节，关系到教育过程的成败和教育效果的好坏

幼儿教师要有耐心，幼儿的认知能力比较低，适应能力也比较差，一种习惯的养成要反复地教，要耐心地等待。幼儿的是非观念也比较差，有的时候会犯错误，要耐心地教育他们。幼儿教师还要细心，一方面，幼儿的感情很丰富、细腻；另一方面，他们的感情也很脆弱。这就需要幼儿教师细心观察幼儿的情绪，注意保护他们的感情，不要轻易去伤害他们。特别是不能用语言或者暴力伤害幼儿，要培养幼儿的自尊心、自信心。

（二）良好的个性修养体现在衣着得体、语言规范、举止文明

教育是一项特殊的事业，不仅承担着知识的传递，更要承担起公德的传承。教师不仅要用有声的教学授业解惑，更要用无声的行为当好示范。育人是全方位的，课堂内是教育，课堂外同样也是教育。幼儿教师的着装要端庄、整洁、大方，又不失活泼可爱。既能获得幼儿的喜爱，又要符合教师的职业特点和社会身份。切忌穿着暴露，如吊带衫、低胸、露背装、露脐装、超短裙及短裤、单薄透明的衣衫、过于紧身的服装、凉拖抑或特别高的高跟鞋等。另外，幼儿教师还应该保持手指甲的清洁，不留长指甲，不涂指甲油。此外，幼儿教师可以适当地化淡妆，但不宜浓妆艳抹。应尽量不佩戴或少佩戴首饰，尤其是过于夸张的耳环、项链、手镯等饰物。除此之外，幼儿教师还应注重语言美，举止美。充分发挥“为人师表”的表率作用。切忌语言粗俗、满嘴脏话、家乡话，行为不检点。总之，幼儿教师的形象应该是令幼儿敬慕的，是幼儿心中美的化身、善的代言、真的模范。所谓“善教者，使人继其志”，就是强调幼儿教师要让幼儿在吸取教师学识的同时，通过模仿幼儿教师的优良行为获得更好的发展。

二、健康的心理

幼儿时期是人一生中发育最迅速、最旺盛的时期。幼儿教师在孩子的成长过程中扮演着十分关键的角色。一方面，幼儿的心理发展极易受到外界的影响，特别是受到与其朝

夕相处的教师的影响，而且这种影响还有可能伴随幼儿一生。另一方面，幼儿教师从事的保教工作平凡而琐碎，在年复一年日复一日，周而复始的工作中，很难做到时刻保持自己的激情，以开朗、包容、乐观的心态面对生活、工作中的困难，时刻以平和、积极的心态面对幼儿，用自己的阳光和热情去感染幼儿、影响幼儿，很容易产生职业倦怠。如果幼儿教师长期以一种消极怠工的态度面对工作，不仅会影响自身的身体健康、生活幸福和职业生涯发展，还会直接影响到幼儿的心理状态、行为习惯、情商发展。因此，健康的心理作为教师专业人格中的重要组成部分，应该得到高度重视。具体说来，幼儿教师的健康心理主要表现在以下几个方面。

（一）幼儿教师要树立正确的职业观

一个素质全面的幼儿教师，对幼儿的启蒙教育具有举足轻重的意义。因此，幼儿教师应该对自己所从事的职业有一个正确的、理性的认识，正确、客观地对待自己，不自卑、不自负，针对自身存在的不足，不断充电，随时随地把握新信息，关注幼教新动态，提高自己各方面的综合素质，培养自己乐观、豁达的人生态度，面对困难和挫折时充满信心和希望，始终保持愉悦的心境。

（二）幼儿教师要善于调节和控制自己的情绪

幼儿教师在保教工作中应该合理地控制好自己的情绪，克服情绪化，避免行为上的偏激，不要带着情绪工作。要知道，说者无意，听者有心，也许教师无意中的一句话就能伤及孩子的内心，从而影响到一个孩子的心灵的健康成长。所以，幼儿教师遇到问题时要冷静思考，三思而后行，千万不要对孩子乱吼乱叫，尤其是在气头上的时候。

（三）幼儿教师要学会建立和谐的人际关系

和谐的人际关系是心理健康不可缺少的必要条件。幼儿教师需要和幼儿、同事、家长建立和谐的人际关系，维持融洽的社交活动。这不仅能帮助幼儿教师更好地开展保教工作，还有利于维护教师自身的心理健康。

（四）幼儿教师要克服职业倦怠

幼儿教师在保教工作中，要注意克服职业倦怠，力争始终保持积极的工作状态。不随意放弃工作目标，善于分析情况，调节自身在目标实现过程中出现的消极情绪。通过努力形成自己的专业特长、在竞争中找到自身优势等渠道，使自己找到职业成就感和职业幸福感。精通工作的各个环节，努力创造性地开展各项工作，使自己能够在工作中找到乐趣。

想一想

焦虑究竟有多可怕？

一位妇人不小心打破了一个鸡蛋，这本是件平常事，但是这个妇人却想：一个鸡蛋孵化后会变成一只小鸡，小鸡长大后变成母鸡，而母鸡又能够下很多的蛋……“天啊！”妇人痛苦地叫喊起来，"我失去了一个养鸡场。"妇人开始郁郁寡欢，最后一病不起。

很多时候，困扰我们的往往不是事物本身，而是我们对事物的看法。我们习惯于拿着放大镜去看人看事，特别是倾向于将生活中遇到的某些不如意的事肆意夸大，使其成为自己思想中压倒一切的东西，以致严重影响了工作与生活。真的有那么多值得我们忧虑的事情吗？

心理学家为此曾作过一个有趣的实验。首先要求实验者在一个周日的晚上把自己未来7天内的所有忧虑和"烦恼"都写下来，然后投入一个指定的"烦恼箱"里。7天之后，再请大家打开"烦恼箱"对自己的烦恼进行核对，结果发现，90%的担心根本就没有发生。剩下的10%呢？实验者发现，这些"烦恼"有的已经解决了，还有的问题自己完全可以应对。所谓的烦恼不寻人，人自寻烦恼。可见，烦恼多是自己找来的。

如果你有担忧的问题，可以用威利斯·卡瑞尔的奇妙公式，做到下面三件事。

问你自己："可能发生的最坏情况是什么？"

如果你必须接受的话，就准备接受它。

然后镇定地想办法改善最坏的情况。

（资料来源：左志宏.幼儿园教师职业道德[M].北京：北京师范大学出版社，2014.）

思考：你有过焦虑的情绪吗？你是如何调节的呢？这则材料对你有何启示？

【拓展阅读】

释放深埋的情感

长期持续的阻抑、压制自己的情感会导致它们的积聚潜力越来越强；其积聚越多越强，对我们行为的负面影响也就越大，而最终我们将感受到再也无法承受如此多的情感积淀、如此重的情感压力。有一天，一件微不足道的小事便会引发你情感的总爆发。可以想象，这种爆发的力量和后果是相当可怕的，那么释放情感都有哪些方法呢？

1. 自我对话法

自我对话法在国外非常流行，也是一种十分有效且备受欢迎的表达和释放情感的技巧。在自我对话的过程中，我们将与某种强烈的感情，如愤怒、悲伤、悔恨相联系。

自我对话法的具体做法和步骤如下：

第一，先准备一个安静的、绝对不会受到打扰的房间，自己在里面用半个小时到一个小时的时间，不间断地趋向那些困扰自己的情感问题。要做到完全的放松，让自己去体会、表达情感，如愤怒、伤感、憎恨等。

第二，尽量去体会和经历自己感受的一切事物，但不要让自己受到伤害，更不要因此而伤害别人。

第三，闭上眼睛，想象自己将与之交谈情感问题的人就坐在对面，尽量清晰地想象那个人，如他（她）的穿着打扮、坐立姿势，甚至是对方看着自己的眼神等。

第四，告诉对方自己到底想要谈什么。谈话时要具体到每一个细节，如时间、地点、事情的来龙去脉等，同时要充分地表达自己的情感。

第五，当自己想要说的话全都说完后，把自己想象成对方，考虑对方将对自己说些什么，如何回答，然后自己大声地说出来。

第六，当表达完自己认为对方想要说的话后，再恢复到自己的位置，回答对方的话。

在自我对话中，我们应当让自己充分自由地提出想要或需要问的问题，认为对方会如何回答就怎样回答自己。为了让这个方法更加有效，我们必须能够在两个角色中自由地来回转换，释放、表达自己的情感，直到问题得以解决。

需要注意的是，这种方法虽然十分奏效，但是一般需要在心理工作者的帮助和指导下进行。

2. 模拟报复法

模拟报复法最初在日本的企业界使用，主要是由一些企业家发明的。日本人向来以高效率、严管理而闻名，企业或公司的员工要绝对服从上司和老板的意志，不得稍有违约。员工们虽然报酬优厚，但工作强度大，神经异常紧张，精神压抑的状况较为普遍，他们对上司或老板的独裁专制、颐指气使敢怒不敢言，这样有些员工就会经常采取消极怠工的方式发泄对上级的不满，这自然会影响效率、效益的提高。

为了应对这样的局面，老板们采取了“模拟报复法”——将员工不满意的人、痛恨的人，包括上司和老板的形象，塑造成惟妙惟肖的模特，放在一间屋子里。然后，让有不满情绪的员工对着这个模特尽情发泄积蓄已久的各种情感，如破口大骂、尽情诅咒，甚至可以将其砸得稀巴烂。老板们很快发现，这样做了之后，员工的情绪变得好多了，工作积极性也有了显著提高。

这是一种比较简单易行、效果理想的方法。一般只用来发泄比较强烈的情感，如愤怒、憎恨、懑闷等，以满足一种报复心理，但它不可能解决所有的情感问题。

（资料来源：吴珂. 情感教育[M]. 北京：中国社会科学出版社，2009.）

三、终身学习的品质

任何一种职业都需要终身学习，但是世上没有一种职业的终身学习比教师这一职业要求更严格。正如德国教育家第斯多惠所言：“教师必须明确地认识到：首先，凡是不能自我发展、自我培养和自我教育的人，同样也不能发展、培养和教育别人。其次，教师只有先受教育，才能在一定程度上教育别人。最后，教师只有诚心诚意地自我教育，才能诚心诚意地去教育学生。”[①]“教师本身必须在自己的工作岗位上努力促进真正的文化教育事业，进行终身自我教育，这对教师来说是一种义不容辞的神圣职责。”[②]由此可见，终身学习是教师这一职业的必然要求。

《幼儿园教师专业标准（试行）》包含了幼儿为本、师德为先、能力为重、终身学习四个基本理念，并要求幼儿教师贯彻终身学习的理念：学习先进的教育理论，了解国内外学前教育改革与发展的经验和做法；优化知识结构，提高文化素养，具有终身学习与持续发展的意识和能力，做终身学习的典范。

①② 第斯多惠. 德国教师培养指南[M]. 北京：人民教育出版社，2001.

（一）从教师发展的视角来看

首先，幼儿教师只有做到终身学习，才能沿着教师发展的阶梯（新任教师—熟练教师—专业教师—专家型教师—名师—教育家）拾级而上，不断提升自己的专业素养与教育教学水平。其次，幼儿教师只有做到学而不厌，才能达到诲人不倦。正如陶行知所言："要想学生好学，必须先生好学。唯有学而不厌的先生才能教出学而不厌的学生。"①

（二）从学生发展的视角来看

首先，幼儿教师只有做到终身学习，让"源头活水"不断涌入并滋润自己的心田，才能达到朱熹理想的"清如许"的境界，才能最终达到陆机在《文赋》中描写的一种理想状态——"观古今于须臾，抚四海于一瞬""笼天地于形内，挫万物于笔端"。其次，只有教师做到终身学习，才有可能示范与引导学生走向终身学习。

总之，终身学习既是幼儿教师职业的现实要求，也是当代幼儿教师专业成长的必由之路，还是幼儿教师实现专业可持续发展的根本途径。

想一想

许卓娅：我和幼儿园，一走就走了一辈子

作为幼儿，我在幼儿园里学习成长

如果早出生 3 年，我就可以被精确地定义为新中国幼儿园的同龄人了。1951 年 8 月 31 日，我出生在南京的一所部队医院里，3 岁那年，在哈尔滨军事工程学院幼儿园开始了我的幼儿园"生涯"。

我记得在幼儿园学会了许多歌。除了幼儿歌曲之外，还有《卖花姑娘》《小杜鹃叫咕咕》《青春舞曲》《军民大生产》那些专门和并非专门为幼儿创作的优美音乐，它们至今仍被我钟爱、让我感动。

我记得在幼儿园里学习种植玉米、蓖麻和向日葵；到郊外学习捕捉蚂蚱、蝴蝶和蜻蜓；和老师一起学习采集"灰灰菜"做汤；和小朋友一起学习用泥巴、石子和青草办娃娃家……

① 陶行知. 陶行知文集[M]. 南京：江苏人民出版社，1981.

我记得老师用《军民大生产》的曲调填上了新歌词教我们玩《狐狸蒙上眼》的音乐体育游戏；我还记得早上起床后男孩子女孩子们一起挤在厕所外边的过道上，用《卖花姑娘》的曲调（不知道是哪个天才儿童填的词）笑成一团地大唱："小小姑娘，清早起床，提着裤子上茅房……"

我记得有一次幼儿园要求我们女孩子全部剪短头发，我为此很长时间躲在寝室床底下抱住自己的脑袋不肯出来"就范"；我更记得有许多次我们几个"著名"的调皮大王被老师请进寝室"关禁闭"时，我们总是用尽各种"伎俩"来度过那些没有老师"管理"的自由愉快时光……

这就是我最早的幼儿园生活"写真"。我特意地选用"写真"这个字眼，是因为在我的心中：这是一种活生生的，整体的、全面的、真实的生活经历。它既朴素而又丰富多彩，它平淡而又激动人心，它既是我今天幸福回忆的源泉，又是我今天幸福成长的最初起点。

作为专业学生，我在幼儿园里学习成长

36 岁那年，在大学的音乐系工作了 11 年以后，作为新中国学前儿童音乐教育领域的第一代硕士研究生，我又回到了幼儿园，回到了幼儿园的老师和小朋友中间，又看到了攀登架、滑梯、积木、剪纸和娃娃家。

有一次，我在一个幼儿园大班教室里观察大学本科三年级学生的音乐课教学实习。像我小时候一样调皮的孩子们，眼睛里闪动着狡黠笑容，车水马龙地穿梭于教室和厕所之间，并不断地拖拉椅子制造出刺耳的"音乐"，把三个大学生调动得"不亦乐乎"。而班主任老师则一副"身经百战"的架势：一只脚支撑着自己的身体，另一只脚奋力地踏动着风琴的踏板；一只手配合着自己的目光和语言指点着蚂蚁群一样运动着的小孩子们，另一只手却坚定而流畅地在风琴的键盘上飞舞着，欢快优美的旋律从她的指尖下流淌出来……

我在感悟和惊讶这些和自己当年一样的小家伙"让老师们惊慌和焦虑"的同时，又不得不同时感叹当教师的不易，更感叹那位年轻教师"临危不惧"的心理品质和惊人的键盘技能！

还有一次，在一个幼儿园观摩音乐课。这是新小班刚刚入学的第一天，直到开始上课的那一刻还有好几个小朋友在哭泣。那位教师先让小朋友们认识莲子，并教他们怎样剥莲子和吃莲子。她的表情、语言、体态是那么具有安抚力量，教室里很快就被一种祥和的气氛充满了。

这时，她从容地走到风琴前，打开琴盖问："谁想和老师一起来唱歌？""不！"教室一角突然发出一个坚决的否定声（这对 20 世纪 80 年代中期的教师来说可能是一种所谓的有个性有创造性的表现，而今天有教育智慧的老师一定不会简单地这样做判断）。大多数小朋友都抬起头或转过头来，用犹豫不决的眼光看着他们的老师。我也不自觉地出了冷汗。"嘿！想唱的小朋友就到老师这里来吧！"老师把风琴转了一个方向，使自己的脸能够让大多数幼儿看到，然后开始从容地弹出了曲调……

和着老师安详愉快的歌声，小朋友们慢慢地自动向风琴围拢，天真稚嫩的童声慢慢地在教室里弥散开来……当我把自己从感人的歌声中拉出来用目光去搜寻刚才那个说"不"的孩子时，我没有能够找到他，因为当时已经没有谁游离在老师温暖眼光笼罩的范围之外了。

记得有一次我在一个幼儿园大班进行音乐课教学实习。当孩子们满教室运动起来时,我眼前一片模糊,脑子里一片空白,心里像堵着一团乱麻,嗓子里像涂着一层辣酱……我不知道自己是怎样下得课,怎样回得家,只有一种感觉是清晰的:真希望地能裂开一条缝让我钻进去。

很久很久以后,还有许多人安慰我说:"她(指导我实习的幼儿园教师)对谁都是那么严格的,你不要介意!"可是我心里真的非常非常感谢她(当然不仅仅是要感谢她,而且还要感谢当时曾经指导过我的每一位幼儿园教师)!没有她们严格的鞭策,怎么会有那一阶段我在幼儿园的有效学习和幸福成长呢?

作为专业工作者,我在幼儿园里学习成长

从1988年9月1日开始,当时已近"不惑之年"的我,开始以一名专业工作者的身份"上幼儿园",新的"入园适应"阶段随之开始了。

记得有一天,一位老园长打电话告诉我说:"我们幼儿园的小老师希望你来,又害怕你来。你讲的话她们听不懂,但又不敢问你。她们知道自己做得不够好,但又不知道怎样才能做得好。所以,听说你要来,她们会因为害怕上不好课而哭。你一走,她们又因为不知道为什么自己总是弄不明白而哭。我看见她们总是哭,心里觉得挺不好受的……"听着这真诚的告白,我怎么也忍不住自己的眼泪。我觉得愧疚、惶恐,觉得自己真是没有用!本来以为自己又读了三年的书,学了那么多的新理论,应该可以把事情做得好一些,可为什么会依然帮不上幼儿园老师的忙呢?

有一天,我的导师汪爱丽先生来到了我们中间。一位幼儿园教师马上对她说:"你上次给我的那首歌曲和活动方案,小朋友喜欢得不得了!"汪老师马上接着说:"这两天我又找到了几首歌,而且设计了一些活动,你们可以试一试……"只一会儿工夫,年轻的老师们就和汪老师一起唱啊、做啊、笑了起来……周围流淌着的是温暖和惬意的空气。尽管当时我忍住了自己的眼泪,但却更觉得愧疚、惶恐,更觉得自己没有用!

14年过去了,虽然我今天仍旧时常有愧疚、惶恐的感觉,但在和幼儿园教师接触的过程中,我已经越来越能够理解什么叫作"活到老,学到老",什么叫作"三人行必有我师",什么叫作"实践出真知"……因此,当我遇到一时不能解决的问题时,也就能够较为平静地告诉自己说:学习的道路长着呢,要学的东西是永远也学不完的。

作为幸运而且幸福的人,我会一直在幼儿园里学习成长

还记得20年前的一天,我读到了一篇讨论妇女成才的文章,文章中提到:教育是妇女到了四五十岁才会真正成才的领域之一。为了追求这一新的"梦想",我利用了当时自己唯一可以利用的"总是被人善意讥笑的音乐才能"转向了幼儿园——转向了音乐和幼儿教育交叉的研究领域。幸运的是,当年汪爱丽先生选择了我,后来许许多多的幼儿园教师接纳了我。

研究生刚毕业时,导师汪爱丽先生说过:我们教育理论工作者和幼儿园的关系,就像鱼和水、蜜蜂和花朵一样。最初那些年,我对这句话的理解只是:离开了幼儿园我们就不可能有学术方面的真实学习和进步,我们工作的责任是帮助幼儿园将实践经验转化和上升为理论。可这一两年间,我越来越深地感受到:一旦离开了幼儿园,我失去的将绝不仅仅是学术生活,还有许许多多让我的生命丰富和灵动起来的东西。就像水和花朵,它们所给予鱼和蜜蜂的东西，是绝对无法用语言来历数的。

去年有一天，我推着自行车来到当年许多年轻教师因为我而哭泣的那所幼儿园门口。一位保育员老师看见了，老远就跑过来开门并回过头去大声地对着里面喊："嘿！园长，你们的教授来啦！"看着这真诚的笑脸，听着这真诚的呼唤，我几乎忍不住自己眼泪。这一次却不是因为别的，而是因为感动。

最近听到过一首歌曲，歌中最后唱道："阳光总在风雨后，请相信有彩虹，风风雨雨都接受，握你的命运在手中。阳光总在风雨后，请相信有彩虹，珍惜每一份感动，握你的幸福在手中。"

在幼儿园，我体会到的不仅仅是风雨、阳光和彩虹，还有被人需要、被人爱，不断学习不断进步，过丰富而时时充满童心、充满活力的生活……我总是不自觉地告诉自己：一直在幼儿园真的是件非常非常幸运的事！

（资料来源：福建学前教育网，2019-03-20.）

思考：许卓娅老师的从教治学经历带给你哪些启示？

【拓展阅读】

我们是幼儿园教师，让我们为自己代言！

幼儿园教师专业发展是一个永无止境的过程，是幼儿园教师对专业自我实现过程的不懈追求。幼儿园教师自我实现不是一种结局状态，而是在任何时刻、任何程度上实现专业潜能的过程。这意味着要成为一个真正自我实现意义上的教师，往往需要经历勤奋、付出精力的准备阶段。自我实现可以是活动设计、钢琴键盘上的手指练习、给家长温馨的提醒，也可以是努力做好自己想要做的任何专业事项，并竭尽自己所能，使自己成为自身追求的人。这同时还是一个倾听自己生命内在冲动的呼唤，让自己的天性、潜能充分地显现出来的过程。幼儿园教师专业养成需要内在价值追求，是一个永不满足、不断追求的过程，也是不断获得存在感、产生高峰体验的过程。这是一个迸发生命活力、激发个人潜能、展现精神自由、张扬个性特色的过程，它使得幼儿园教师对生命价值的追求应是永无止境的。

幼儿园教师专业发展是一个群体认同、群体自觉、群体自律、群体价值追求的过程。幼儿园教师群体需要不断地提升自己的专业敏感度，不断地寻求新的专业参照群体，关照自身专业群体的发展问题；幼儿园教师群体需要不断地提升自身的专业认知水平，敏锐地洞见专业问题，提升专业问题解决能力；幼儿园教师群体需要不断地锻炼自身的专业品性，形成幼儿园教师自身的"众数人格"，以良好的专业态度影响幼儿、家长，以良好的专业形象感染社会，以平凡的行为滋润民众，以崇高的德行引领时代；幼儿园教师群体需要不断地砥砺群体的自我意识，反思自身的感性、理性与知性，反观专业群体的过去、现在与未来，自觉全球文化、民族文化与专业文化。

（资料来源：秦金亮.《幼儿园教师专业标准》的功能定位——浅谈幼儿园教师专业觉醒[J].学前教育研究，2012(8)：9-12.）

沙场点兵

1. 请结合自己下园见习时的经历说一说幼儿教师如何做到爱岗敬业、为人师表。

2. 简述幼儿教师应具备什么样的自我发展观。

3. “每一个儿童都有被爱的权利，都应该得到充分的发展”，这是幼儿园王老师对自己教育工作的体会。王老师在日常教学中不像有的教师那样频频去提问那些能说会道、反应机灵的孩子，她也经常关注那些比较胆小、很少回答问题的幼儿。有时这些幼儿可能过于紧张回答不出来，王老师就会让他们先坐下来平静一下，语气温和地对他们说：“没关系，以后经常锻炼锻炼就好了。”活动结束后，王老师还主动与幼儿交往，培养其语言表达能力，并经常与幼儿的家长进行沟通，共同寻找适宜的培养方法。

思考：请从幼儿教师儿童观的角度评析王老师的行为。

4. 李老师虽然只有二十多岁，但却是一位经验丰富的“老”教师，因为不管多调皮、多没规矩的孩子，只要交到她手里，要不了多久，都会变得“乖乖的”。为此，新来的小郭老师很是好奇，通过一段时间的观察，她终于发现了李老师的“秘密武器”——常常利用游戏来教导孩子们：看到孩子们没有正确的坐姿，有的把脚伸得老远，有的小腿成了括号，小手动动这儿，摸摸那儿，七扭八歪注意力很难集中起来，李老师立刻说：“我当狗妈妈，小朋友们当狗宝宝，现在，大灰狼来了，请大家把‘门’锁好(指两脚并齐)，看好家门(指小手握住)，千万别让大灰狼进来噢!”刚刚还吵吵闹闹的教室里一下就变得安静了，孩子们一边做，一边大声说：“小狗‘哐啷’把门关上，小手‘咔嚓’把门锁好。”再如，李老师还会用游戏的方法教孩子摆放桌椅：“我和你是朋友，碗和勺子是朋友，桌子和谁是朋友?”小朋友听了说：“桌子和椅子是朋友。”“对，桌子和椅子是朋友，它俩谁也不分离(指桌子腿和椅子腿对齐)。”睡觉时，李老师会说：“两只小鞋是朋友，它俩谁也不分离。”小朋友都把小鞋摆得整整齐齐的。教孩子们叠衣服时，李老师也会边做边说：“先让衣服立正站好，再让衣服半臂看齐，最后弯了腰，衣服叠好了。”教孩子们收跳绳时，李老师会说：“这根跳绳真有趣，它会变魔术，一根变两根，两根变四根，四根一弯腰，变成兔宝宝，耳朵穿圈里，一拉就系好。”就这样，孩子们很快就学会了系绳。

思考：请从幼儿教师保教观的角度评析李老师的做法。

第四章
幼儿教师职业道德修养

本章导读

中华民族历来注重道德品质的自我修养，并把“修身”作为“齐家、治国、平天下”的先决条件。幼儿教师肩负着培养新时代儿童的历史责任，其道德修养的高低不仅关系到幼儿教师本人的成长，还关系到亿万儿童的健康成长，关系到社会风尚的好坏，进而影响到我国现代化建设的进程。

幼儿教师加强自身职业道德修养，首先要深刻理解幼儿教师职业道德修养的内涵，充分认识幼儿教师职业道德修养的意义；其次要把握幼儿教师职业道德修养的主要内容；最后，在遵循知与行统一、动机与效果统一、自律与他律结合、继承与创新结合这四项基本原则的基础上，通过学习与实践，内省和慎独，最终积善成德，实现教师自身道德修养的提升。

第一节 幼儿教师职业道德修养的含义和意义

话题聚焦

材料一：

贵州黔南州惠水县第一幼儿园教师周贤怡用生命坚守责任

最美教师周贤怡

在"2019 寻找最美教师"大型公益活动中，周贤怡获"最美教师"称号。

一个一脸灿烂的女青年，一名年轻的共产党员，一个与癌症抗争了两年多并一直坚守岗位的幼儿园教师，她就是周贤怡。"有这样一种爱，病魔缠身却心系孩子；有这样一份责任，值得用疼痛的生命去坚守。"

1998 年从幼师专业毕业的周贤怡被分配到惠水摆金镇幼儿园。摆金镇幼儿园是一所乡镇幼儿园，就读幼儿 90% 以上是苗族子女，连基本的汉语都听不懂。为了能够和幼儿沟通交流，周贤怡利用课余时间向当地苗族老师学习苗族语言，主动探讨教学中有关民族特色的教学难题。很快，她就同苗族同事、苗族幼儿打成了一片。1999 年"六一"儿童节，由周贤怡编排的舞蹈参加全县幼儿节目会演，荣获佳绩。

因工作出色，2000 年 9 月，周贤怡被调到惠水县第一幼儿园。在新的工作环境里，周贤怡凭着对幼儿的爱，对幼儿教育的执着，一次次实现了教育、教学上的突破。2001 年、2002 年连续两年被评为"县级先进教育工作者"。

2007 年，由她担纲的"启蒙教学"课目，在汇报教学时被评为全县优质课程。2009 年教师节，周贤怡被惠水县委、县人民政府表彰为"县优秀教师"。2011 年 6 月，领衔"实施'适应性发展课程'的感悟"调研课题获贵州省幼儿课程建设项目实验园成果评比一等奖。2012 年被惠水县委、县人民政府评为"优秀教师""优秀共产党员"。

正当周贤怡豪情满怀，在幼教事业上大显身手时，2012 年年初，周贤怡被诊断为甲状腺癌。

“绝不离开孩子们，即使在生命最后一天，也要把自己的价值体现出来。”靠着信念的支撑，对生命的尊重，周贤怡坦然地走上了手术台。历经两次手术，一年后，周贤怡凭着与病魔抗争的坚强毅力，又站在了幼教岗位上，虽然病痛一直折磨她至今。

2014年2月，周贤怡参加了黔南州幼儿骨干教师远程培训，并主动请缨担任罗甸、长顺、惠水三县的辅导教师。6月，作为全县唯一教师代表，被表彰为全县“涟江骄傲人物·最美教师”。9月，在第三十个教师节暨全国教育系统先进集体和先进个人表彰大会上，周贤怡被评为“全国模范教师”。

人生的意义在于奉献，人生的最大快乐在于实现自我价值。生命不息，奋斗不止。周贤怡正把她的青春、热血与生命，奉献给她热爱的幼儿教育事业，谱写着一曲激昂的生命赞歌。

（资料来源：http：//www.yhxjw.com/Article/ShowArticle.asp？ArticleID=1439.）

材料二：

2015年11月4日下午，多名焦作市民向《大河报》记者反映，自己的孩子在焦作市某幼儿园受到幼师针扎虐待。据孩子们说，在班里只要有孩子稍不听老师的话，就会被拉到水房和厕所，用针扎胳膊、大腿和背部。老师扎了后还会问疼不疼，如果说疼，老师就说回去别对家里人说；如果说不疼，老师还会继续扎。据知情人士透露，刘某原为焦作市另外一家幼儿园的教师，因虐待幼儿被原幼儿园辞退了，后来又应聘到这个幼儿园工作。对于他虐待幼儿的“前科”，他现在供职的幼儿园之前并不知情。而且该教师对幼儿实施针扎虐待的地点都在水房和厕所这样的监控死角。

近年来的幼儿园暴力案频频出现，可谓五花八门。每次这样的暴虐案件都会迎来舆论的哗然和愤怒指责，然后是当事老师被勒令检查、停职反省甚至开除，幼儿园赔偿、道歉以致被取缔，事件便告一段落。但是，谁能保证孩子在幼儿园不再遭受虐待？谁能保证被虐孩子的心里没有留下阴影？童年时代的痛苦，孩子只会在表面上忘却，但心灵深处的伤害是不会无痕的，这种痛苦会落到性格和心理上，影响孩子一生的成长和发展。

（资料来源：http：//news.sina.com.cn/s/wh/2015-11-06/doc-ifxkniur2917814.shtml.）

思考：

1. 对比两则材料，你如何看待两位教师的教育行为？请说明理由。
2. 教师为什么要加强职业道德修养？

理论加油站

一、幼儿教师职业道德修养的含义

修，指在学问和品行方面的学习和锻炼；养，即培养和培育。所谓道德修养，是指人们在道德方面进行的“自觉的自我改造、自我陶冶、自我锻炼和自我培养功夫”[①]。从动态来

① 罗国杰.伦理学[M].北京：人民出版社，1989.

说，它是指为了使自己的道德能力达到一定水平而进行的自我教育和锻炼活动的过程；从静态来说，则是指经过自我教育或锻炼所达到的道德水平和境界。

幼儿教师职业道德修养是指幼儿教师在教育教学活动中，根据我国社会主义道德原则，结合幼儿教师道德规范，通过自我锻炼、自我改造和自我教育，不断达到新的道德境界的活动过程，以及所达到的师德水平和境界。道德修养过程是一个塑造和改变自己道德面貌的过程。任何人的道德面貌都不是天生就有的，而是在一定的道德规范要求下进行的学习、体验、对照和反省的实践活动，通过体验、内化、对照和反省来提高自身的道德修养水平。

二、幼儿教师职业道德修养的意义

随着经济发展和人们生活水平的提高，一方面，学前教育日益受到重视，社会各界对幼儿教师的职业道德要求也越来越高；另一方面，人们的道德观念、价值取向也日益多元化，社会上出现了道德失范，是非、善恶、美丑界限混淆，拜金主义、享乐主义、极端个人主义有所滋长的现象。面对形形色色的不良诱惑，部分幼儿教师的价值观念发生了扭曲，没有坚定的职业信念，缺乏高度的职业责任感，甚至还出现了厌岗怠业、非人道对待幼儿的道德失范现象。这不仅严重损害了幼儿的身心健康，导致教学人际关系恶化和消极教学氛围的出现，还直接影响了人民教师的光辉形象，进而影响了教育目标的实现和整个社会良好道德风气的形成。

2014 年 9 月 9 日，习近平总书记同北京师范大学师生代表座谈，发表了《做党和人民满意的好老师》的重要讲话中指出："教师重要，就在于教师的工作是塑造灵魂、塑造生命、塑造人的工作。一个人遇到好老师是人生的幸运，一个学校拥有好老师是学校的光荣，一个民族源源不断涌现出一批又一批好老师则是民族的希望。国家繁荣、民族振兴、教育发展，需要我们大力培养造就一支师德高尚、业务精湛、结构合理、充满活力的高素质专业化教师队伍，需要涌现一大批好老师。好老师首先应该是以德施教、以德立身的楷模。好老师应该取法乎上、见贤思齐，不断提高道德修养，提升人格品质，并把正确的道德观传授给学生。"作为中华民族伟大复兴中国梦的积极传播者的幼儿教师，要争做党和人民满意的好老师、不负党和人民的厚望，不断加强自身的道德修养显得尤为重要。

想一想

牵着一条蜗牛去散步

轻轻地……

（一）轻轻地交谈

孩子进入大班年龄后，有些行为举止俨然一个小大人，有时说起话来让老师忍俊不禁。

有一次上课，涵涵与同伴窃窃私语，慢慢地越讲声越大，我停下课，向涵涵投去暗示的目光，没有说话，令我意想不到的事发生了，突然有个声音大声说："再讲话，我请你出去。"怎么会有孩子说这样的话呢，而这句话又是这么熟悉……原来平时不经意间，我们两位老师也是这么说的，马卡连柯在谈教育工作时，曾说："具体、具体再具体。细节、细节再细节。”幼儿园的小朋友处于模仿阶段，老师就是他们的榜样，老师的每个行为细节小朋友都看在眼里，学着去模仿。

于是我轻声纠正道：“如果涵涵能够改正，我们还是喜欢他的，是吗？我们也不会请他出去的，是吗？”我边轻声说话，边摸了摸涵涵的头，涵涵听了直点头。当天的活动，他一直认真地跟着老师学习。

（二）轻轻地做事

孩子们似乎长大了许多，见识也广了，许多事情也有了自己的想法，勇于表达自己的见解。可是，孩子们在平时讲话声音很大，有时大声吼叫，特别是那几个男孩子。于是，我常常教育孩子们说话做事都要轻轻地。

一次午饭前，孩子们边准备餐具边滔滔不绝地大声讲话，于是我扯着大嗓门儿用指令的方式，让幼儿安静下来，然后交代他们应该做的事情。这时，睿睿小朋友轻轻走到我跟前，说：“老师你不是说，说话要轻轻地吗？”我先是一愣，心想：是呀，我让孩子们说话做事都要轻轻地，我是不是该以身作则呢？于是，我拿着一个孩子们喜欢的玩具猫，学着小猫的声音说：“我最喜欢认真做事、小声说话的孩子了，看看谁是乖孩子，我就亲亲他。”说着，我开始拿着玩具猫亲亲表现好的孩子，孩子们立刻安静了下来。于是我趁热打铁，轻声细语地和孩子们说话，教育他们说话、做事都要轻轻地。

（三）轻轻地搬动座椅

每天吃过午饭后，我会让孩子们把自己的椅子收到桌子底下，他们收的方式各不相同，有拖的，有推的，有踢的……桌椅的碰撞声及椅子滑过地板发出的刺耳声让我心烦。在多次的提醒、教育下，这种现象还是时有发生。

一天半日活动后，孩子们都由家长接回家了，活动后留下的椅子只好由我来收。我以最快的速度把椅子放到桌子底下，顿时，碰撞声又在身边响起，我一愣，是不是以前我搬椅子的方式影响了孩子们？于是，我轻轻地将椅子一一放进桌子底下。

第二天午睡前，我对孩子们说：“从今天开始老师要帮你们收几天椅子。”孩子们都觉得很惊讶，边到盥洗间如厕边时不时地回头看我摆放椅子，我轻轻拿住椅面与椅背，小心翼翼地搬起走到各个孩子的座位，再稳稳地放下，轻轻挪进。看到我的动作后，孩子们有的窃窃私语，有的默默不语……一连几天，我都耐心地轻轻将椅子收好，活动室安安静静的。几天后，我请他们自己收椅子，结果他们个个学着我的样子，轻拿轻放。原来活动室是可以这样安静的。

（资料来源：尹坚勤，管旅华.幼儿园教师专业标准（试行）案例式解读[M].上海：华东师范大学出版社，2018.）

思考：幼儿会时时关注教师一言一行并且进行模仿，结合实际谈谈道德修养对幼儿成长的重要性。

（一）加强幼儿教师职业道德修养是幼儿健康成长的需要

1. 加强幼儿教师道德修养有助于幼儿良好道德品质的养成

美德出良才，品德决定一个人成才的方向。有研究证明，6 岁前是人的行为习惯、情感等基本形成的时期，是幼儿养成良好社会性行为和人格品质的重要时期。这一时期幼儿的发展状况会影响并决定其人格的发展方向。教师良好的道德修养有助于幼儿在学前期形成良好的人格品质,帮助他们积极地适应环境,顺利地适应社会生活,从而有助于他们的健康成长、成才。幼儿就像一张张白纸,而那支在白纸上描绘出色彩斑斓、优美图画的画笔就握在教师手中,教师的个人修养决定着这幅画的色彩。一个面带微笑、和蔼可亲、受孩子爱戴的优秀画师一定会用积极乐观、热情开朗、无私奉献的彩色画笔给孩子们幼小的心灵播下一粒理想的种子,他们会蹲下来和孩子们耐心、平等地交往,所有这些积极的情感体验都会促使幼儿形成关心人、照顾人、理解人的良好品质,以及朝气蓬勃、积极向上的乐观性格。苏霍姆林斯基认为"教育是人格的塑造""教师的行为是把双刃剑,可以发展人、完善人,也有可能扼杀人、损害人"。幼儿教师只有不断加强自身的道德修养,才能以自己高尚的品格去影响幼儿的品格,以纯洁的心灵打动幼儿的心灵,用高尚的灵魂唤醒幼儿的灵魂。

2. 加强幼儿教师职业道德修养对幼儿行为习惯的养成具有引领示范作用

学前教育期是儿童对社会的认知、语言能力的提高、生活和学习习惯的养成的重要时期,也是人的社会行为、情绪情感和认知方式等形成的关键阶段。此阶段的幼儿有着很强的可塑性和模仿性,但他们的心理发展很不成熟,辨别是非能力差,不能分辨哪些可以模仿,哪些不可以模仿。模仿得好,对他们的成长和学习会带来很大益处,模仿不当,则会给他们带来坏处,甚至带来危害。作为幼儿极为崇拜与敬仰的对象,幼儿教师的每一个关于是与非、对与错、真与假、善与恶的动作或表情都是极好的教育资源,它每时每刻都对幼儿产生"身教"的影响。苏联教育家加里宁曾有过非常形象的比喻:"教师每天都仿佛蹲在一面镜子里,外面有几百双精敏的、富有敏感的、善于窥视出教师优点和缺点的孩子眼睛,在不断地盯着他。"他还说:"教师的世界观,他的品德、他的生活、他对每一现象的态度都这样或那样地影响着全体学生……他应该觉察到,他的一举一动都处在最严格的监督之下,世界上任何人也没有受着这样严格的监督。"榜样的力量是巨大的,一个注重师德修养、德才兼备的幼儿教师不仅是幼儿模仿的对象,更是他们身边的榜样。幼儿教师的道德修养水平越高,对幼儿良好行为习惯的示范引领效果就越好。

(二)加强幼儿教师职业道德修养是教师个人不断发展、完善的需要

1. 加强职业道德修养是幼儿教师道德人格不断发展完善的需要

俄国著名教育家乌申斯基说过:"教师的人格,就是教育工作的一切。""教师人格对于年轻的心灵来说,是任何东西都不能代替的最有用的阳光;教育者的人格是教育事业的一切。在教育工作中,一切都应该以教师的人格为依据,因为只有从教师的人格的活的源泉中,才能涌现出教育的力量,任何规章制度,任何人为的机关,无论设想得多么巧妙,都不能代替教育事业中教师的人格。因为只有人格才能影响人格的形成和发展,只有性格才能形成性格。"这段话说明了教师的良好人格能对学生产生良好的影响,成为形成学生人格的重要条件;教师人格对学生的影响是"任何教科书、任何道德箴言、任何惩罚和奖励制度都不能代替的一种教育力量"。幼儿教师要想以自己的高尚人格影响并教育学生,必须先从内心塑造自己,使自己有一个"健康"的并不断完善的道德人格。教师高尚的道德人格不是与生俱来的,也不可能自发形成,而是在后天的社会实践中形成的。教师只有在

教育实践中，通过努力学习，了解社会发展对教师职业的要求，了解新时代教师道德的内容和意义，提高自身道德认识，克服消极影响才能通过自身修养，将认识内化为道德情感、意志和信念，进而外化为自身的道德行为和习惯，在执教过程中形成优秀的道德人格。坦荡的襟怀、高尚的操守、傲然的风骨都将是幼儿教师努力塑造的道德人格。教师的人格魅力具有强大的感召力和凝聚力，可以给幼儿的心灵带来强烈的影响和冲击，甚至可以影响幼儿的一生。教师的一言一行无时无刻不在影响幼儿的成长、成人、成才。

2. 加强职业道德修养是做好教育工作的需要

现代著名教育家徐特立曾经指出："教师是有两种人格的，一种是经师，一种是人师。""经师是教学问的，人师是教行为的。"既能传授知识，又能弘扬道德，两者结合才是最完美的教师。一位优秀的幼儿教师，不仅要具备过硬的专业知识，懂得在遵循教育教学规律的基础上传道、授业、解惑，而且要重视自身职业道德修养的提升，只有这样才能在教育教学实践中，不断提高对教师道德的认识，规范自身的道德行为，培养良好的道德品质，真正做到经师和人师的完美结合。

总之，提高职业道德修养对教师而言，既是一种锻炼，更是一种责任，既然选择了天底下这一最光辉的职业，就一定要为之坚持奋斗。

【拓展阅读】

教师的十二项修炼

学前教育专业技能展示 1

修炼自己的声音，让它引人入胜；
修炼自己的语言，让它妙趣横生；
修炼自己的眼睛，让它传神丰富；
修炼自己的表情，让它神采飞扬；
修炼自己的行为，让它规范专业；
修炼自己的学识，让它有如涌泉；
修炼自己的脾气，让它逗人喜爱；
修炼自己的个性，让它鲜明唯美；
修炼自己的心灵，让它平和美丽；
修炼自己的气质，让它超凡脱俗；
修炼自己的灵魂，让它崇高圣洁；
修炼自己的人生，让它阳光幸福。

（资料来源：http://jiaoxue.gkstk.com/jiaoxuezongjie/47125.html.）

（三）加强幼儿教师职业道德修养是社会发展的需要

1. 提高幼儿教师职业道德修养，有助于早日实现中华民族的伟大复兴

百年大计，教育为本。教育决定一个国家和民族的未来，是一个民族最根本的事业。当把科教兴国确定为我国的基本国策，把优先发展教育的思想由党的文件上升到国家战略时，教师在科教兴国战略中的作用就更加凸显出来。正如著名教育家陶行知所说："在教师的手里，操着幼年人的命运，操着国家和民族的命运。"幼儿教师只有不断加强职业道德修养，将自己的生命放在学生的生命里，把自己和学生的生命放在大众的生命里，尽了教师的天职，始终牢记对自己、对学生、对国家和民族负责，才能培养出数以千万计的创新型人才，为实现社会主义现代化和中华民族的伟大复兴打下最坚实的基础。

2. 提高幼儿教师职业道德修养，有助于社会主义新风尚的持续发展

教师的工作是教书育人。在育人的这一过程中，不仅仅是教育每天面对的学生，而且还间接地影响到学生家长、亲戚及其好友，也可以直接影响社会上与之发生联系的各行各业人员，从而影响到社会环境。提高幼儿教师职业道德修养不仅能净化社会风气，还有助于社会主义新风尚的持续发展。党的十八大报告把"立德树人"作为教育的根本任务，习近平总书记也曾号召全国广大教师带头践行社会主义核心价值观，自觉增强立德树人、教书育人的荣誉感和责任感。长期以来，教师队伍中不断涌现出一批像孟二冬、张丽莉、谭千秋、苟晓超等"视学生如己出，视学校如家庭，视教育如生命"的道德楷模，他们在用自己的大爱情怀和模范行为向社会传递着积极的正能量，弘扬着真、善、美，引领着社会主义道德的新风向。

【拓展阅读】

寻找最美乡村教师大型公益活动

"寻找最美教师"大型公益活动，是由中央广播电视总台和教育部联合主办的，从2011年开始，迄今为止已经成功举办了9届，先后推出近百名"全国最美教师"。这些获奖教师，带头践行社会主义核心价值观，有着立德树人、教书育人的荣誉感和责任感，他们学为人师，行为世范，是学生健康成长的指导者和引路人，他们的谆谆教诲，帮助学生们扣好了人生第一粒扣子。

（资料来源：http：//zmxcjs.cntv.cn/2014/.）

第二节　幼儿教师职业道德修养的内容

话题聚焦

2010—2019年教育部联合中央媒体共评出101位全国教书育人楷模，他们立德树人、教书育人、甘为人梯、为人师表，彰显了新时代人民教师的高尚道德情操和人格魅力。

2019年9月10日，在第35个教师节来临之际，推选出的10位教书育人楷模中，有一位学前教育界的精英，是来自广西壮族自治区北海市机关幼儿园、北海市涠洲岛幼儿园园长范徽丽。她用自己柔弱的肩膀，把学前教育第一次带到了中国十大"最美海岛"之一——涠洲岛。

“第一次来调研的时候，左边是私人办的幼儿园，右边是羊圈，幼儿园只有一间教室、十来个孩子……”2013 年，范徽丽到涠洲岛调研，看到这幅场景，心里大吃一惊。

由于历史原因、地理条件的影响，涠洲岛一直没有一所公办幼儿园。为了把幼儿园建起来，范徽丽频繁地往返于海岛和市区之间：一边在各部门之间协调争取资金支持，一边监督、管理、完善校舍等基础设施建设，同时想方设法组建一支素质过硬的教师队伍。由于涠洲岛交通不便、物资匮乏，没有教师愿意前来。第一次教师公招考试只有一人报名，连开考比例都达不到，范徽丽挨个走访市机关幼儿园符合报考条件的老师，终于在报名截至当天达到了开考比例。

经过两年时间的筹备，2015 年 9 月，北海市机关幼儿园涠洲岛分园迎来了第一批老师和孩子。然而，由于海岛交通不便，所需设备与物资都要从总园运过来，“总园有的这里一样都不能少。”一心想给孩子们优质教育的范徽丽带领教师们把物资一件件搬上岛。海岛因停电无法开展正常教学，她就领着教师开辟情境式教学，将草地、沙滩、贝壳等融入教学，从未因天气原因影响一天的课程。为了稳定教师队伍、提高教师业务水平，她建立了“范徽丽特级教师工作坊”，带领幼儿教师专业化成长。老师们都是“80 后”“90 后”，为了提高她们的生活技能，她甚至手把手教她们做饭菜，为老师们组织联谊会，解决个人问题。

“将来，涠洲岛幼儿园的老师会一个个地来，也会一个个地离开，但是我会一直坚守下去……”北海市机关幼儿园（涠洲岛分园）园长范徽丽以爱育爱，寓德于行，荣获 2017 年广西基础教育教学成果一等奖，并先后荣获“2016 年全国最美教师”“广西壮族自治区特级教师”“广西三八红旗手”“广西幼儿教育先进个人”等称号。

（资料来源：范徽丽. 将学前教育带到祖国的边疆海岛[N]. 光明日报，2019-09-27.）

思考：一名幼儿教师的专业成长，离不开学识和职业道德修养的提升，作为未来的幼儿教师，我们应该从哪些方面加强自身的职业道德修养呢？

理论加油站

幼儿教师职业道德修养是指幼儿教师在教育教学活动中，根据我国社会主义道德原则，结合幼儿教师道德规范，通过自我锻炼、自我改造和自我教育，不断达到新的道德境界的活动过程，以及所达到的师德水平和境界。幼儿教师的职业道德修养水平是教师职业素质的灵魂，主要内容包括：提高幼儿教师的道德认识、陶冶道德情感、磨炼道德意志、规范道德行为四个方面。此外，幼儿教师职业道德修养还需要有意识地调整心态，努力克服职业倦怠。

一、提高幼儿教师的道德认识

幼儿教师道德认识是指幼儿教师在原有的职业道德知识的基础上，对个人与他人、个人与社会的关系，以及调节这些关系的职业道德原则和规范的深刻理解和认识，也是调整原有的认知结构，经过同化、顺应的加工，从中获取稳定、清晰的幼儿园教师职业道德新知的心理活动过程[①]。道德认识是道德行为乃至整个道德品质形成的基础，是幼儿教师进行师德修养的起点和前提，也是职业道德内化的首要环节。幼儿教师只有对师德有了深刻的认知，才能德高为范，为人师表。提高幼儿教师道德认识包括三个方面：一是认识教师职业道德价值；二是认识教师道德原则和规范；三是评判教师职业道德。

（一）对教师职业道德价值的认识

教师职业道德修养的关键在于自觉性，对教师职业道德价值的认识是教师自觉加强师德修养的前提。教师道德认知的对错将直接影响其教育教学观念及行为。幼儿教师只有深刻认识到自己所从事职业的重要性和特殊性，认识到师德修养对个人、国家和社会的意义及价值，在内心形成对本职业的善恶、美丑、荣辱、是非、正邪等道德观念，才有可能自觉地将本职业的道德要求转变为积极的道德行为。

（二）对教师道德原则和规范的认识

对道德原则和规范的认识是教师道德行为的前提。教师职业的特殊性决定了其道德原则和规范有着比其他行业更高的要求。如在某些行业，穿衣戴帽等问题纯属个人喜好，根本不涉及道德问题，但幼教职业对着装有严格的规定，教师着装要遵循“端庄、清新、大方、高雅”等基本要求，严禁穿着奇装异服。道德规范对教师教育教学的各个方面都提出了明确的规定，对每种道德关系都做了最基本的规范要求。幼儿教师只有认真学习并深刻理解职业道德的内涵和原则，熟练掌握职业道德的基本规范和《幼儿园教师专业标准（试行）》的基本要求，才能在道德实践中自觉遵守这些规范，不断提升道德修养水平。

（三）对教师职业道德的评判能力

教师职业道德评判是指幼儿教师根据已经掌握的道德规范和标准对已经形成的个人和他人的道德行为的是非、善恶、荣辱的分析、判断和评价。教师在职业道德评判的过程中，不仅加深了对职业道德的认识，还逐渐形成并坚定了自己的道德信念。当然，教师道德评判能力不是一成不变的，只有在教育教学实践中，树立可亲、可敬、可信、可学的道德

---

① 左志宏.幼儿园教师职业道德[M].北京：北京师范大学出版社，2014.

楷模，弘扬先进、典型的道德模范行为，批判不良、丑恶的道德行为，才能引导幼儿教师明确分清是非、善恶、荣辱的界限，不断提升职业道德的评判能力。

二、陶冶幼儿教师的道德情感

教师职业道德情感是教育工作者根据一定的教师职业道德观念，在处理相互关系、评价某种行为时所产生的内心体验[①]。幼儿教师的职业道德情感是以职业道德认识为基础，在自身的教育实践过程中通过内心体验而形成的超越于教师道德义务、以爱为基础的积极的道德情感。教师的道德情感应从以下几个方面进行培养。

（一）对幼教事业的热爱与执着追求

幼儿教师要充分认识到自己所从事的职业是崇高而伟大的事业，它不仅关系到广大幼儿的健康成长和千家万户的切身利益，还关系着国家的兴旺发达和全民族素质的提高。教师职业是一份需要爱心的职业，对幼教事业的热爱与执着追求不仅仅是一种职业情感，更是一种社会责任，它是做好工作的动力。幼儿教师要以强烈的责任感和对幼教事业的执着追求来对待自己所从事的职业，用高尚的职业操守照亮幼儿前行的道路，用一颗赤子丹心铸就教育的辉煌。

想一想

在一节美术课上，老师让孩子们把自己的梦想画出来。等大家都画完后，老师指着墙角的那一片区域说：下面我们请最可爱乖巧的女生展示一下她的作品。这时，坐在墙角的一名幼儿站起来，刚要举起自己的作品，老师说："青青，老师说的不是你，应该是小文同学，她最可爱乖巧。"老师说完后，青青忍住要掉下的眼泪，回顾了一下四周的小朋友，怯怯地坐了回去。

（资料来源：http://www.ppkao.com/tiku/shiti/383082.html.）

思考：请分析该教师的做法是否正确？为什么？

（二）对幼儿的尊重和爱

对幼儿的尊重和爱是幼儿教师对幼教事业忠诚热爱、执着追求的表现，也是师德情感的重要内容。

美国教育心理学家古诺特博士说过："教育的成功和失败，我是决定性因素，我个人采用的方法和每天的情绪是造成学习气氛和情境的主因。身为教师，我具有极大的力量，能够让孩子们活得愉快，也能够让孩子们活得悲惨，我可以是制造痛苦的工具也可以是启发灵感的媒介，我能让人丢脸也能叫人开心，能伤人也可以救人。"可见幼儿教师对孩子的态度和方式将直接决定孩子是否能够健康快乐地成长，而尊重和热爱幼儿是教师首先要做到的。

尊重幼儿就要尊重幼儿的人格和自尊心。苏霍姆林斯基将人的自尊心称为"心灵中

---

① 钱焕琦. 教师职业道德[M].上海：华东师范大学出版社，2008.

最敏感的一个角落”，认为“教育技巧的全部诀窍就在于抓住儿童的这种上进心”。每个幼儿都是独特的，有的幼儿乖巧可爱、招人喜欢，有的幼儿性格倔强、攻击性强、爱惹是生非，但他们的心灵都是极其敏感和脆弱的，尊重幼儿的人格和自尊心，就要承认他们的个体差异性，就要尊重幼儿在学习方式、性格特点、处事方式上的不同，尊重他们不同的思维发展水平，重视和每个幼儿的平等交流，善于发现幼儿身上的优点和长处，用欣赏的眼光看待幼儿，引导并促进他们的健康发展。教师千万不能以个人的情绪波动、爱憎好恶对幼儿区别对待，更不能任意讽刺、挖苦、责骂、恐吓和体罚幼儿。

热爱幼儿，就要对所有的幼儿一视同仁。捷尔任斯基说过：“爱，这是一切善、崇高、力量、温暖、快乐的创造者。”热爱幼儿，就要能蹲下身来深入孩子当中，观察他们的言行，把握他们的心理动态，了解他们的脾气，关注和他们相关的点点滴滴。在和他们一起面对问题时，能够审时度势、因势利导，让每一个孩子都能在解决问题的过程中不断地成长和发展。

心理学的研究表明，教师经常把笑意挂在脸上，孩子们会对教师心怀好感，极愿亲近，自然而然形成一股内在的亲师感。正如陈鹤琴先生所说：“一个满面笑容的教师，大家都会喜欢。儿童是最有感情的，你态度和蔼，开口常笑，使儿童感到温暖，感到亲切，他就会接近你。”幼儿教师热爱幼儿，就要让微笑成为习惯，时刻将快乐的情绪传递给孩子，让他们感受到被爱的滋味。

【拓展阅读】

走进孩子内心便走进了美好

这是一个小班绘画活动，主题为“红苹果”。老师按照预设的计划推进活动，引导幼儿观察实物苹果，老师示范作画之后让幼儿尝试自己作画，活动有条不紊地开展着。幼儿兴致勃勃地画着，老师来回巡视指导着。

活动评价时，老师请个别幼儿展示自己的作品。几个胆大的幼儿走到了前面，老师便引导幼儿逐个欣赏并评价。

“这是婷婷画的，大大的苹果，画了好几个呢，真好！如果颜色再涂得均匀一点，就更好啦。”

“我们一起来看浩浩的画，红红的苹果画得大大的，真不错！如果旁边空的地方再画上一个苹果，这幅画就更漂亮啦。”

“这是鹏鹏的……”

“画得乱七八糟。”没等老师说下去，有个幼儿抢先喊了起来，接下来好多幼儿都附和着：“是啊，乱七八糟的。”

鹏鹏的画纸上确实是一片黑乎乎的，黑黑的线条下面隐隐约约有一个个苹果的轮廓。在幼儿的一片否定声中，本来充满自信的鹏鹏难过地低下了头。老师摸了摸鹏鹏的头，两手轻轻扶着鹏鹏的肩膀，然后示意幼儿安静下来，接着说：“让我们来听鹏鹏说一说吧。鹏鹏，没关系的，说给其他小朋友听听，你画的是什么？”

在老师的抚慰和鼓励下，鹏鹏抬起了头，说：“我老家的奶奶种了一棵苹果树，已经成熟了，但奶奶舍不得吃，要等到我回老家以后才摘了吃。可是等到我和爸爸妈妈赶回老家时，苹果因为太熟了，好多都掉在了地上，都沾上了泥巴。”

“哦，原来是这么回事。小朋友们，现在你们都听明白了吧，鹏鹏不仅画了好多好多苹果，而且讲了一个非常感人的故事呢。鹏鹏的奶奶很疼爱鹏鹏，让我们一起为鹏鹏鼓掌吧。”

在幼儿的掌声中，鹏鹏纯真可爱的小脸上展露出灿烂的笑容。

以上这个活动场景是我亲身经历的，组织这场绘画活动的是我的配班老师——莎莎。活动中，虽然鹏鹏的画面确实如幼儿所看到的那样黑乎乎的，但莎莎老师并没有简单地看待这幅画，也没有随意地评价，更可贵的是莎莎老师没有轻易地给幼儿贴上“乱七八糟”的标签，而是耐心倾听孩子的心声，结果竟然发现这是一个感人的爱心故事，黑乎乎的画面蕴含着一个祖母对孙辈无比真挚的爱。

这个活动场景虽然已经过去很长时间了，但给我的印象一直很深，给我最大的启示是：你所看到的不一定是事情的真相。作为教师，我们只有走进孩子的内心，才能真正地了解孩子。正像我们班的莎莎老师那样，走进了孩子的内心，便走进了美好。

（资料来源：http://www.xzbu.com/1/view-6216879.htm.）

（三）与同事相互尊重、合作发展

幼儿园工作虽然各有岗位且职责明确，但许多工作是需要教师们共同发力，才会收到预期效果。和谐融洽、团结合作的同事关系是做好教育教学工作的保障。要营造和谐融洽、团结合作的人际关系首先要学会尊重他人。一个人只有懂得尊重他人，才能受到他人的尊重，尊重能够使教师在融洽的人际关系中保持良好的情绪，以饱满的精神投入工作和生活中。幼儿教师对待同事应在相互尊重的基础上，多看他人的长处和优点，同时要能够正视自己与他人的差距与不足，在工作中相互配合、互相支持、团结协作，共同进步，出现矛盾和问题时，要主动沟通，宽容理解、坦诚相待。一个团结协作的战斗团队不仅能促进教师个人的身心健康发展，也有利于促进幼儿间和谐融洽关系的形成。

想一想

某纽约商人看到一个衣衫褴褛的铅笔推销员，顿生一股怜悯之情。他把 1 元钱丢进卖铅笔人的怀中就走了。但他忽然觉得这样做不妥，就连忙返回，从卖铅笔人那里取出几支铅笔，并抱歉地解释说自己忘记取笔了，希望不要介意。最后他说：“你跟我都是商人，你有东西要卖，而且上面有标价。”几个月过后，在一个社交场合上，一位穿着整齐的推销商迎上这位纽约商人，并自我介绍：“你可能已经忘记了我，我也不知道你的名字，但我永远忘不了你，你就是那个重新给了我自尊的人。我一直觉得自己是推销铅笔的乞丐，直到你跑来告诉我，我也是一个商人为止。”

（资料来源：http://www.mofangge.com/html/qDetail/08/c3/201207/53ehc30865821.html.）

思考：这个故事对你今后的做人做事有什么启发？

（四）与家长合作，共促幼儿全面发展

教育工作是一项庞大的系统工程，单靠幼儿园和教师个人的力量难以完成对幼儿全面的教育任务。家长作为幼儿的第一任和终生的老师，其教育观念与教养方式会对幼儿产生很大的影响。苏霍姆林斯基说："教育的效果取决于学校和家庭教育影响的一致性。如果没有这种一致性，那么学校的教学和教育过程就会像纸做的房子一样倒塌下来。"《幼儿园教育指导纲要（试行）》中也指出："家庭是幼儿园重要的合作伙伴。应本着尊重、平等、合作的原则，争取家长的理解、支持和主动参与，并积极支持、帮助家长提高教育能力。"幼儿教师要在尊重家长的基础上，与家长平等地交往，积极主动邀请家长参与亲子游戏、家长开放日等活动，通过家访、个别访谈、家园联系簿、家长座谈会等方式与家长沟通交流，帮助家长树立正确的教育观念和教育方法并及时给予有效的指导。例如，在对待幼儿抢玩具这一问题上，教师和家长的沟通大致会有以下两种情况。告状式的表达："我提醒过××好多次了，教他拿其他小朋友的玩具时要先征得小朋友同意，他就是不听，每次都抢，所以常和别人发生纠纷。"描述式的表达方式："××年龄小，每次看到小朋友玩玩具时，就特别想玩，记不得先要说什么，拿过来就玩。小朋友不肯，就争起来了。"告状式的表达隐含了教师对家长及幼儿的不满情绪，将矛盾直接指向幼儿，不利于家长科学、理智地指导幼儿的行为。描述式的表达从幼儿的身心发展规律及特点的实际出发，在尊重幼儿的基础上与家长平等地交流，势必会得到家长的认同与支持，为后续的教育指导奠定基础。可见，在与家长的交往中，幼儿教师要懂得在讲究沟通技巧和方式的前提下适当地给予家长必要的、专业的、有效的指导，这样才会形成教育合力，收到良好的效果。

想一想

一个孩子的母亲，因孩子把她刚买回家的一块金表当成新鲜玩具给摆弄坏了，就狠狠地揍了孩子一顿，并把这件事告诉了孩子的老师。不料，这位老师却幽默地说："恐怕一个中国的'爱迪生'被你枪毙了。"这个母亲不解其意，老师给她分析说："孩子的这种行为是创造力的一种表现，你不该打孩子，要解放孩子的双手，让他从小就有动手的机会。"

"那我现在该怎么办？"这位母亲听了老师的话，对自己的行为后悔不迭。

"补救的方法是有的。"老师接着说："你可以和孩子一起把金表送到钟表铺，让孩子站在一旁看修表匠如何修理。这样，钟表铺就成了课堂，修表匠就成了先生，你的孩子就成了学生，修表费就成了学费，你孩子的好奇心可以得到满足。说不定，他还可以学会修理呢！"

这个故事中的那位老师就是我国著名的教育家陶行知先生。

（资料来源：http://www.hteacher.net/jiaoshi/20130822/69537.html.）

思考：陶行知先生在与家长沟通的过程中，是如何做到既呵护了孩子的好奇心和创造性，又有效地与家长进行了沟通？这个故事对我们有何启示？

【拓展阅读】

汤普森夫人

琳达·汤姆森

开学的第一天，汤普森夫人站在五年级的学生们面前，说了个谎。她看着她的学生，说她会平等地爱班里的每一位同学。但这是不可能的，那是因为坐在前排的一个小男孩，他叫泰迪·斯托达德。

汤普森夫人发现，泰迪根本无法与其他孩子们玩到一起。他的衣服很邋遢，身上也不整洁，而且不怎么受大家欢迎。汤普森夫人很喜欢在他的卷子上用红笔画一个个红叉。过了不久，汤普森夫人教课的学校要求老师对每个孩子过去的记录进行审阅，她把泰迪的档案放到了最后一个才看。然而，当她看泰迪档案的时候吃了一惊。

一年级的老师写道："泰迪是个聪明的孩子，永远面带笑容。作业写得很整洁、很有礼貌，他给周围的人带来了欢乐。"

二年级的老师写道："泰迪是个优秀的学生，深受同学的喜欢，但是他很苦恼，因为他妈妈的病已到了晚期，家里生活困难。"

三年级的老师写道："母亲的去世对泰迪是个沉重的打击。他试图尽最大努力，但他的父亲责任感不强，如果不采取一些措施，他的家庭会对他产生不利影响。"

四年级的老师写道："泰迪性格孤僻，对学习不感兴趣。他没有什么朋友，有时会在课堂上睡觉。"

此时，汤普森夫人才意识到问题的所在，她为自己的行为感到羞愧。

圣诞节到了，当学生们送给她圣诞礼物时，她更是无地自容。学生们的礼物是用明亮的彩纸包好，上面扎着美丽的丝带，唯独泰迪的不是。他的礼物是用厚厚的牛皮纸袋包裹，纸是从杂货袋上扯下的。汤普森夫人费了很大劲才打开这个礼物。那是一只水晶石手链，上面有颗水晶石已经丢失了，还有一瓶只有1/4的香水。一些孩子开始发笑，她制止了他们。她大声夸赞这只手链多漂亮啊，并把它戴在手上，还在手腕上擦了些香水。

那天放学后，泰迪·斯托达德说了一句话才走："汤普森夫人，今天你身上的味道就像我妈妈以前一样。"

孩子们走后，她哭了至少一个小时。就从那一天起，她不再研究怎样教阅读、写作和算术，而是研究怎样教育孩子们。汤普森夫人开始特别关注泰迪。与她一起学习时，他的大脑便显得灵活起来，她越鼓励他，他的反应就越快。

到了这年年末，泰迪已成为班上最聪明的孩子，尽管她说过"会平等地爱所有的孩子"，但泰迪成了她的"宠儿"。

一年后，汤普森夫人在门缝下发现一张纸条，是泰迪写的，他告诉她，她是他一生中遇到的最棒的老师。

又过了六年，汤普森夫人收到泰迪的另一张纸条。他说，自己已经高中毕业，成绩排在全班第三名，她仍是他一生遇到的最棒的老师。

多年后，汤普森夫人收到一封信，这次泰迪说，当初拿到学士学位后，他决定继续留在学校深造，他还说，汤普森夫人仍是自己一生中遇到的最好的老师。但如今信上的落款变得长了些：医学博士西奥多·F.斯托达德。

那年春天，泰迪又来了一封信，说他马上要结婚了，他不知道汤普森夫人是否愿意参加他的婚礼，并坐在新郎母亲的座位上。

当然，汤普森夫人去了。她戴着那只丢了颗水晶石的手链，还专门喷了泰迪母亲用过的那种香水。师生俩互相拥抱，斯托达德博士轻声在汤普森夫人的耳畔说："谢谢你，汤普森夫人，非常感谢你让我知道自己可以有所作为。"

汤普森夫人眼含热泪，低声说："泰迪，你全搞错了，是你教会了我，直到遇见你，我才知道如何做老师。"

三、磨炼幼儿教师的道德意志

幼儿教师道德意志是指幼儿教师在履行教师道德原则和规范时所表现出来的自觉克服困难和障碍、做出行为抉择的顽强毅力和坚持不懈的精神。道德意志是在一定的道德认识和道德情感的基础上，调节教师的道德行为的重要力量。积极主动的进取精神、克服困难的勇气、战胜诱惑的意志、超越自我的精神、孜孜不倦的务实态度都是道德意志的表现，这些精神状态贯穿于教师整个教育教学活动中，对道德行为的导向与选择、控制与调节、道德价值的取舍有着巨大的影响。

（一）道德意志首先表现为教师在道德实践中克服困难的勇气

教师在其职业发展中，时常遇到困难，如现实条件的制约、同事和领导的误解、家人朋友的埋怨、错误舆论的非难、个人工作能力的局限、个人的不良习惯及惰性等，这些困难都会扰了正常的教育教学工作，阻碍教师的进步和发展，这就需要坚定的信念和顽强的毅力去克服困难。

（二）道德意志表现为教师在道德实践中战胜诱惑的能力

教师在其道德生活中，不仅要面对各种困难，而且要面对来自大千世界的物质的、精神的、自然的、社会环境的诱惑。特别是在市场经济利益多元化的冲击下，面对着工作量大、劳累辛苦但薪酬待遇有待提高的现实，眼看着其他行业朋友的悠闲舒适的生活状态，在外面灯红酒绿的奢侈生活和课外办班高额利益的诱惑，一小部分教师就会出现心理失衡。坚定的道德意志和信念则是戒掉浮躁、淡泊名利、抵制诱惑并战胜诱惑的最有力武器。

（三）道德意志表现为教师在道德实践中战胜自己、超越自己的精神状态

战胜自己、超越自己，首先要学会控制自己的情绪。生活在这个快节奏、强竞争的社会中，幼儿教师不仅要充当知识的传授者和家长代理人的角色，还要全力推行教学改革，积极参加各种培训，繁重的工作必然会带来一定的压力，压力过多或时间过长就会导致倦怠，无论是压力还是倦怠，都以不良情绪显现出来，给工作生活带来很多负面影响。然而

教师工作的特殊性决定了教师在面对幼儿时，不能做情绪的奴隶，而要主动地控制自己的不良情绪，自觉地实现情绪转变，以快乐、饱满和振奋的情绪去感染幼儿。一个沉着老练、临危不乱、自制力很强的幼儿教师要能够调控好自己的情绪状态，以平和、冷静的态度对待孩子，而一个喜怒无常、缺乏理智、意气行事的教师，则只会用粗暴简单的方式对待孩子，从而影响孩子个性的健康发展。赞科夫说过，“教师应当这样：来到学校里，他整个的人就是属于儿童，属于儿童的教育事业的。”幼儿教师要保持自己的良好形象，就要善于运用坚定的意志来控制负面情绪，也可以通过合理宣泄法、自我暗示法、注意转移法等方法来调适不良情绪，时刻保持正面、积极的情绪。

战胜自己、超越自己就要学会战胜自身的各种欲望、战胜自己不良的行为习惯。每个人都有各种各样的欲望，幼儿教师也有着和常人一样的生理的、心理的、物质的、精神的欲望，但人不能做欲望的奴隶，教师作为一种全社会尊重的高尚职业，某些欲望，如享乐的欲望、金钱的欲望等都是需要控制的。同时，教师作为普通人，也会存在性格中的弱点和不足，一个优秀的教师应该是一个勤于反思、善于自我解剖、敢于自我批评的人，应该努力把懒散的习惯、对实现目标不利的习惯统统抛弃，而这一切都需要坚定的道德意志去战胜和超越自我。超越自我，是对自我的一种否定和不满足，这种否定是痛苦的，但唯有经过这样的否定，人生才能到达新的境界，道德品质才能趋于完美。

四、规范幼儿教师的道德行为，养成良好的道德习惯

幼儿教师道德行为是幼儿教师在职业道德认识、情感、意志支配下，在教育活动中所采取的具有现实性的行动，是衡量教师道德修养的具体表现。

道德行为属于道德修养的外部状态，在师德修养的构成要素中，师德认识、师德情感、师德意志都属于道德意识的范围，它们的作用在于指导和影响师德行为的选择和实施，但不属于道德品质。只有将道德意识和道德行为统一起来，真正地用行动去履行道德义务，承担道德责任，才能肯定教师具备了某种道德品质。教师在道德实践中将某种道德行为长期坚持下去，就会形成道德习惯。

道德习惯的形成是一个自觉的不断反复的道德实践过程。幼儿教师要对自己的道德行为不断地进行反思、认识、再实践、再认识，在一次次的道德实践中，教师的道德认识不断提高，道德情感不断丰富，道德意志更加坚强，道德行为更加自觉，促使良好的道德习惯最终形成。

著名教育家叶圣陶先生说：“什么是教育？简单一句话，就是要养成良好习惯。”幼儿正处于人生的初始阶段，既是养成良好行为习惯的关键时期，又是沾染不良行为习惯的危险阶段，此阶段幼儿如果能受到教师良好的职业道德行为和习惯的熏陶和培养，自然就会终身受益。

五、保持健康心理，克服职业倦怠

“职业倦怠”一词最初是由纽约的临床心理学家费登伯格在 1974 年提出，用以描述助

人行业(helping professions)的从业人员因工作时间过长、工作量过大、工作强度过高而导致的一种疲惫不堪的状态。国外的大量研究资料表明：职业倦怠最容易发生在助人行业的从业者身上。幼儿教师职业作为一种典型的助人行业,自然也容易产生职业倦怠现象。

(一)幼儿教师职业倦怠的含义

幼儿教师职业倦怠是指幼儿教师长期工作在高压的情景下,由工作中持续疲劳及与他人相处中的矛盾、冲突而引起的挫折感加剧,最终导致的一种在情绪、认知、行为等方面表现出筋疲力尽、麻木不仁的高度精神疲劳和紧张状态①。美国著名学者玛诗拉奇等人认为,教师出现职业倦怠通常用三个标准来判断：第一个标准为情绪衰竭,主要表现为情绪情感疲劳,对工作缺乏活力和热情;第二个标准为缺乏人性化,主要表现为对工作对象的疏离和冷漠,在教育活动中缺乏耐心和爱心;第三个标准为低个人成就感,即对自身职业的价值降低、个人成就感消失、自我评价消极等。

(二)幼儿教师职业倦怠的表现及影响

有研究表明,出现职业倦怠的幼儿教师在面对幼儿时往往表现出缺乏耐心,容易生气,情绪低落,缺乏热情;无心钻研业务,工作上避重就轻,缺乏责任感;心理上缺乏信心,得过且过,缺乏上进心,做一天和尚撞一天钟;在行为上则有消极、异常的表现,如减少接触或拒绝接纳幼儿。

职业倦怠会影响幼儿教师的工作积极性,不利于幼儿园教育教学活动的开展,同时由于对工作对象的疏离和冷漠,不良的情绪状态会严重影响幼儿的情绪状态及身心的健康发展。所以幼儿教师职业倦怠现象不容忽视。

(三)克服职业倦怠,做健康快乐的幼儿教师

影响幼儿教师职业倦怠的因素有很多,其中,社会对幼儿教师过高的期望值与本行业相对较低的社会地位之间的差异、劳动强度大与福利待遇低之间的巨大悬殊等是形成幼儿教师职业倦怠的社会因素,而工作任务繁重、精神压力大、幼儿园评价形式单一、缺乏专业成长的机会以及幼儿教师个人的性格特点、自身的素质修养等都是构成职业倦怠的主要因素。要缓解职业压力,克服职业倦怠需要教师本人、幼儿园和社会共同努力,互相配合。对幼儿教师本人而言,要想走出职业倦怠的状态,需要从以下几方面加强自身的职业修养。

1. 要适时调整心态,保持愉悦的情绪

学会宣泄不良情绪。心理学家告诫人们,先处理心情再处理事情,才会收到好的效果,不要带着怒气工作。人的情绪就好像是不断蓄积的能量,不良情绪如果不及时地疏泄和释放,久而久之,就会引起心理的病变。所以,有了不良情绪,要学会宣泄,及时化解。找朋友倾诉、写心情日记、运动锻炼、高声歌唱,甚至大哭一场等都是行之有效的方法。

---

① 方中雄,刘维良.教师职业生涯发展与心理健康[M].北京：首都师范大学出版社,2006：114.

努力营造和谐的人际关系。卡耐基说过："一个人事业的成功，只有15%靠他的专业技术，另外的85%要靠人际关系和处世技巧。"所以说，无论从事什么职业，学会处理人际关系，就已经在成功路上走了85%的路程，在个人幸福的路上走了99%的路程。幼儿教师的成长与发展离不开周围同事的支持与帮助，离不开家人的理解与支持，更需要得到领导的关注与认可。家庭关系的和睦、同事关系的和谐、上下级关系的融洽等是幼儿教师个人获得充分发展、走向成功的重要保障。而和谐的人际关系必须靠自己去营造，正确认识并悦纳自己，了解尊重并宽容他人，主动与同事、领导沟通交流，增强团队合作协作意识，热心帮助他人等都会使自己在和谐的人际关系中保持愉悦的心情，精力充沛地投入工作中去。

2. 要练就过硬的专业技能，形成自己的职业特长

学前教育专业技能展示2

职业特长是个人能力的综合体现，那些业务精湛、技能过硬的幼儿教师在轻松胜任工作的同时，更容易在激烈的竞争中脱颖而出。一首动听的曲子、一支优美的舞蹈、一幅美丽的图画、一件精致的手工作品、一段惟妙惟肖的故事讲演在吸引孩子兴趣的同时，必然会得到同事的赞美和领导的赏识。工作中所体现的教育智慧、教学特色、艺术才能、教育研究等特长都会极大地增强教师的自信心，所有这些都会使得教师在享受工作的同时自然消除在日常工作中不自觉产生的厌倦情绪。每个人都有自己的特长和优点，幼儿教师要正确认识自己，守住自己的长处不放松，要在教育的实践中将自己的长处做实、做细、做大、做强。

3. 要把幼教工作当作一项创造性的工作来做

教育是一种常做常新的事业，教师生涯也是一个不断创新、不断前行的充满新奇的旅途。幼儿教师只有充分发挥自己的创造性，才能轻松应对教育对象、教育内容和教育情境的变化，将工作做得更好。要在从事幼儿教育工作时有创造性，一方面要及时更新教育教学理念，积极进行课堂改革，让课堂的生命之水常新、常动。另一方面要积极地进行教育科研，争做反思型教师。苏联著名教育家苏霍姆林斯基曾说过："如果你想让你的教师的劳动能够给教师带来一些乐趣，使天天上课而不至于变成一种单调乏味的义务，那你就应该引导每一位教师走上从事教育研究创造这条幸福的道路上来。"经常反思自己的教育教学行为和教学策略，能够促使幼儿教师丰富教学阅历，开拓教学视野，积累教育教学智慧，创新教育教学模式，也能使幼儿教师从单纯的"教书匠""孩子王"成长为专家型教师。

4. 要积极参加各种健康有益的活动

健康的活动有助于调节人的情绪，幼儿教师大多是年轻人，精力充沛，富有朝气，积极参加形式多样的文娱活动、体育活动和社交活动，可以激发自己的活力和热情，缓解工作带来的压力和紧张心情，让自己在张弛有度的状态下更好地工作和生活。

总之，幼儿教师只有不断加强职业道德修养，以健康的心态去享受幼儿及工作的乐趣，才能预防或克服幼儿教师进入"职业倦怠"状态。

第三节 幼儿教师职业道德修养的原则

话题聚焦

耳朵睡着了

萌萌今年开学初跟随来泰州打工的父母，转入我们班。因听力障碍，她需要常年佩戴助听器。

萌萌没有一般新转园幼儿常出现的分离焦虑现象，她一直是一副冷静的模样。她不多动，也不主动和别的孩子交流，哪怕其他孩子很开心地做游戏，她也只是在人群中张望，只有在离园时看见来接她的家人，她才会露出灿烂的笑容。

我爱我的老师

看到这样的萌萌，我更加留意她的一举一动，更加细致地对待她的一点一滴。集体活动中她像其他孩子一样认真的搓着元宵，但没有其他孩子的喜悦感，品尝元宵时我问她："萌萌，元宵好吃吗?"她静静地说："好吃。""那你开心吗？开心就笑一下吧!"她听后，对我象征性的咧了一下嘴。好吧，下次会更好!

我和她讲话时，尽量加入肢体动作，同时更精化语言，以便于她理解。比如当她鞋穿反了，我会一边说鞋子反了，一边用手指指着她的鞋子。集体活动中，我会有意识地引导她讲一些短句，例如，"有几只小鸡?"有时，我会主动说："萌萌我们一起玩吧。"以便让她在活动中不再只玩自己的手指。

是的，萌萌有一双灵巧的小手，她喜欢画画，每次美术活动，她都能安静地创作。每次她交美术作品时，我都会认真地看，然后进行略带夸张的表扬，希望她能从中找到更多的自信。

慢慢地，随着我的有意"闯入"，她不再像个边缘孩子。她可以和其他孩子一起快乐的玩牌，认真的剥毛豆。看着她那认真投入的小模样，我忽然忍不住为她写下了一首小诗：

我是一个小孩，
我知道天空蓝蓝的，
我知道小草会弯腰，
我很想大叫，
但我不会，因为我的耳朵睡着了。
我是一个小孩，
安静地坐在一边，
默默地看着你笑，
我猜想这世界应该很热闹，
但我却听不到，
因为我的耳朵睡着了。
我是一个小孩，

我会画蓝天小草，
我爱这岁月静好，
我要跳，
我要笑，
虽然我的耳朵睡着了。

其实我只是一名普通的幼儿教师，在对待特殊儿童方面并没有专业系统的经验，我只是凭着作为幼师的一份责任心、爱心以及耐心，慢慢摸索着，以期能够找到一个平衡点，让她真正融入我们这个小集体。

（资料来源：江苏省泰州市九龙镇中心幼儿园.）

【点评】

好老师带给孩子诗和远方

“耳朵睡着了”，一个充满诗意和温度的题目，吸引人认真读下去，又不断地被感动。针对孩子语言理解能力弱，教师采用体态语和具体生动的语言相结合的指导策略；针对孩子在操作学习中碰到的困难，教师采用平行指导的策略；针对孩子在团队中自信心不足，教师采用略加夸张的评价策略，帮孩子建立自信；为了缩短孩子与教师之间的距离，教师以玩伴角色和孩子共同游戏……

班级中出现听力困难的特殊孩子，在很多老师看来是头疼和无奈的事，而在王老师笔下，却被描绘成了诗和远方，字里行间透露着对孩子的爱，这恰恰是做教育最该拥有的品质。（作者系浙江省慈溪市坎墩街道实验幼儿园园长）

（资料来源：王浩伟.耳朵睡着了[L].中国教育报，2019-08-11(01).）

思考：王老师面对有听力障碍的特殊孩子，用一颗爱心、耐心、责任心成就了做教育最该拥有的品质：爱孩子。作为一名未来的幼儿教师，我们又应该怎样去提升自己的道德修养呢？

理论加油站

一、知与行统一

“知”是师德修养的前提，指的是对教师道德的认识及其在这一基础上所形成的观念等；“行”是师德修养的目的，指的是行为，即教师把职业道德的理论认识付诸行动。知行统一是提升道德修养的重要原则之一，要求既重视系统的理论教育，又注意组织学生的行为实践，使学生具有言行一致的高尚品质。荀子说：“不闻不若闻之，闻之不若见之，见之不若知之，知之不若行之，学至于行之而止矣。”这句话不仅强调了知与行的统一，而且明确指出“行”是“知”的终极目标。一名教师，如果缺乏必要的道德知识，连起码的善恶、是非也分不清，不知道哪些言行与自身职业相符合，哪些言行与自身职业相违背，那么，提升教师职业道德修养就是一句空话。反之，“知之而不行，虽敦必困”，也就是说，就算学得再好，掌握的知识再多，如果不能用来指导自己的实践，那么必然会陷于困境。明代思想家王守阳认为，人们的道德理论、道德意识必须与自己的道德行为相一致，做到“言行一致”“笃实躬行”。王守仁则主张“知行合一”，认为“知是行之始，行是知之成”；孔子也说：“德之不修，学之不讲，闻义不能徙，不善不能改，使我有也。”由此可见，注重知行统一，是中国传统道德修养的重要原则之一。

坚持知行统一的原则，就是要把学习道德理论、提高道德认识同自己的行动统一起来，使理论与实践相结合。教师在师德修养过程中更要注重品德实践，自觉培养道德行为习惯，真正成为道德的高尚者。总之，只有坚持知行统一，才能真正提高师德修养。

想一想

人格是最高的学位

在采访北京大学教授季羡林的时候，我听到一个关于他的真实故事。有一年秋天，北大新学期开始了，一个外地来的学子背着大包小包走进了校园，因实在太累了，他就把包放在路边。这时正好一位老人走来，年轻学子就拜托老人替自己看一下包，而自己则轻装去办入学手续。老人爽快地答应了。近一个小时过去，学子归来，老人还在尽职尽责地看守。学子谢过老人，两人分别。

几日后是北大的开学典礼，这位年轻的学子惊讶地发现，主席台上就座的北大副校长季羡林正是那一天替自己看行李的老人。

我不知道这位学子当时是一种怎样的心情，但在我听过这个故事之后却强烈地感觉到：人格才是最高的学位。

（资料来源：http://blog.sina.com.cn/s/blog_4c73c3b00100dha7.html.）

思考：白岩松为这篇小文章起名为《人格是最高的学位》，那么，你在季羡林老先生的身上发现了怎样的“人格”呢？

【拓展阅读】

最美乡村女教师曹瑾

“曹老师，身体好些了吗，你一定要保重哟！”“还好。你性格最外向，在外要听大人话，小心上当受骗……”2011 年 7 月 18 日上午 10 点，23 岁的乡村女教师曹瑾躺在重医附二院心胸外科病房 26 号病床上，伴随着阵阵剧烈的胸腔疼痛，仍咬紧牙关回复了学生陶静的短消息。

这是怎样的一位老师？她的病又是怎么回事呢？

曹瑾，重庆市巫山县平河乡一个普通的农家“80 后”女孩，2010 年毕业于重庆师范大学数学系。她在大学里成绩优秀，能力也比较强，父母希望她能够留在城里，找个好的工作，真正改变命运。可是，为了自己的梦想，她毅然选择了回到大山支教，被分配到巫山县平河乡小学。

由于刚出来工作，很多教学经验不足，为了让学生能够轻松地接受知识，曹瑾总是想方设法，在教学上下功夫，有一次，为了找到更轻松的教学办法，她不惜坐两个小时的车，再走上两三个小时的山路，向人请教。

提起曹老师，同学们都说："曹老师太有耐心了，只要你没听懂，她可以给你反复讲四五遍，直到真正听懂为止。""有一次，同学们遇到了一道很难的应用题，老师在课堂上连续讲了四遍，而且换不同解题方式。最后，还有几个同学没弄清楚，曹老师又将这些学生喊到办公室，再次一遍又一遍地讲解分析。不久，考试上出现了一道类似的试题，几乎所有同学都答对了。"学生陶举勇自豪地说。

2011年，为不耽误学生毕业，曹瑾忍着腹部的疼痛，一直强撑到7月，终于放暑假了，在父母的催促下，曹瑾才走进了医院。可是，让人扼腕的是，仅仅是两个月的时间，病已拖成了癌症晚期……

"这个娃儿太犟了，不听话呀！如果两个月前就去检查，结果或许没有这样恼火（糟糕）……"父亲曹长华转身跑出病房，不停地责怪女儿，眼泪夺眶而出。

"虽然是恶性肿瘤，但如果在发现腹部胀疼的第一时间检查，早期干预，患者的治疗效果可能不同。"曹瑾的手术医生张建波遗憾地表示。

记者采访时，泪流满面的父亲曹长华，悄悄将曹瑾的一份"遗愿书"交给记者。"爸爸妈妈，不久我可能要走了……"在这份"遗愿书"上，曹瑾除了愧疚刚刚参加工作，还没来得及给父母尽一份孝心外，还是忘不了她热爱的教育事业以及那些农村的孩子。"如果我难逃此劫，就让我做最后一点有意义的事吧。请你们同意我捐献出眼角膜等有用器官，让我继续看着家乡的孩子健康成长……"

病床上，在巫山县平河小学当教师的曹瑾脸色苍白，胸腔剧烈的疼痛阵阵发作，她的眼泪一次又一次夺眶而出。一旁的父亲和男友，随着她每次的呻吟悄然落泪。

（资料来源：根据网络素材整理.）

二、动机与效果统一

"动机"，就是趋向于一定目的的主观意向和愿望。它是意识到了的行为动因，即激励人们行动的主观原因。"效果"，就是人们行动所产生的客观结果，它是人的行为的客观记录。

动机和效果是人的行为互为存在、互为转化的两个要素。动机是人的行为的思想动力，离开动机，就不会有行为的发生，也就谈不上效果。效果反映一定的动机，动机本身就包含着对一定效果的追求并指导行为达到一定的效果。动机体现在效果之中，并通过效果去检验。动机作为主观的东西，只有转化为效果才能实现其作用，否则就成了一种毫无意义的空想或假想。效果又是不断产生新的动机的基础。

教师职业道德修养过程同样是动机和效果相互依存、相互转化的过程。教师职业道德修养的动机来自于对社会、对职业、对学生所负的责任，来自于对师德修养意义和作用的理解。作为教师，要时时意识到自己的职业对象是活生生的人，认识到自己不仅担负着向下一代传授科学文化知识的重任，而且负有向学生进行思想品德教育的职责。当教师把这些认识和理解转化为自己的迫切需要和强烈欲望时，就形成了加强师德修养的内在动机。教师要真正担负起为人师表、教书育人的职责，还必须把内在的动机转化为行动，用教师道德的基本原则规范自己的言行，将它运用于自己的工作和生活实践中，以提高实际效果。

坚持动机与效果的统一，教师要不断进行道德理论和知识的学习，加深对师德修养意义和作用的理解，不断增强修养的动力；同时要善于通过各种方式把良好的道德动机转化为实际行动。在动机和效果的统一上实现师德境界的升华，既重视动机，又重视效果，才不会成为“言语上的巨人，行动上的矮子”。坚持动机和效果相统一的原则，是提升师德修养所必须坚持的。

想一想

这位老师火了！他从保安逆袭成博士！

李明勇，16 岁初中毕业辍学，22 岁进高校当保安，41 岁博士毕业，如今，他站上大学讲台，成了一名高校讲师。

李明勇说，自信、自律和不怕输，让他成为今天的自己，从保安到高校老师，他并不是励志传奇，只是在不断接近目标。

“我觉得每一个人定一个自己的目标，持之以恒地努力，都可以做到。很多人没做到就是没有坚持，只要坚持，总会慢慢接近目标。”

忠于梦想的人永远值得我们点赞，一起看看李明勇的励志故事吧。

家境不好初中毕业后打工　大学当保安萌生读书念头

1977 年，李明勇出生于贵州省遵义市湄潭县一个偏僻的乡村。儿时家人接二连三地患病让这个本就不富裕的家庭陷入困境。

李明勇回忆，在家乡读小学和初中时，他成绩很好，从来没有跌出前三名，但因为家境贫寒，欠下不少外债，初中毕业后，李明勇就来到贵阳打工。

初到贵阳，他在建筑工地做小工，当过水泥工，也干过木匠，后来又回到老家帮父亲种烤烟，养鸭子，“前后四年多都是为了还债。”李明勇告诉记者。

还清家中债务后，1999 年，李明勇又回到贵阳，进入贵州教育学院（贵州师范学院前身），成为一名保安。

在学校里，李明勇主要负责看守大门和校园安保工作。在大学里生活久了，他逐渐被校园文化氛围所浸染。一天，学校一位领导对他说：“小李呀，你还这么年轻，难道你就想一辈子当保安吗？”

这句话击中了他的心灵，李明勇萌生了继续学习的念头，他重新拿起课本，开始准备成人高考。

一边工作一边艰辛备考　考研三次才成功

一边工作一边备考，李明勇要付出比常人更多的努力和艰辛。学校晚上 11 点半锁门，李明勇就利用入夜的时间学习，常常要看书到凌晨一两点。

早上 6 点半，他又要准时起床开门，一天只能睡五六个小时。“中午别人午休时，我们是最忙的，要防止一些校外人员进来偷东西。前后备考大概一年多时间。”

功夫不负有心人，2001年，李明勇考取贵州教育学院中文系专科班，并在2003年顺利考取贵州教育学院中文系本科班。

2005年，李明勇本科毕业，本可以找工作的他又毅然决定考研，“在学校当保安期间，跟学校老师相处时间比较多，看到他们的工作状态后，我也向往成为一名老师。但当时是成人教育，找工作也会受到很多限制，我就决定考研。”李明勇说。

比起成人高考，考研更是一次艰辛的战斗。英语零基础的他，为了增加词汇量，硬是背下了一本8000个单词的词典。“我还会阅读一些浅显的英文原著，巩固自己的词汇和语法。”

然而，他连续两年考研失败。最难的时候，周边的人都劝李明勇放弃，但李明勇不甘心，“我还是想再试一下，我觉得还是有希望。”他告诉自己。

2007年第三次考研的时候，李明勇发高烧快40℃，看英语字母一行都变成两行，陪他去输液的朋友劝他第二天别考了，但他觉得专业课准备得很充分，还是决定再试一次。

最终，李明勇以笔试第一名的成绩考取贵州大学美学专业硕士研究生。

硕士毕业后他选择回母校当一名辅导员

考上研究生后，李明勇勤奋学习的劲头一点也没有改变。

每天早上7点钟，他都会站在图书馆门前排队等座位，等到图书馆关门后，再回到宿舍休息，因为他心里清楚，自己的基础知识比不了别人，只能靠勤奋学习去弥补。

付出总会有收获。2010年，李明勇的硕士论文得以全优通过。

硕士毕业后，很多高校都来“挖”他，可是李明勇却逐一拒绝。他说，在他最迷茫、最困难的时候，是贵州教育学院收留了他，在他就读贵州教育学院专科与本科期间，还得到了学院领导、老师的大力关心、支持，同时还免去了他四年的学费。

“做人，一定要懂得感恩。”李明勇说。因此，硕士毕业后，他选择回到母校当一名辅导员。

2010—2012年，在李明勇当辅导员期间，同学们知道他的励志故事后，均受到了很大的影响。同学们纷纷向他学习，学习他刻苦学习的劲头，学习他不屈不挠的精神，以至于那一届学生，就业率达到巅峰。

他影响到了学生，同样，学生们也影响了他。

为了更好地教好学生，他开始“不知足”起来。“我要从辅导员转成专业教师。”于是，从2013年开始，他又决定考博。和考研时一样，白天，他当辅导员；晚上，他埋头学习，凌晨一两点睡觉，早已成了常事。

虽然2013年、2014年两次失利，但李明勇并未向命运低头，他考博的欲望反而越加强烈。“成功总是留给有准备的人。”2015年，经过两次失败后，他终于考上了华中师范大学文化传播学的博士，并在今年顺利毕业。

这次，来“挖”他的高校开出了更加诱人的高薪。不过，面对种种诱惑，李明勇再次坚持了最初的想法：饮水思源，他选择回到改变他命运的贵州师范学院，成为一名高校教师。

学生眼中接地气的“勇哥”博士毕业成为高校教师

2018年8月，再次回归母校的李明勇，在贵州师范学院担任大一新生的班主任，给孩子们上美学原理和新闻传播伦理与法规两门课程。

在同学们眼里，李明勇是一位平易近人的好老师。同学们说，虽然李老师是博士，但他却非常平易近人，根本不会有高高在上的感觉。

同学们还透露，李老师幽默风趣的授课风格非常受欢迎，听课时也特别轻松。而在生活上，李明勇就像他们的朋友，常常跑到宿舍嘘寒问暖，有时，他还会请同学们一起吃饭、聊天。他和同学们关系很好，同学们都喊他勇哥。

“我希望我的学生能影响到我，我更希望我的故事也能触动到他们，让他们学会在困境中成长，这就是我最希望看到的一幕。”提及给同学们授课的心得时，李明勇坦言道。

一路走来靠着“自信、自律和不怕输”

初中毕业，到如今博士毕业站上高校讲台，这一路走过来，是什么支撑着李明勇？

“我觉得有几点：一是自信，比如考研，如果我没有自信，可能压根就不会考；二是自律，成人要学会自己管理自己，尤其是安排好自己的时间；三是不怕输，要有一种锲而不舍的精神。”李明勇说。

当被问到是否觉得自己算是一个励志传奇时，他说：“我不这样认为，我觉得每一个人定一个自己的目标，持之以恒地努力，都可以做到。很多人没做到就是没有坚持，只要坚持，可能这一次达不到，但总会慢慢接近目标。哪怕最后没有达到，但总是不断接近，我认为不断接近就是成功。”

（资料来源：励志！保安逆袭成博士. 贵州都市报，2018-12-20.）

思考：从保安逆袭成博士，李明勇的成长可谓是一个奇迹！可是，掩卷细思，奇迹的出现也并非偶然：“我觉得每一个人定一个自己的目标，持之以恒地努力，都可以做到。很多人没做到就是没有坚持，只要坚持，总会慢慢接近目标。”朴实的话语蕴含着深刻的哲理。请你从“动机与效果”的角度谈谈自己的想法。

三、自律与他律结合

自律，顾名思义，就是指教师依靠发自内心的信念对自己的教育行为进行自我约束、选择和调节，自觉主动地内化道德的有关原则、规范和要求，并自觉地付诸行动；他律，则是指教师在接受职业道德的有关原则、规范和要求的过程中，其一直受到外在因素的干扰和驱使，凭借外在动力对自己的行为进行调节和控制。

自律和他律的关系，实质上就是内因和外因的关系。他律是教师进行道德修养的外在动力，外因是事物变化发展的外部力量，任何离开他律直接通向自律的修养都是不现实、不客观的。外在舆论压力、外在监督力量等往往对个人的道德行为产生约束作用，久而久之，一些道德要求会逐渐由被动型接受转化为主动型消化。他律要求教师主动接受各种师德教育，提高师德认识，陶冶师德情感，锻炼师德意识，规范师德行为。教师要主动接受社会和舆论的监督，自觉依靠各种制度、纪律等外在压力来规范自己、约束自己。自律是教师进行道德修养的内在动力，内因是事物发展的动力，是事物变化的根据。自律依靠自身的内心信念来实现，这种内心信念是促使教师自觉修养的动因，在师德修养中，教师自身的内因——内心信念起决定作用的因素。一个教师只有真正懂得了师德要求的重要性，只有发自内心地对人民教师道德义务真诚信服和具有强烈的责任感，才会在教育实践中恪守人民教师的道德要求，并会由于自己在教育活动中履行了某种道德义务而感到一种精神上的愉悦和满足，形成一种信念和意志，在今后的教育工作中勇于坚持这种行为。有了内在的师德信念，教师一旦发现自己的行为不合乎要求，即使没有受到别人的指责和舆论的批评，也会受到自己“良心”的责备，感到羞愧不安，对自己的行为做出自我批评，从而纠正错误的行为，尽力避免在今后再发生类似的事。因此，自律是师德修养的内在基础，是任何其他力量都不能代替的。

总之，教师职业道德修养既要用外在因素进行自我约束，又必须发挥主观能动性，做到自律和他律相结合。

【拓展阅读】

高校女教师迟到自罚俯卧撑

楚天都市报讯（记者乐毅 通讯员雷蕾）最近，一张女老师在讲台上做俯卧撑的照片（见下图）在武昌工学院师生中热转。记者昨悉，照片中的女教师名叫董雯娟，她做俯卧撑，是在为学生们立规矩哦！

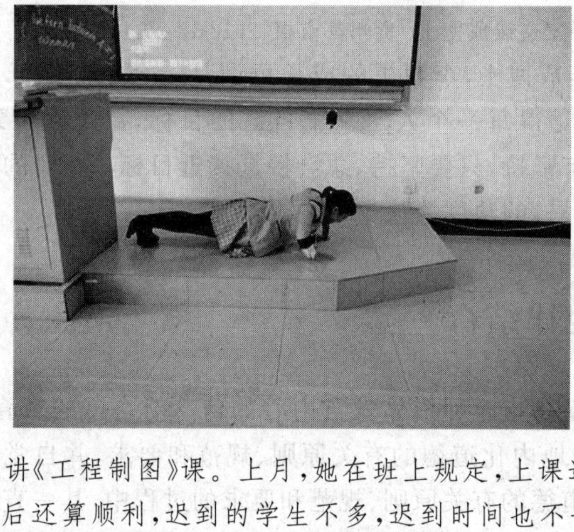

33岁的董雯娟主讲《工程制图》课。上月，她在班上规定，上课迟到几分钟，就罚做几个俯卧撑。新规颁布后还算顺利，迟到的学生不多，迟到时间也不长，慢慢地大家也没太在意。可就在12日上午，董雯娟万万没想到，自己迟到了。

当天早晨，家住武昌火车站附近的董雯娟，开车上班路上遇追尾，等她处理完事故赶到教室时，已迟到了20分钟，这是她从教8年来第一次迟到。“你们猜老师会不会自罚？”“不会吧，要是做的话多丢面子啊！”一些学生交头接耳议论着。董雯娟没有犹豫：“今天我迟到了20分钟，咱们先上课，下课后我做20个俯卧撑。”

尽管还有些学生对她的话将信将疑，可下课铃一响，董雯娟卷起袖子就在讲台上做起俯卧撑。学生们一下有点懵，“董老师，我们跟您开玩笑的。”“老师，我来替您做吧”……但不管学生怎么劝，董雯娟还是当着98名学生的面，做完了20个俯卧撑。

记者了解到，董雯娟去年曾获校十佳教师称号。而她的同事们则说，董雯娟平时连逛街都不迟到。董雯娟做俯卧撑自罚的事传开后，有老师表示不解：“这样做有损师道尊严”“老师当众自罚，以后学生会怎么看？”……不过董雯娟毫不在意，“规矩就要遵守，老师犯了规怎么能例外呢?”

而在她的学生们看来,董老师做俯卧撑不仅不丢人,还很值得尊敬。昨日上午8点10分,董雯娟的《工程制图》课铃声刚响,学生胡龙气喘吁吁地跑到教室门口。此时除了他,班上97名同学都已端坐课堂。没有多余的话,胡龙就地做了两个俯卧撑。记者了解到,自打董雯娟做了俯卧撑后,她的学生不仅几乎没有迟到的,而且连踩点进门的都极少,大家看老师的目光中充满尊敬。

(资料来源:http://news.sina.com.cn/o/2015-04-17/152031730022.shtml.)

四、继承与创新结合

中华民族历来十分重视道德修养,从倡导“克己”“养心”“慎独”到强调“诚意”“正心”“修身”“齐家”,自古及今,一代又一代甘于默默奉献的教师总是以自己的高尚德行为学生做出表率,服务于社会。

21世纪改革开放的今天,面对现代社会的巨大变迁,传统精神遭遇现代观念的巨大挑战,当代教师仍然要不断地继承和弘扬贤者师德的优秀传统,汲取我国几千年优秀的教育文明成果。但是,在世界经济全球化、世界格局多极化的发展趋势下,随着知识经济的到来和科技迅猛发展,特别是网络信息技术的普及与发展,要求今天的教师还应具备创新精神和科学精神。在师德修养中,要做到创新与继承同行。胡锦涛总书记2006年11月10日在中国文联第八次全国代表大会、中国作家协会第七次全国代表大会上的讲话中指出:“继承和创新是一个民族文化生生不息的两个重要轮子……不善于继承,没有创新的基础;不善于创新,缺乏继承的活力。在继承基础上的创新,往往是最好的继承。”师德永远是不断发展、不断创新的。因此,在进行师德修养的过程中,要始终坚持继承优良传统与弘扬时代精神相结合的原则,既要继承中华民族几千年形成的师德传统,又要积极借鉴世界各国师德建设的成功经验和先进成果,使教师职业道德修养既体现优良传统,又反映时代特点,才能在师德修养上达到一定的高度,登上一个又一个时代的高峰。

想一想

桂贤娣的因生给爱十法

(1)体弱生爱在关心。老师对学生的关爱,不在轰轰烈烈,而在细微之处,特别是对那些身体状况不佳的孩子,教师更应关怀备至,这能使学生感到无微不至的师爱,有利其身心健康发展。

(2)病残生爱在得体。作为班主任,她特别关注那些有特殊生活经历或特别病史的学生。责任和使命告诫她必须将特别的爱给特别的他。值得注意的是,这类学生心理不同于普通生,自卑感特别强,对待这类学生,太热情,他觉得你是同情;太冷淡,他觉得你是嫌弃。因此,对他们的关爱,教师一定要讲究方式方法,要爱得科学、爱得得体,否则事与愿违。

(3) 过失生爱在信任。她认为，作为教师，对待学生的过失，轻易采取惩罚的手段，往往不会取得好的效果，因为没有给他以信任和期望。学生有过失的时候也常常是教育最有效果的时候，因为内疚和不安使他们急于求助。如果这个时候教师不仅宽容了学生的过失，而且信任他一定会改正，最重要的是为学生的过失终生保密，免其自尊受损，可能会使学生终生刻骨铭心。

(4) 屡错生爱在耐心。对于屡犯错误、常犯错误的小学生来说，教师的爱一定要有耐心，绝不能像包公审案那样语言犀利、对簿公堂，然后拍板定罪。教师特别要注意在态度上坚持耐心、耐烦，在语言上讲究严趣结合，这样方可使学生容易接受。

(5) 向师生爱在珍惜。她的学生都是10岁左右的孩子，因性格的差异，开朗的学生喜欢跟老师接近，表现出极强的向师心理。交往中，他们对老师的关爱坦诚直率、溢于言表。教师对学生的爱千万不能视而不见，定要倍加珍惜，否则会挫伤学生纯洁无瑕的心。

(6) 背师生爱在主动。有些学生性格内向，言词不多，在班集体里，有的表现出只和少数同学往来，基本上不和老师交流；有的则只和一两个固定的伙伴在固定的地点说说悄悄话，看见老师就远远地避开。对这样的学生，她总是主动地接近他们。

(7) 个性生爱在尊重。在桂贤娣的班集体里，对于个性鲜明的学生，她和同学们不压抑、不排挤，不把他们当作“另类”看待，而是竭诚尊重他们的一切，使他们在民主、和谐、融洽的氛围中放飞个性、自由成长。

(8) 普通生爱在鼓励。尽情地鼓励能使学生在教师鼓励的眼神、赞赏的话语、亲切的抚慰中认识到自身的不足，使其在乐于接受的心理环境下，积极主动地改正错误，争取进步。

(9) 进步生爱在赏识。班主任兼语文教师的双重身份，课堂成了她倾注爱心的主要阵地之一。特别是对那些学困生的点滴进步，她都真心诚意地倍加赏识，增强他们的学习自信心。她说：“在这里，没有所谓的‘优生霸气’，没有所谓的‘差生沮丧’，师生亲密无间、平等和睦、情感交融，整个课堂几乎达到了情投意合、鱼水合欢的理想境界。”“因为我的内心一直涌动着爱的激情！是爱的情感营造了这个教学氛围，是爱的情感才能达到这样的教学境界。这里有学生对老师的爱，有老师对学生的爱；这里有学生对学习的爱、对动物的爱、对探索的爱；这里有老师对语文教学的爱、对教育事业的爱。这是师生互爱的情感双向交流、共同升华的过程。在这个过程中，整个课堂逐渐构成了一个‘情感心理场’，置身其中的每一个人都受到感染和教育。”

(10) 后进生爱在鞭策。教师在处理某些后进生的问题时，如果能从善意的愿望出发，有力地鞭策他们，必将形成一种精神渗透力，使那些不思进取、丧失自信的学生重获前进的动力。这说明，教师在恰当的时候运用鞭策的方法能引起学生的心灵震撼，这远比惩罚来得更深沉、更强烈、更有力。

（资料来源：http://www.jxteacher.com/hsgzs/column36727/f0d0a789-54f1-4844-8188-dba5208c40bc.html.）

思考：孔子说，“因材施教”；桂老师说，要“因生给爱”，这两者之间有何关系呢？

【拓展阅读】

朱永新：理想教师的八大特质（节选）

……

特质五：追求创新

第五，我心中的理想教师，应该是一个追求卓越、富有创新精神的教师。

教育家和教书匠，一个最大的区别，就是教育家有一种追求卓越和创新的精神。我们很多家长，在为孩子挑教师、挑班级的进修，都喜欢挑一个年纪大一点的“富有经验”的教师，我对他们说，你们不要这样，教育家，不分年龄。一个教师不在于他教了多少年书，而在于他用心教了多少年书。有一些人，他教1年，然后重复5年、10年乃至一辈子；有些人，实实在在地教了5年。一个实实在在教5年的人，与一个教了1年却重复了一辈子的人，他的成就是不一样的。

一个优秀的教育家，他应该是一个不断探索、不断创新的人，应该是一个教育上的有心人。

所以我说，如果你不信，你从今天开始，就写教育日记，就做一个有心人，认真总结教育的得与失。一件事情，今天成功了，是怎么做的？有什么体会？有什么感受？今天产生了一个矛盾，是怎么解决的？今天产生了一个挫折，又有什么样的感受？你把这些原封不动地记录下来。5年以后将那些最精彩的东西选编出来就是最精彩的书。中小学教师搞教育科研，就是应该从记录教育现象、记录自己的感受、记录自己的思考开始，把这一串串的“珍珠”串起来，那就是一条非常美丽的项链。

特质六：勤于学习

第六，我心中的理想教师，应该是一个勤于学习、不断充实自我的教师。

一个理想的教师，必须扎扎实实多读一些书。在苏州，我们搞了一个名师名校长培训班，除了进行“与大师对话”等各种培训外，很重要的一条就是读名著，你不读《论语》、不读陶行知、不读杜威、不读苏霍姆林斯基，恐怕很难成为教育家。

我觉得，教师最重要的任务是学习。事实上，很多的教育家，只不过是把别人的财富应用到自己的教育实践中，提出很多理论上的共鸣而已。你要自己去探索，找到理论上的支柱和共鸣。孩子年龄越小，他对教师的期望就越高，他就越把教师当作百科全书。在他们眼里，老师是无所不知的，而如果教师是一问三不知，他就非常失望。所以教师应该完善自己的知识结构。

教师还应该有三历：学历、经历和阅历。这三历是一个有机的联系，不一定是将名山大川都走遍，行万里路和读万本书，其价值是一样的。要培养这样一种心境，才能教育好孩子们。

……

我们不能强求每个教师一定要有我讲的这样一种理想和追求，但是我想，如果一个社会没有这样一些理想的教师，如果一个校园没有这样一些理想的教师，那就是一种悲哀，既是社会的悲哀，也是教育的悲哀。

所以我希望，中国的教育充满理想！我们的教师、校长，充满理想、激情和诗意！

（资料来源：http://www.fyeedu.net/info/202600-1.htm.）

【拓展阅读】

第一流的教育家

我们常见的教育家有三种：一种是政客的教育家，他只会运动，把持，说官话；另一种是书生的教育家，他只会读书、教书、做文章；还有一种是经验的教育家，他只会盲行，盲动，闷起头来，办……办……办。第一种不必说了，第二、三两种也都不是最高尚的。依我看来，今日的教育家，必定要在下列两种要素当中得了一种，方才可以算为第一流的人物。

（一）敢探未发明的新理。我们在教育界做事的人，胆量太小，对于一切新理，大惊小怪。如同小孩子见生人，怕和他接近。又如同小孩子遇了黑房，怕走进去。究其结果，他的一举一动，不是乞灵古人，就是仿效外国。也如同一个小孩子吃饭、穿衣，都要母亲帮助，走几步路，也要人扶着，真是可怜。我们在教育界任事的人，如果想自立，想进步，就须胆量放大，将试验精神，向那未发明的新理贯射过去；不怕辛苦，不怕疲倦，不怕障碍，不怕失败，一心要把那教育的奥妙新理，一个个地发现出来。这是何等的魄力，教育界有这种魄力的人，不愧受我们崇拜！

（二）敢入未开化的边疆。从前的秀才以为“不出门能知天下事”，久而久之，“不出门”就变成“不敢出门”了。我们现在的学子，还没有解脱这种风气，试将各学校的《同学录》拿来一看，毕业生多半是在本地服务，那在外省服务的，已经不可多得，边疆更不必说了。一般有志办学的人，也专门在有学校的地方凑热闹，把那边疆和内地的教育，都置之度外。推原其故，只有一个病根，这病根就是怕。怕难、怕苦、怕孤、怕死，就好好地埋没了一生。我们还要进一步看，这些地方的教育究竟是谁的责任？我们要晓得国家有一块未开化的土地、有一个未受教育的人民，都是由于我们没尽到责任。责任明白了，就放大胆量，单身匹马，大刀阔斧，做个边疆教育的先锋，把那边疆的门户，一扇一扇的都给它打开。这又是何等的魄力！有这种魄力的人，也不愧受我们崇拜。

敢探未发明的新理，即是创造精神；敢入未开化的边疆，即是开辟精神。创造时，目光要深；开辟时，目光要远。总起来说，创造、开辟都要有胆量。在教育界，有胆量创造的人，即是创造的教育家；有胆量开辟的人，即是开辟的教育家，都是第一流的人物。大丈夫不能舍身试验室，亦当埋骨边疆尘，岂宜随便过去！但是这种人才，究竟要到什么时候才能出现？究竟要由什么学校造就？究竟要用什么方法养成？可算是我们现在最关心的问题。

（资料来源：陶行知.陶行知文集[M].南京：江苏人民出版社，1981：16-17.）

第四节 幼儿教师职业道德修养的方法

话题聚焦

明朝的黄绾是个读书人，他非常相信儒家道德修养经，并亲自实践“闭门思过”“闭门修养”的方法。为了提高自己的道德品质，他经常“悔恨、发奋，闭户书室，以致终夜不寐，终日不食，罚跪自击，无所不至”。此外，“有以册刻‘天理’‘人欲’四字。发一念由天理，以红笔点之；发一念由人欲，以黑笔点之。至十日一数之，以视红黑多寡为工程”，“又以绳系于手臂，又为木牌，书当戒之言，藏袖中，常拎之以自容”。然而，这些修养的方法并未达到应有的效果。直到头发白了，他不得不感慨地说：“历数十年犹未足以纯德明道。”可见，“人心克己之难”。

（资料来源：邓卫东.教育法学与教师职业道德[M].天津：南开大学出版社，2013：145.）

思考：黄绾为了提升个人道德修养，尽管很虔诚却收效不大的原因是什么？

理论加油站

教师职业道德修养是一定社会或阶级的道德规范、道德原则在教师职业活动中的具体化。因此，提高教师职业道德修养，一方面既要学习相关的道德理论、道德规范；另一方面又要注意理论联系实际，在道德实践中不断锻炼；还要及时内省、反思，坚持慎独；然后才能做到积善成德，将抽象的道德规范、道德原则转化为教师实际执业活动中的自觉行动。

一、加强学习

如今，社会、学校、家长乃至学生对教师的要求越来越高：社会需要高素质的人才，学校需要专业化的教师，家长望子成龙，学生要全面发展等。面对这些现实，教师不仅是“传道、授业、解惑”的师者，还应该是不断学习的“学者”——不断地学习，不断地拓宽自己的知识视野，更新知识结构，提升个人的整体素质，使自己始终能跟上时代发展的步伐。古人说：“博学之，审问之，慎思之，明辨之，笃行之。”其中的“学、问、思、辨”，讲的就是通过学习与思考，提高辨别是非的能力。理论学习是提升教师职业道德修养的必要途径。离开学习的师德修养是盲目的修养，盲目的修养既缺乏自觉性，也不可能达到较高的道德境界。孔子说：“学而不思则罔，思而不学则殆。”学习可以使“逸者得勤，昏者得明，迷者得醒，丧魄者得救”。教师在提升职业道德修养的过程中加强学习，有助于明确教师职业道德修养的方向和要求，有助于提高教师对师德和师德修养的认识，用正确的理论指导实践。所以，学习是提升教师职业道德修养的必要途径。具体来说，教师在提升职业道德修养过程中的学习，主要包括以下几方面的内容。

（一）学习马克思主义道德理论

众所周知，马克思主义是无产阶级的科学世界观和方法论，也是社会主义道德坚实的理论基础。社会主义的教师道德是社会主义道德和规范在教师工作中的具体体现，因而学习马克思主义理论有助于教师科学地理解师德要求的深刻意义。师德需要教育培养，更需要教师自我修炼，在理解马克思主义理论的基础上，在习近平新时代中国特色社会主义思想的指引下，深入实施师德师风建设工程，不断提高教师思想政治素质，才能使自己成长为师德高尚、业务精湛、充满活力的高素质、专业化、创新型教师。

（二）学习现代教育科学理论

现代教育对教师自身的素质提出了更高的要求。教师应具有与时代精神相符的教育理念，并以此作为自己专业行为的基本理性。教育是一门学科，教育理论是教育规律的科学总结。随着教育的发展，教育科学理论也在不断发展，对教师的要求也越来越高。学习和掌握教育科学的理论能促进教师对师德要求的必然性、合理性的理解，提高履行师德义务的自觉性，不但知其然，而且知其所以然。幼儿教师只有进行新的教育理念的学习，才能在教育思想中树立远大的理想，用正确的人生观、价值观和世界观去感染和影响幼儿、适应现代课堂教学的需要，提高教学效益；幼儿教师只有在长期的教学实践中大胆地探索，尝试新的课堂教学方法和模式，虚心学习，博采众长，才能在教学中不断摸索，逐步形成完整有效的教学方法；幼儿教师只有不断学习、思考、实践、研究，才能不断发展，促进自身观念的不断转变和更新，提高自身的全面素质，更加奋发努力地探索和追求，在实践中担负起教育的重任。

（三）学习教育政策、法规

党和政府关于教育的方针、政策是在马克思主义的指引下，通过对客观形势的正确分析而制定出来的，它指明了教育改革和发展的方向，是办好学校、做好教育工作的重要依据。因此，学习党和政府关于教育的方针和政策，了解其内容和要求，是教师道德修养不可缺少的重要内容。

（四）学习优秀教师的先进事迹

一切优秀教师的道德实践，都是师德规范原理在教育教学活动中的具体化，具有鲜明、生动、形象的特点。只要教师像古人说的那样："见贤思齐，见不贤而内自省"就一定会有益于师德品质的养成。

一切真正优秀的教师的形象都是良好教师道德的具体化，是一面镜子，向他们学习，加强师德修养，会收到良好的效果，这也是许多青年教师成长的必经之路。优秀教师忠于职守，艰苦创业，终身从教，爱生如子，无怨无悔地献身教育事业的事迹是师德教育的极好教材，是广大教师学习的好榜样。

【拓展阅读】

孔子学琴的启示

孔子曾跟师襄学琴，某天师襄交给他一首曲子，让他自己练习，他足足练了十来天，仍然没有停下来的意思，师襄忍不住了，说："你可以换个曲子练练了。"孔子答道："我虽然已熟悉它的曲调，但还没有摸到它的规律。"过了一段时间，师襄又说："你已摸到它的规律了，可以换个曲子练了。"不料孔子回答："我还没有领悟到它的音乐形象呢。"如此又过了一段时间，师襄发现孔子神情庄重，四体通泰，好似变了一个人。这次不待师襄发问，孔子就先说道："我已经体会到音乐形象了，黑黝黝的，个儿高高的，目光深远，似有王者气概，此人非文王莫属啊。"师襄听罢，大吃一惊，因为此曲正好名叫《文王操》，而他事先并未对孔子讲过。

孔子作为伟大的思想家和教育家、儒家学派的创始人，不仅没有自以为是，反而虚心好学。从《孔子学琴》的故事中，至少可以给我们教师以下几点启示。

一、教师要"博学"

孔子因为"博学"，掌握各方面的知识，最终成为受人尊敬的万世师表。一名优秀的教师必然是一位学识渊博、底蕴丰厚的人。因为青少年学生有一个特点，爱提问题，什么都问，往往还提出一些怪问题，打破砂锅问到底。如果教师博览群书，就能及时对学生的问题答疑解惑，就他们感兴趣的话题展开交流，在学生中间就有威信，他们就更喜欢找你谈，教师就可以用自己的学识、才能、品格去影响学生。

二、教师要"精学"

教师不仅要成为具备多方面知识的"通才"，还应该成为某些学科的"专才"。孔子学琴，从谱子到技法，再到思想感情，最后联想到作曲的人，对音乐的掌握由浅入深，由表及里，因而能精于音乐。具有深厚知识的教师，往往能深入挖掘教材中丰富而深刻的内涵，并有效地教给学生，给学生以深刻的启迪。

三、教师要"勤学"

孔子读书很勤奋，当时的书是竹简，就是用熟牛皮绳把竹片编联起来，在上面用刀刻上字，这就是当时的书。孔子因为读书勤奋，翻阅的次数太多，牛皮绳曾翻断了多次，这就是"韦编三绝"的故事。

孔子说："君子不器。"(《论语为政》)作为君子，不能囿于一技之长，不能只具备某一方面的能力，应当博学，并且在博学的基础上精学、勤学。教师要促进学生全面发展，就要具有多方面素养，并且在自己的专业领域有精深的研究，勤学精思，将自己的聪明才智和学识，运用到诲人不倦的教育实践中去。

(资料来源：河北省 2019 年中小学校及幼儿园教师全员远程培训.http：//pn201913029.stu.teacher.com.cn/)

二、注重实践

实践是认识的基础，也是道德修养的基础。马克思主义认为："人们只有在改造客观世界的过程中，才能更好地改造自己的主观世界。”道德修养不能脱离社会实践，这是马克思主义关于提高一切个人修养的根本观点，也是教师的师德修养与古代一些思想家所讲的道德修养的根本区别所在。事实证明，教师只有在社会实践中才能更好地认识自己行为的是非善恶，认识加强自身修养的重要性，从而自觉地提高自己的道德水平。一个教师的师德认识再深刻，师德情感再深厚，如不进行道德实践，其师德意志就无从谈起，更谈不上能养成优良的道德习惯。因此，教师在学习师德修养科学理论的同时，还必须积极参加社会实践，不断学习、不断锤炼、不断深化、不断升华，才能达到一名教师所具有的道德修养要求。离开了教师所从事的教育实践活动，就不会有教师职业道德，当然也不可能有教师道德的修养。教师必须在教育实践活动中加强道德修养，提高道德修养水平。

（一）通过实践增强教师道德修养的主动性

道德不仅是知识，不仅是写在书本上的各种行为规范、准则的条文，更是能控制行为、支配行动、表现在实际活动中的实实在在的社会现象。认识道德修养的重要性、必要性，虽是进行道德修养不可缺少的因素，但不是根本的动力因素。教师道德修养的根本动力来源于实践，来源于所从事的教育实践活动。教师在教育活动中，每时每刻都在与人打交道，产生广泛的社会交往。在交往过程中，随时随地都会遇到道德上的是非善恶问题。正是因为教师每天遇到大量道德问题，使他们感到有必要进行道德修养。自己的行为符合道德需要时所产生的强烈情绪体验，会成为人们从事道德修养的巨大动力，推动人们不断加强自身道德修养。

（二）通过实践把道德认识变为道德行动

道德规范、准则，可以清清楚楚地写在书本上，遥想背诵记忆，也无特别的困难。但只有把这些道德规范、准则的条文应用于实践中，在实践中调节人的行为举动，一个人的道德才能确立起来。只有实践，才能把认识与行为连接起来，使道德认识转化为道德行为，形成一个人的道德品质。道德认识向道德行为的转化不仅离不开实践，而且实践可以使道德内容更丰富，使道德认识更加深刻。只有通过长期、艰苦的实践活动，逐步培养其正确实施道德行为的道德能力，才能细致而准确地掌握处理类似道德规范的具体标准。“纸上得来终觉浅”，在道德实践过程中，教师发展起来的实施道德规范的道德能力，不仅是教师本人职业道德形成的重要标志，同时也是对教师职业道德理论的重要贡献，可以使教师职业道德理论更加丰富、更加深刻。

想一想

生如“厦”花

——专访苏珊娜

人物名片：苏珊娜，厦门大学艺术学院 2013 级研究生，长期坚持从事志愿者工作。2012 年获央视颁发的“中国最美乡村女教师”荣誉称号。2013 年获得中国大学生益智类节目《天才知道》厦门大学站的季军，并作为唯一一名学生代表与邬大光校长一同接受中国教育电视台《仰望星空》节目的录制。

时光荏苒，不忘初心

在珊娜读高中时，她参加了班级组织的一次慰问育婴堂的志愿活动，那次不平凡的“志愿初体验”使她的内心受到了深深的触动。那些稚童灿烂的笑脸与澄澈的双眸使珊娜突然明白，人与人之间的互助与友爱是一件多么令人动容的事。而鼓舞珊娜将志愿者工作与教育联系在一起的，则是她最为感念的初中钢琴启蒙恩师——郑老师。

因为父母的工作关系，珊娜常借住在郑老师家中，老师一次次如家人般的关怀和朋友般的鼓励都让小珊娜备受感动。这位给体质不好的珊娜送营养药片的老师，这位每次看到珊娜归来都会热情相迎的老师，悄悄地在小珊娜心中种下了一粒“良师梦”的种子。

从大一帮忙筹集物资的“西部梦想”活动，到后来的养老院与儿童康复中心志愿工作，再到大二、大三的关爱外来务工子女大学生公益艺术团和日后的支教活动，珊娜一点点践行着老师曾经的博爱和母亲口中“施比受有福”的教诲。尽管珊娜总是用辛苦赚来的外快来补贴自己的志愿活动，但这从未抹灭她对支教的热爱和对教师职业的向往。珊娜说，孩子们纯真的笑脸就是支撑她一路走来初心不改的最大动力。

远赴泸沽，支教“最美”

2012年，珊娜远赴四川省凉山州泸沽湖镇，成为当地达祖小学的一名志愿教师。在这所当地唯一的村小学中，珊娜与来自各地的志愿者们一起，经历着与以往截然不同的人生历练，也在其中收获着美好与感动。

达祖小学的孩子们多为彝族、纳西族，有些孩子由于年纪小，在课堂上很容易分散注意力，珊娜在旁听同行志愿者讲课时也遇到了同样的问题，善良聪慧的她为了帮助同伴解围，突然想出一招——用肢体语言演绎出活泼可爱的高音符号，生动简洁地传达了晦涩的知识点，孩子们也被她所吸引，原本沉闷的教室中传来阵阵笑声。

每日清晨，珊娜都会和借宿主人家的两个女儿迎着晨光出发，一路应答着乡亲们热情的招呼，憨厚的大黄狗则相伴其左右，一起穿过一大片金色的向日葵田，走向远处的木屋教室。孩子们真挚的笑声、如田园油画般美好的场景，都让珊娜沉浸于这淳朴的美好中。

然而美好之中也夹杂着惊险与酸楚。泸沽湖镇位于地势险峻的高山盆地之中，一次，志愿者们在进入县城的车程中突遇险情，因多日疲劳早已熟睡于车中的珊娜被急刹车所惊醒，事后通过同伴们的描述才得知当时情形之危急，而这次经历也让珊娜更加珍惜在达祖小学的日子。每每看到年幼的学生怀抱着弟妹来上学时，珊娜的心中不禁泛起酸楚，本应享受无忧童年的他们，却要承担起与自身年龄所不相符的重担。志愿者们只能尽其所能给孩子们带去知识与快乐，即使是在真正的离别到来时，珊娜和同伴们也没有将这一消息告诉孩子，“你们要相信还会有机会与他们相见，不要把泪水留给他们。”志愿者们也不忍心给这些本就饱受磨难的心灵抹上一些悲伤。

珊娜和同伴们就这样默默地离开了达祖小学，然而令他们意外的是，2012 年 9 月 8 日“寻找最美乡村教师”在北京揭晓，泸沽湖达祖小学的志愿者们荣获“最美乡村教师”唯一团队称号，珊娜作为团队中在读大学生志愿者的代表前往央视颁奖典礼的现场。相比于这个意外的荣誉，珍藏在珊娜心中更多的是那份香甜的大自然气息和纯真而炙热的孩提目光。

传递爱心，你我共有

想起孩子们，珊娜最想为他们唱一首《让爱传出去》，她也曾在一次给外来务工子女义务授课的课堂上教过这首歌。当她问那些孩子们什么是爱的时候，一个孩子说：“爱，就是长大后像你们一样去帮助别人。”这个回答，坚定了珊娜继续义务支教的决心。

而对于未来的规划，珊娜也与许多同龄人不同，她并不想进入大公司、大企业，而想继续从事公益性教育事业。苏珊娜就是这样一个有爱心并有恒心的美丽女孩。

对于众多有志于从事志愿者活动的厦大学子们，珊娜建议大家可以主动搜集相关信息，因为志愿者活动本身就是一种主动性的参与行为，珊娜日常总会关注厦大青年志愿者网站的志愿服务信息；此外，志愿活动要有志同道合之人，大家可以用自己的行为去感染周围的人，让他们更了解志愿活动，要以每一个“点”的力量来汇聚“面”的效应。

这便是一个活得真实自然、敢于说出自己所爱所想的珊娜，她在志愿工作中绽放着自己美好的青春，有如夏花般绚烂，而她也将坚守在这条路上，并希望有更多的力量能够汇入，将爱心的接力棒一直传递下去。

（资料来源：http://blog.sina.com.cn/s/blog_5f21a5380101muuo.html.）

思考：苏珊娜作为一名“90 后”的大学生，能够坚持自己的梦想，潜心做志愿者，将自己的梦想坚定地付诸实践，从她身上你学到了什么？

（三）通过实践磨炼道德意志

道德修养是一个长期、持久的过程。道德意志不仅是教师道德修养的保证，也是道德修养的重要内容。人的意志是在实践中形成并表现在意志行动中的一种心理品质。任何意志都不可能用理论、用认识来代替，它只存在于战胜困难、排除障碍、克服干扰和意志诱惑的实践活动中。教师在道德修养的过程中，只有经过实践活动的刻苦磨炼，经历无数次成功的激励，接受数不胜数的失败和考验，才能发展起战胜任何内外阻力的良好道德意志。

想一想

18 年坚守　凉山悬崖上教师夫妇感动中国

凉山彝族自治州甘洛县乌史大桥乡二坪村地处大渡河峡谷悬崖上，进出村寨许多人视为畏途，村中的老人小孩一般不下山，外地人也极少上去。不过有两个外地人——彝族教师李桂林和陆建芬夫妇，在这里待了 18 年，他们因为“教育”留在了山上。

据了解，他俩是二坪村对岸的雅安市汉源县乌斯河镇人。1990 年秋李桂林受聘到二坪当代课教师。1991 年 9 月，学校物色代课教师，结果无人愿意上二坪，无奈，李桂林只好动员高中毕业的妻子陆建芬。之后丈夫背行李，妻子背孩子，夫妻双双走了很远的路，爬过五道悬崖上的木梯，才到二坪去做“窝”。

悬崖上的家不像家，他们一家三口挤在一村民家中一间小房里的一张小床上。在那里住了半年，他们才搬到了学校。因为两人都是代课教师，当初他们两人只有两百多元的收入，经济极其拮据，没有钱的日子过得极苦，他们自己种菜，自己养鸡喂猪解决生活难题，当山上种不出菜的季节来临时，他们只有吃几个月的干酸菜。

1999 年 10 月修学校的工程开工后，两人一边做好教学工作，同时也参与到建设中，早晚和双休日还要参加义务劳动，村民背沙背水泥时，两人要过秤记账。他们的汗水没有白流，现在二坪终于有了一所像样的小学。两人在工作中互相学习，教学成绩在全区的村小中名列前茅。学校曾多次被区乡授予“先进集体”，丈夫 2006 年还获州优秀党员称号。

因为教学任务重，没有时间照管儿子和老人，两人觉得最对不住的是儿子和老人。在汉源县中学上学的大儿子埋怨：“爸爸妈妈，初中三年你们没有看过我一次。”1995 年 2 月他们在山上有了第二个儿子。2005 年 11 月二儿子不小心摔伤了手，由于离卫生院太远，延误了医治时机，为此还留下了后遗症。

2008 年，李桂林和陆建芬夫妇俩一起入选“感动中国人物”，他们那种全身心投入山区教育事业的精神感动了国人，他们的身上闪耀着让人敬佩的光芒。

（资料来源：http://scnews.newssc.org/system/2009/02/06/011541564.shtml.）

思考：李桂林、陆建芬夫妇坚守悬崖小学 18 年靠的是什么信念？

三、坚持内省和慎独

当今社会，人们对教师的道德修养提出了越来越高的要求。要达到“学高为师，德高为范”的标准，就要求教师在加强自我道德修养上从传统文化中汲取有益的成果，不断完善自我。

中国古代思想家对教师职业道德修养的方法、途径进行了大量的探索，提出了许多有价值的思想观点，给教师以深刻的启示。

（一）内省

内省也叫自省或自我反省，即个人从内心审视和反观自己的思想和行为是否符合相应的道德标准，是否有利于个人、社会和时代的发展。内省是个人提升自我修养的最佳途径，也是教师提升师德修养的重要方法。

（1）内省有助于教师深化自我认识，全面认识自己。当今社会飞速发展，充满着各种各样的诱惑，很多时候，要求人们认清自我，理智选择。孙子有云：“知彼知己，百战不殆。”幼儿教师在不断的内省中，可以深刻地解剖自己，发现自己的优点，找出自己的不足，对自己有一个更加全面而真切的认识。明白自己的职责范围，清楚地知道自己到底需要什么，从而在关键的时候正确选择自己的人生方向。

（2）内省有助于提高幼儿教师学习的自觉性。在提高师德修养方面，内省与学习密不可分,是相互影响、相互促进的关系。内省是一个自我观察、自我评价的过程,没有正确的道德评价标准,内省就失去了正确的方向。正确的道德评价标准离不开学习,只内省不学习,犹如井底之蛙,不能提高道德认识,难以达到更高的道德境界。通过学习,教师能不断提高自己对职业道德的认识,让职业道德观念真正进入教师的头脑,做出正确的道德判断和正确的行为选择。只学习不内省,犹如水过地皮湿,学习再多也无益处,难以有品德上的提高。

(3) 内省有助于教师培养良好的个性品德,完善教师人格。内省是个人对自己的行为动机与行为效果及其所表现出来的关于道德认识、道德情感、道德意志等道德价值的自我检查。内省的过程可以让教师不断调节心理活动,避免身心出现不平衡,从而使教师个性品德逐步完善。只有注重内省,教师才能更好地认识自己职业的价值和意义,以教师职业道德规范严格约束自己的言行,提高自己的职业素养,尽可能排除外界的干扰,全身心地投入教育事业中,实现自己的职业理想。

(二) 慎独

"慎独"是道德品质修养的最高境界,也是把教师师德修养推上更高程度的重要方法。它体现了教师良好的思想修养,要求学生做到的,自己先做到,在学生面前做到的,在学生不在的地方也能做到,在无人知道的时间和空间,更加严格要求自己。如果说意志是教师自身修养的重要保证,那么"慎独"就是锻炼意志的有效途径,教师自觉地纠正不良行为,不懈地同私心杂念做斗争,在自我批评中磨炼自己的意志,在独处时依然保持良好的品质。教师要达到"慎独"境界,必须经过长期艰苦的努力,"勿以恶小而为之"。正如苏霍姆林斯基所说:"一个人能进行自省,面对自己的良心进行自白,这是精神生活的最高境界。"

(1) 慎独是在道德修养中由道德情感、道德意志和道德信念所形成的一种高度自觉的道德境界。孔子在《礼记·中庸》中说:"君子戒慎乎其所不睹,恐惧乎其所不闻。莫见乎隐,莫见乎微,故君子慎其独也。"意思是说一个有道德的人,在无人看见、无人听到、孤身独处的情况下,更要小心警惕,务必使自己的行为符合道德规范。一个教师一旦达到了慎独的境界,就会在任何情况下,都能按照道德规范和要求去行事,时刻都保持高尚的情操和良好的品行。

(2) 慎独是教师道德修养的标准和方法。慎独是一种道德境界,同时也是一种衡量道德修养的标准和方法。刘少奇曾经说过,认真进行思想和道德修养,在党内慎独的共产党人是最诚恳、坦白和愉快的,"因为他无私心,在党内没有要隐藏的事情,'事无不可对人言'除开关心党和革命的利益外,没有个人的得失和忧愁。即使在他个人独立工作、无人监督、有做各种坏事的可能的时候,他也能够'慎独',不做任何坏事。"人民教师是"人类灵魂的工程师",当然也要讲慎独,向社会伦理生活的最高层次迈进。

教师道德是通过社会舆论与内心信念维系的。一般情况下,教师在道德舆论和社会监督下,都能注意自己的道德修养,而在避人之处,师德修养水准的高低,则完全在于教师的内心信念和师德意志,看师德是否达到了慎独的境界。若能坚持慎独,这个教师就能在没有社会监督、永远不被人知的情况下,自尊、自重、自爱,用共产主义的道德要求进行自我约束。若不能用慎独的标准要求自己，在内心深处有不可告人的“隐私”，久而久之，私心杂念就会滋长蔓延，必然以害人害己告终。教师所从事的教育工作具有相对独立性和个体性的特点，工作中耗费精力和心血的多少是难以计算的，伸缩性是很大的。衡量人的真正品德，是看他在知道没有人发觉的时候做些什么。最隐秘的东西最能看出人的品质，最微小的东西最能显示人的灵魂。因此，教师道德修养达到慎独的境界，更具有特殊的现实意义。

(3) 慎独是教师道德的崇高境界。慎独源于人的内心深处，有很强的自我约束力和自尊感。它要求人们时刻把着眼点放在灵魂深处，去寻找最隐蔽的不良意识和思想动机。所以，师德重在慎独，必须在“隐”“微”“恒”上下功夫。“隐”的功夫可以使教师时时处处都言行一致，表里如一，始终保持良好的操守。“微”的功夫可以使教师时时处处都能从细处着手，从防微杜渐做起，不放过每一个有损于教师形象的缺点，“勿因善小而不为，勿因恶小而为之”。“恒”的功夫可以使教师明白“慎独”绝不是一劳永逸的，其境界不是凭个人一时的热情形成的，而是靠艰苦奋斗几十年如一日的磨炼形成的。慎独要持之以恒，做到终生不改初衷，生命不息，修养不止。教师在长期的教书育人过程中要始终如一，坚持深度，并从“隐”“微”“恒”三字入手，方能达到“闭心自慎，终不过失兮，秉德无私，参天地兮”的完美境界。

【拓展阅读】

聪明填补不了道德缺陷

12 年前，有一个小伙子刚毕业就去了法国，开始了半工半读的留学生活。渐渐地，他发现当地公共交通系统的售票处是自助的，也就是你想到哪个地方，根据目的地自行买票，车站几乎都是开放式的，不设检票口，也没有检票员。甚至连随机性的抽查都非常少。

他发现了这个管理上的漏洞，或者说以他的思维方式看来是漏洞。凭着自己的聪明，他精确地估算了这样一个概率：逃票而被查到的比例大约仅为万分之三。他为自己的这个发现而沾沾自喜，从此之后，他便经常逃票上车。他还找到了一个宽慰自己的理由：自己还是穷学生嘛，能省一点是一点。4 年过去了，名牌大学的金字招牌和优秀的学业成绩让他充满自信，他开始频频地进入巴黎一些跨国公司的大门，踌躇满志地推销自己，因为他知道这些公司都在积极地开发亚太市场。这些公司起初对他都是热情有加，然而数日之后，又都婉言相拒。一次次的失败，使他愤怒。他认为一定是这些公司有种族歧视的倾向，排斥中国人。

最后一次，他冲进了某公司人力资源部经理的办公室，要求经理对于不予录用他给出一个合理的理由。然而，答案却是他始料未及的。下面的一段对话很令人玩味：“先生，我们并不是歧视你，相反，我们很重视你。因为我们公司一直在开发中国市场，我们需要一些优秀的本土人才来协助我们完成这个工作，所以你一来求职的时候，我们对你的教育背景和学术水平很感兴趣，老实说，从工作能力上，你就是我们要找的人。”“那为什么不收天下英才为贵公司所用？”“因为我们查了你的信用记录，发现你有三次乘公交车被罚的记录。”“我不否认这个，但为了这点小事，你们就放弃了一个多次在学报上发表过论文的人才?""小事?我们并不认为这是小事。我们注意到,第一次逃票是在你来我们国家后的第一个星期,检查人员相信了你的解释,因为你说自己还不熟悉自助售票系统,只是给你补了票。但在这之后,你有两次逃票。""那是刚好我口袋中没有零钱。""不,不,不,先生。此事证明了两点:①你不尊重规则。不仅如此,你善于发现规则中的漏洞并恶意使用。②你不值得信任。而我们公司的许多工作是必须依靠信任进行的,因为如果你负责了某个地区的市场开发,公司将赋予你许多职权。为了节约成本,我们没有办法设置复杂的监督机构,正如我们的公共交通系统一样。所以我们没有办法雇用你,可以确切地说,在这个国家甚至整个欧盟,你可能找不到雇用你的公司。"直到此时,他才如梦方醒、懊悔难当。

然而,真正让他产生一语惊心之感的,还是对方最后提到的一句话:道德常常能弥补智慧的缺陷,然而,智慧却永远填补不了道德的空白。

(资料来源:http://www.360doc.com/content/13/0613/16/2036792_292611718.shtml.)

四、积善成德

荀子有云:"积土成山,风雨兴焉;积水成渊,蛟龙生焉;积善成德,而神明自得,圣心备焉。"幼儿教师师德修养的提升绝非一朝一夕之事,需要"积小流,成江海","积跬步,至千里"的积累精神;需要幼儿教师"毋以恶小而为之,毋以善小而不为"的自勉精神,具体而言,必须注意以下两个方面。

(一)防微杜渐

严于解剖自己,认真进行自我批评,是提高教师师德修养的重要方法。教师要勇于承认自己的缺点和不足之处,时刻对自己的品行进行反思,有则改之,无则加勉。同时还必须虚心听取别人的意见和批评,在别人对自己的评价中,更好地认识自己,改造自己。要经常对自己的日常行为表现、课堂教学表现、教学效果进行及时的反思,经常倾听自己灵魂深处的声音,及时地发现自己的缺点和不足,及时纠正,不断地实现自我更新,时时为学生做出表率,对学生施以积极的教育影响,促使其以教师为榜样,愉快地沿着教师指引的方向健康成长。

(二)坚持不懈

师德修养是一个长期的艰苦过程,不可能在短时期内轻而易举完成。同时,随着教育实践活动的深入和发展,会提出许多新的问题,教师总是面临新的选择考验,教师道德修养也不能停留在一个水平上。所以每一位教师都要长期修养,不断磨炼,做到坚持不懈,才能使自己的思想品质修养不断提高,达到更高的境界,适应教育和社会发展的需要。

总之,教师道德修养的途径和方法,是由教师道德的本质和教师职业劳动的特点决定的。人民教师要以马克思主义基本原理和共产主义道德原则为指导,虚心学习人民教育家和优秀教师的高尚品德,在教育实践中坚持不懈地努力,向慎独的崇高道德境界攀登,积善成德,就一定能实现自身道德修养的提升,成为名副其实的"师表"和"楷模"。

【拓展阅读】

一位成功老师的量尺

好老师，不只是教学成绩显赫的老师，好老师，也不只是教学科研突出的老师，好老师、成功的老师，更重要的是体现在生活、健康、谈吐、待人等各方面。

一个教师如果希望学生有好的表现，自己一定要有好的表现。怎样知道自己的表现是好的呢。我们需要一种量尺。一个教师可以用它来度量自己的成就，量出的结果就是他成功或失败的最好标记。

一、我的仪容

(1) 我的仪容已尽我所能使人感到可爱吗？

(2) 我好好地整理，使头发清洁，双手及指甲经常清洁吗？

(3) 我的牙齿及口腔气味表示饮食适当和口腔卫生吗？

(4) 我保持直立的姿势而且不倚靠书桌吗？

(5) 我的头部正直，两肩向后，胸部凸出，足趾支持体重，两臂及两腿舒适地摆去，显得风度优美吗？

(6) 我能避免坐立不定和用手指旋转铅笔等习惯动作吗？

二、我的健康

(1) 我具有由健康而产生的充沛的体力吗？

(2) 我的卫生习惯是合理的和规律的吗？我得到充足的新鲜空气和阳光吗？我有适当的饮食习惯吗？我适当地休息和锻炼体格吗？

(3) 我免除健康上的缺陷和可以医疗的慢性疾患吗？

(4) 我戒除有害健康的习惯吗？

(5) 我能控制我的神经，而不在事后作不负责的推托吗？

(6) 我能常年保持有余的精力，而不致发展成慢性的疲劳吗？

(7) 我心情愉快，容光焕发，显示心理上和精神上的健康吗？

三、我的谈话

(1) 在公开场合或私人谈话中，我的谈话能予人以良好的印象吗？

(2) 在轮到我说话时，我能不垄断他人的谈话时间吗？

(3) 我曾察听自己的声音，确认是悦耳的吗？

(4) 假如我有了语音的缺陷，如发音含糊、鼻音或音节不清等，我有过适当的矫正吗？

(5) 我说话相当得慢吗？

(6) 我每天练习，以期养成清澈的发音和清晰的语音吗？

(7) 我常常在增加我的字量吗？对于尚不确知的字，我查阅字典吗？

(8) 我经常注意改进我的普通话，使之值得作为学生的模范吗？

四、我的待人

(1) 即使是在别人嘲笑我的时候，我仍能保持幽默感吗？我常常笑，而且笑得颇有风趣吗？

（2）我对人讲话委婉而和悦，不过分地率直吗？

（3）我遇致怒之事，仍能保持心平气和，以免自己的感情受伤，而得批评和建议的益处吗？

（4）我从从容容地和他人会晤，正视对方的眼睛吗？

（5）我在宴会时有良好的礼貌吗？

（6）我所写的信富有趣味吗？

（7）我能抑制自己，不过分用“我”字吗？

（8）我能充分地报道时事、音乐、文学、运动，以及其他方面的情形，不使我的谈话只限于“本行的事”吗？

五、我的职业

（1）我是一个本地教育会、省教育会及全国教育会的会员吗？

（2）我从专门的阅读、联合会、暑期学校、旅行等来充实我的教学吗？

（3）我已研究过并且遵守我的职业道德规律吗？

（4）我能体味教师职业的重要性，并且熟知它的历史吗？我宁愿教书而不愿做其他的事情吗？

（5）由于自我检讨、指导员的建议或应用新法实验，我曾发现我的教学弱点，并且努力克服吗？

（6）我曾将我的教课经验撰文发表吗？

（7）我至少用薪水的百分之一来购买曾经选择的书籍吗？

（8）在人类福利方面，我至少选择一个重要的范围作为一个忠诚的研究者吗？

六、我的学生

（1）我像对待朋友一样地和学生相处，并且建立了相互了解、信任和尊敬吗？

（2）我对每一个学生有真诚的兴趣，使他们感到公平无私吗？

（3）学生有机会和我讨论班级及其他的问题吗？

（4）我的教课是否有良好而有效的计划，使学生都能真正地学习？学生喜欢我的课吗？

（5）学生对所教的课和指定的课业，觉得清楚理解吗？

（6）我利用有兴趣的班级活动，来获得良好的秩序，且使每个学习者都做出相当的贡献，而非勉强服从吗？

（7）对于学习有困难的学生，我在课外给予指导，而不引起全班注意他们的行为吗？

（8）我的教室整齐清洁吗？对于我的学生们来说是一个可爱的儿童之家吗？

七、我的同事

（1）我对于同事们的友谊良好吗？

（2）我和同事们、学校行政当局和教育局合作吗？

（3）我对于教室以外的事，如餐厅和运动场的监护等，尽了我应尽的责任吗？

（4）我有庆贺同事们职务上的成功雅量吗？

（5）我按时和准确地撰写报告和记录吗？

(6) 我认为同事会议是一个学习的机会吗?

(7) 我把绝不诽谤同事这件事作为一个永久的规约吗?

(8) 我能改变我的计划来配合他人的计划吗?

(9) 我忠于我所参加的职业团体,并且将它的利益置于自己的利益之上吗?

(10) 我履行诺言及义务能够使人信赖吗?

八、我的社会生活

(1) 我是一个好邻居吗?

(2) 我是真正地住在这里,还是做一个流动的教师,兴趣和活动均集中在外面呢?

(3) 我参加社会活动吗?我投选举票吗?

(4) 我访问学生的家庭,我能明了他们的背景和需要吗?我向父母们表示我对他们的孩子真诚地感兴趣吗?

(5) 我是父母教师联谊会的活动分子吗?

(6) 我所教的课业和社会生活相配合,使之变成活的教学吗?

(7) 我的价值观及道德标准与我的职业相称吗?我在校外择交朋友谨慎吗?

(8) 我重视本地的风俗吗?

(资料来源:http://www.fyeedu.net/info/199404-1.htm.)

沙场点兵

1. 简述幼儿教师职业道德修养的内容。

2. 简述幼儿教师职业道德修养提升的方法。

3. 真题在线:(2014 年 3 月国家教师资格统一考试《综合素质》(幼儿园))

活动开始了,教师请幼儿轻轻搬椅子到老师身旁来。这时,有的幼儿抱着椅子,有的幼儿推着椅子,有的幼儿拖着椅子往老师身边挤,活动室一片混乱。看到这幅情景,教师轻轻走到一位推着椅子的幼儿跟前,抱起他的椅子,说:"哎呀,小椅子,对不起,你的腿很疼,是吗?我帮你揉揉。"教师充满关爱的神情和言语引起幼儿的注意,活动室一下子静了下来。"老师,我不推椅子的","老师,我会抱起椅子的"……推着椅子和拖着椅子的幼儿小心翼翼地抱起椅子,轻轻将椅子放下。教师做出询问小椅子的样子,说:"现在椅子很高兴,他说谢谢大家爱护他。"

思考:请从教师职业道德素质角度评价教师的教育行为。

4. 那天是周五,按照幼儿园的规矩,是卫生检查日,我打扫完卫生,已是满头大汗,气喘吁吁,于是随手拿了把椅子便坐下休息。这时,坐在我旁边的乐乐从椅子上站起来,把椅子一转,又坐下了。我说:"乐乐,不能倒着坐椅子,这样太危险了。老师以前说过,不能倒着坐椅子的,你忘了吗?"她看看我,一脸无辜地把椅子转过来。旁边的丫丫走到我面前说:"老师,你不让我们倒着坐椅子,可你自己还倒着坐呢!"我这才发现自己的确是倒着坐椅子的。

思考:如果你是故事中的老师,你会怎么做呢?从以上小故事中,你又想到了什么呢？

5. 寻找身边最美教师活动。

“寻找最美教师”大型公益活动是由中央广播电视总台和教育部联合主办的，从2011年开始，迄今为止已经成功举办了九届。“寻找”活动引发了社会各界的关注，感动了善良的人们，凝聚起全社会的爱心和力量。那么，在我们周围，在我们实习期间，你有没有发现令人敬佩的教师或行为呢？让我们在班内以小组为单位，想一想，说一说，找一找身边的最美教师吧。

第五章
幼儿教师职业道德评价

本章导读

在教师道德建设中，教师职业道德评价是师德建设的重要组成部分，对教师的专业化发展具有重要影响，教师道德评价发挥着至关重要的特殊作用。教师职业道德评价是教师职业道德活动的重要组成部分，是使教师职业道德规范转化为教师职业道德行为的重要平台，也是教师职业道德行为的监视器。同时，通过教师职业道德评价不断向教师提供反馈信息，可以帮助教师认识到自己与优良师德之间的差距，从而不断地反思自己的道德行为，最终形成优良的教师职业道德品质。由此可见，教师职业道德规范及要求的实现、教师个体职业道德的提升及教师职业道德风尚的形成，都需要依靠教师职业道德的评价来完成。

教师职业道德评价作为一种无形的精神力量，对教师的行为起着调节和推动作用。它是教师职业道德活动的重要组成部分，在教师职业道德体系中占有突出地位。教师职业道德评价是提升教师职业道德的重要方法，直接影响着教师职业道德的提升。教师职业道德评价就是个人或团体、组织对教师在教育实践中的行为所做的善恶判断，是建立良好校风校纪的重要途径，是调节教育内外人际关系的有效手段。本章通过对教师职业道德评价含义与内容、原则与功能、标准与方法，使得每一个师范生都能明确：教师职业道德规范的遵守、教师职业品德的形成以及教师职业风尚的改善，都需要依靠职业道德评价来实现。正确的教师道德评价是教师道德原则和规范转化为教师的道德行为和道德品质的重要推进力量。当前，我国正处于社会转型、观念更新、价值冲突、道德嬗变的转折时期，复杂的社会因素导致教师道德评价中存在着各种错误倾向，给教师道德建设带来了严重的危害。

幼儿教师道德评价标准，是对幼儿教师教育过程中的行为进行评判衡量的尺度或准则。

幼儿教师是幼儿园的一个重要成员，他们要负责一个班级的教育教学和管理工作。幼儿教师的主要工作是制订学前教育计划，组织好幼儿在语言、数学、音乐、美术、手工、体育、常识等方面的教育活动；做好幼儿的品德教育，培养幼儿形成良好的行为习惯和文明的素质；促进家园合作，做好家长工作，能够主动与学生父母进行良好的沟通和交流。

幼儿正处于人生的起步阶段，教师对其的影响不仅是一时的，更是一生的。为人师表，教书育人，幼儿教师的职业是神圣的，是需要付出大爱的。要成为一名合格的幼儿教师，必须掌握幼儿教师职业道德，严格遵守幼儿教师的职业道德规范，爱岗敬业、奉献幼教。教师道德评价，影响着教育事业的发展，在理论上和实践上都具有十分深远的意义。

通过对已有文献的梳理不难看出，教师在提升国家教育质量中扮演着重要的角色，师德是教师素质的核心，而教师职业道德评价是师德建设工作的关键，因此，师德评价成为各国当前教育改革的重点和难点之一。随着全球化进程的脚步，教师职业道德评价和教师专业伦理评价领域的国际学术交流与借鉴日益频繁，人们在现有的评价体系的基础上不断反思和总结经验，促进了教师职业道德评价体系的不断完善和发展。未来教师职业道德评价将越来越呈现评价目的多样化、评价标准多元化、评价内容个性化、评价过程规范化、评价方式综合化等新局面。

第一节 幼儿教师职业道德评价的含义与内容

话题聚焦

在美国的加利福尼亚,有一位女士养了一只珍贵的鹦鹉。这只鹦鹉非常美丽,可是却有一个坏毛病:经常咳嗽且声音沙哑难听,好像喉咙里塞满了令人作呕的痰。女主人十分焦虑,急忙带它去看兽医,生怕它患上了什么呼吸系统的疾病。检查结果证明,鹦鹉完全健康,根本没有任何毛病。女主人急忙问起为什么鹦鹉会发出那么难听的咳嗽声,医生回答说:"俗话说,鹦鹉学舌。它之所以发出咳嗽声一定是因为它经常听到这样的声音,你们家一定有人经常咳嗽,是吗?"

这时,女主人有些不好意思了。原来,她自己有抽烟的习惯,所以经常咳嗽,鹦鹉只不过是惟妙惟肖地把女主人的咳嗽声模仿出来而已。

"有什么样的老师就有什么样的学生!"教师道德水平高了,学生自然会"有样学样"。如果教师总是面带微笑,孩子也会开心;如果教师总是关心别人,孩子也会乐于助人;如果教师总是说话算话,孩子也会讲诚信。

作为一位教师,必须模范遵守社会公德,作风正派,严于律己,以身作则,注重身教。

著名的教育家陶行知先生曾说过:"学高为师,德高为范。"作为一名教师,不仅要具有广博的知识,更要有高尚的道德。

理论加油站

一、职业道德评价的含义

"评价"的概念涵盖了英语中的 appraisal、evaluation、assessment 等词汇。"评价之父"泰勒(Tyler)认为,"评价就是通过某种技能或手段,测量出既定目标的达成程度。"①

有些学者认为,评价是一个认识论问题,是"对人或事物的价值做出判断,依据一定的价值标准,通过系统的收集资料,对评价对象的质量、水平、效益及其社会意义进行价值判断的过程"②。

而道德评价是指"人们在社会生活中直接依据一定社会或阶级的道德标准凭借社会舆论、传统习俗、内心信念等方式,对自己或他人的道德行为和道德品质的价值和性质进行判断,以达到扬善抑恶的目的的评价活动"③。

综合上述观点,评价是主体对客体价值的一种判断,主体、客体和价值构成了评价的

① 孙河川. 教师评价指标体系的国际比较研究[M]. 北京:商务印书馆,2011:28.

② 卢咏莉,申继亮. 教师评价[M]. 北京:北京师范大学出版社,2012:1.

③ 兰雪梅. 新时期我国道德评价的标准研究[D]. 长春:吉林大学,2007.

三个要素，它们之间相互联系。评价的主体是人或者社会组织，是实践者和认识者；评价的客体是主体以外以及在一定条件下包括主体在内的一切客观事物，评价主体依据自身的价值取向对有关的目标、过程、方法及结果进行评价和判断，从而决定取舍。按照道德评价中主体和客体的关系，可以将道德评价分为他人评价和自我评价两种类型。研究者对教育评价、教师评价认识的多样性造成了教师职业道德评价含义的不统一。其中，主流观点认为，教师职业道德评价是人们依据一定的标准，对教师行为做出善恶判断、确定其道德价值、表明自己褒贬的一种实践活动①。

道德评价是人类社会中的一种特有的活动。人们在社会生活中，为了求得自己的生存和发展，就必须与他人、社会发生各种各样的利益关系，人们不仅遵循着一定的社会规范去处理这些关系，还会对自己的行为做出价值评价和善恶评价。因此，道德评价活动是随着道德现象的出现产生的，其形式、内容也随着人类社会的发展而不断丰富和发展。

职业道德评价是人们依据一定的道德标准，对他人或自己的职业行为进行褒贬扬抑的评议和判断。教师职业道德评价是指人们凭借校内外舆论、教育传统习俗和教师内心信念等形式，根据一定的原则、标准和方法，对教师的职业行为所做的善恶褒贬的道德评判。它是教师道德活动的一种重要形式，是使教师职业道德原则和规范得以贯彻并转化为教师职业道德行为的保证。

教师职业道德是教师和一切教育工作者在从事教育活动中必须遵守的道德规范和行为准则，以及与之相适应的道德观念、情操和品质，是教师的从业之德，是对教师行业的要求。它是调整教师与学生、教师与教师、教师与集体、教师与社会之间相互关系的行为准则。它包括教师的道德意识、道德规范、道德范畴、道德修养、道德行为等内容。

二、职业道德评价的内容

我国古代的教育思想家、学者非常重视教师个人的道德修养，从某种程度上甚至先于学识，要求教师必须德才兼备。“学高为师，身正为范”“为人师表”，汉代著名教育家董仲舒认为为师的必要条件就是“善为师者，既美其道，又慎其行”，这种择师的标准已经成为今天教师职业道德评价的大致框架。然而，教育作为一定历史阶段的产物，对教师的道德要求也会随着社会的发展而不断地改变以适应新的社会实际和国情变化。因此不能生硬地套用前人传承下来的标准来衡量现在的教师，目前我国中小学的教师职业道德评价内容主要是依据《中小学教师职业道德标准》制定的，往往是以一些具体的文本形式表现出来，具有灵活性和多样性的特点。其中既有比较正式的规章制度、章程、条例、守则、公约、誓词、教师文明用语、教师文明课堂公约、教师职业道德考核细则，也有传递正能量的非正式的俗语、口号，通过强制禁止手段约束教师行为的教师忌语、教师行为十不准，还有一些不成文的规矩、习俗、习惯等。虽然文本形式多样，但教师职业道德评价的内容应该是有限的，用于约束教师在教育实践活动中的行为，调节教师在职业活动中形成的特殊关系，包括教师与服务对象——学生，与从业人员，与学生家长以及同社会的关系。我国台湾新

① 宋旭璞. 分层分类的师德评价体系初探[J]. 中国教师，2007(54)：40-42.

竹大学校长陈慧邦曾指出,“在台湾,道德已经渐渐淡化,我们不说教师道德,我们现在谈论的是‘教师的专业伦理’,教师只对学生在校期间负责,走出校门,学生的事情与教师无关。”[①]学者但昭伟也曾指出,“教师在学校中所应落实的道德规范不应该是以儒家为基调的日常道德要求;教师作为教育工作者,他们教育学生的任务仅限于上班时间,在非上班时间,他并没有担负教育学生的义务。”[②]

目前中小学教师的角色不是单纯的教育工作者,而成为一种“保姆式”的角色。无论在工作时间以内或是以外,人们都习惯于称呼他们“教师”,并以“教师”的言行标准来期望或要求他们。事实上,“教师”只是那些正在从事教育活动中的人的角色名称而已[③]。而当教师完成教育活动,离开教育场域之后,“教师”的角色活动也随之停止[④]。古人流传下来的“爱生如子”等思想,与我国传统儒学文化息息相关,是教师自我追求的道德,是一种私人道德,有境界的高下与偏好的不同。所以,从教师这一职业的角度来看,没有必要对所有教师提出过高的、理想化的个人道德要求,普适性和低调性的教师职业道德应是评价教师职业道德的出发点,用起码的规范要求来确保教师教育行为的道德性,保证教师行为符合人们规定的道德底线。

教师道德评价是一种无形的精神力量,它不仅对促进教师自身的道德修养起重大作用,而且对形成学校和社会良好道德风尚,促进精神文明建设具有重大意义。因此,一名教师不仅要经常对自己,还要对别人进行教师道德评价,这就要求进一步领会教师道德评价的意义、方法和方式。

教师职业道德评价的内容,主要包括两大方面:一是教师的职业行为。一般而言,教师的行为必须服从教育活动的规律,遵循教育目的和原则,同时在教育教学过程中,教师应当努力促进学生智力、能力和品德的发展,使自己的执业行为达到“应然”的状态。可以说,对教师执业行为的评价也就是对其行为是否具备“应然”状态的考察。二是教师的职业道德品质。教师的职业道德品质是教师在长期职业道德活动中养成的比较稳定的特征和倾向,由道德认识、道德情感、道德信念、道德意志、道德行为五个基本方面组成。

师德评价的内容,应该仅是教师职业道德所涉及的内容,但是,纵观有关师德评价内容的研究却发现,由于外在价值取向的进入,使师德评价的内容扩展到师德素养的其他领域,大致包括政治思想、依法执教、爱岗敬业、教书育人、热爱学生、为人师表等方面。这些内容多是从外部进行思考的。如一种具有代表性的观点认为:“师德的内容应是广义的,包括政治、思想、道德(狭义)三个方面,而每一个方面又包括认知、情感、行为三个层次。这些都应成为师德评价的内容。抓住这一点,不及其余,都是对师德评价内容的窄化。例如,在德、能、勤、绩四个方面,不能仅把‘德’看成师德内容,而‘勤’也是师德的行为表现,理应被纳入师德的范围,这样才全面。”[⑤]

依据社会主义道德原则和规范对教师职业的要求以及教师职业的实践活动,教师职业道德规范的内容是多方面的,可以从不同角度进行分析和概括,师德规范或评价师德内

---

① 2012 年 9 月中国台湾新竹大学校长陈慧邦报告。
② 冯婉桢. 教师专业伦理的边界——以权力为基础[M]. 北京: 教育科学出版社, 2012:9.
③④ 冯婉桢. 教师专业伦理的边界——以权力为基础[M]. 北京: 教育科学出版社, 2012:32.
⑤ 高振强.师德评价刍议[J].宁波教育学院学报,2003(1).

容有下述五个基本方面。

第一，忠诚教育事业，坚定理想信念的敬业精神。任何职业道德都要求忠于职守，恪尽职责。正如医生要以救死扶伤、军人要以保卫祖国为天职一样，人民教师必须忠于党的教育事业，热爱本职工作，这就是一种政治要求，也是社会主义道德要求。忠于党的教师事业是人民教师应当遵循的最基本的师德规范。这是因为：一方面，它集中体现了社会主义事业的利益和广大人民群众的根本利益，教师和其他各行业的职业人员一样，都是社会主义建设者，具有自己的社会职责和义务。教师是通过培养社会主义事业接班人来为社会主义和广大人民群众利益服务的。只有忠心耿耿地把自己全部心血和精力献给教育事业，科教兴国战略才能实现，国家才能振兴。另一方面，它是社会主义集体道德原则在教师职业中的集中表现，它会影响其他师德规范的贯彻，一个教师只有真心诚意热爱教师职业，才能爱生如子、严谨治学、读书育人、为人师表。

第二，热爱学生，诲人不倦的园丁精神。赞可夫在《和教师谈话》一书讲："当教师必不可少的甚至几乎是最主要的品质，就是要热爱儿童。"近代教育家夏丏尊说："教育不能没有爱……没有爱就没有教育。"真诚地热爱学生，对学生倾注满腔热情，是教师必备的品质。这是因为：热爱学生是塑造学生心灵的重要条件，是开启学生智力之门的钥匙。

教育的过程是师生情感互相影响、互相交流的过程。教师只有爱学生才能拉近师生距离，爱生如子才能得到学生的信任、亲近和崇拜。常言道："亲其师，信其道。"当一个学生在受教育的过程中，感受到教育者对自己无微不至的关怀和谆谆教导时，他会把这份感情转化为接受教育的动力并付诸行动。

第三，为人师表，言传身教，以身立教的精神（师表）。苏霍姆林斯基说："请你记住，你不仅是自己学科的成员，而且是学生的教育者、生活的导师和道路的引路人。"叶圣陶曾说："教育工作的全部工作就是为人师表。"为人师表、言传身教既是教育教学过程对教师的一种客观要求，又是教师职业道德区别于其他职业道德的显著特征，即上所施，下所效。教师的一举一动都有极大的示范作用。"师之，人之模范。"

第四，严谨治学，勤于进取的务本精神。翻开中外教育史，人们把教师孜孜不倦的治学态度看作教师职业道德的一个重要方面。捷克教育家夸美纽斯比喻不学无术的教师是无雨之云、无源之水、无光之灯。我国古代教育家孔子认为教师对待学问，要学而不厌，对待教学要"诲人不倦"。古今中外，凡有建树的人无一不是博学多才之士，无一不是勤奋好学之人。教师只有不断地学习，更新知识，才能有更宽广的知识视野，才能培养优秀人才。

第五，"甘为春蚕吐丝尽，愿化红烛照人寰"的献身精神。我国古代教育家孔子以教为业，终身不渝，在游历各国被困于陈蔡之间时，绝粮七日，所有弟子皆病不能起，他们讲诵不辍；现代教育家陶行知留学归国，拒绝国民党的高官厚禄，矢志办学育才，终身委于"茅灰士阶""粉笔生涯"。以"捧着一颗心来，不带半棵草去"的高尚情怀献身教育，鞠躬尽瘁。正是千千万万的名不见经传的教育工作者，不求名、不求利，默默耕耘，终生奉献，才为中华民族造就了一代又一代英才，这种献身教育的精神，是一种崇高的职业道德境界，是教师的世界观、人生观、道德观的综合反映和集中表现。

总之，在具备公民基本道德的基础之上，对教师的本职工作发挥出极大的主体性，并能够体现出教师职业的特殊性，表现出教师专业道德特征的内容，才能进入师德评价领域。

【拓展阅读】

以立德树人铸就教育之魂

——学习贯彻习近平总书记在全国教育大会重要讲话

培养什么人,是教育的首要问题。正值我国第三十四个教师节,习近平总书记在全国教育大会发表重要讲话,全面总结党的十八大以来教育改革发展实践中形成的新理念、新思想、新观点,围绕培养什么人、怎样培养人、为谁培养人这一根本问题,提出工作要求、作出战略部署,为加快推动教育现代化、建设教育强国、办好人民满意的教育指明了方向。

"育才造士,为国之本"。教育是民族振兴、社会进步的重要基石,是功在当代、利在千秋的德政工程,对提高人民综合素质、促进人的全面发展、增强中华民族创新创造活力、实现中华民族伟大复兴具有决定性意义。进入新时代,坚持中国特色社会主义教育发展道路,坚持社会主义办学方向,以凝聚人心、完善人格、开发人力、培育人才、造福人民为工作目标,培养德智体美劳全面发展的社会主义建设者和接班人,是教育工作的根本任务,也是教育现代化的方向目标。让学生德智体美劳全面发展,归根到底,就是立德树人,这是教育事业发展必须始终牢牢抓住的灵魂。

国无德不兴,人无德不立。育人之本,在于立德铸魂。"得其大者可以兼其小",立德首先要在坚定理想信念上下功夫,在厚植爱国主义情怀上下功夫,教育引导学生树立共产主义远大理想和中国特色社会主义共同理想,增强"四个自信",肩负时代重任,立志扎根人民、奉献国家,以高远的志向砥砺奋斗精神,在人生道路上刚健有为、自强不息。天下大事必作于细,必成于实。立德也要在加强品德修养上下功夫,教育引导学生从自身做起、从点滴开始,在日常学习生活中培育和践行社会主义核心价值观,踏踏实实修好品德,成为有大爱、大德、大情怀的人。

才为德之资,德为才之帅。培养德才兼备的有用人才,还要在增强综合素质上下功夫,促进人的全面发展。既要教育引导学生珍惜学习时光,心无旁骛求知问学,沿着求真理、悟道理、明事理的方向前进;又要教育引导学生培养综合能力,培养创新思维。从帮助学生在体育锻炼中享受乐趣、增强体质、健全人格、锤炼意志,到坚持以美育人、以文化人,提高学生审美和人文素养,再到弘扬劳动精神,教育引导学生崇尚劳动、尊重劳动,都是学生健康成长的重要方面,是立德树人的教育实践抓手。

实现立德树人,离不开教育体系的制度支撑。要把立德树人作为教育工作的主线,融入思想道德教育、文化知识教育、社会实践教育各环节,贯穿基础教育、职业教育、高等教育各领域。只有让学科体系、教学体系、教材体系、管理体系都围绕这个目标来设计,教师围绕这个目标来教,学生围绕这个目标来学,才能聚焦聚力,取得实效,构建起德智体美劳全面培养的教育体系,为人才培养筑牢更高水平、更加科学的制度基础。

教育大计,教师为本。培养优秀人才,必须有优秀教师。建设社会主义现代化强国,对教师队伍建设提出新的更高要求,也对全党全社会尊师重教提出新的更高要求。加强党对教育工作的全面领导,不断提高教师待遇,弘扬尊师重教的社会风尚,让广大教师安心从教、热心从教，必将汇聚起教育事业改革发展的磅礴力量，培养大批德才兼备、担当重任的社会主义建设者和接班人。

（资料来源：新华网. http://www.xinhuanet.com/，2018-09-10.）

第二节 幼儿教师职业道德评价的原则与功能

话题聚焦

别有用心“顾茅庐”

某班级开学要进行班干部选举，小明父母获悉后登门拜访了班主任，并借班主任女儿即将出国留学为由，赠送一台新型号笔记本电脑。看女儿如此爱不释手，该班主任没有拒绝。之后的班干部选举中，承蒙班主任的关照，小明当上了班长。

廉洁是师道之前提，教之根本。道之所存，师之所立。教师高尚廉洁不仅使学生敬仰，而且通过言传身教，对学生的品行产生潜移默化的影响。教师的一言一行、一举一动，往往被学生看在眼里，记在心里，模仿在行动上。廉洁从教与我们普通老师有着密切的关系。那是因为我们的工作关系到每一个家庭的喜怒哀乐，关系到每一个学生的前途和命运。现在的家庭基本是独生子女，家长对孩子格外呵护疼爱。希望老师关照的家长也越来越多。每当新学期开学，总是有一些家长要求老师要对他们的孩子严加管教，多多地照顾。怎样成为让家长放心、学生爱戴的教师呢？作为幼儿教师，要主动与幼儿家长联系，认真听取家长的意见和建议，取得支持和配合。坚守高尚情操，发扬奉献精神，自觉抵制社会不良风气影响。不利用职责之便谋取私利。力求做到“心底无私天地宽”。

理论加油站

一、职业道德评价的原则

教师职业道德评价的原则是在进行教师职业道德评价的过程中必须遵循的基本要求。它集中体现了教师职业道德评价的指导思想和基本要求，是教师职业道德评价规律的反映，是人们在教师职业道德评价实践中升华的理性认识，体现了主观与客观的统一。只有在教师职业道德评价过程中严格遵守评价的客观性、科学性、教育性原则，才能将教师职业道德评价引上正轨，发挥评价的积极作用。教师职业道德评价的原则主要有教育性原则、民主性原则、方向性原则、客观性原则、科学性原则、发展性原则。

1. 教育性原则

教师职业道德评价的教育性原则是指教师职业道德评价要符合教育的要求，充分发挥评价的教育作用，充分体现“教育是评价的基础，评价过程是教育过程”这一宗旨，通过评价使广大教师在评价中发扬优点，改正缺点，不断地提升自身的职业道德修养。贯彻评价的教育性原则，首先，要求评价指标的设立具有教育性。其次，要充分尊重和信任广大教师，保证教师职业道德评价的顺利进行。最后，要恰当地处理评价结果。

2. 民主性原则

教师道德评价的民主性原则是指教师职业道德评价要坚持走群众路线，要相信、尊重、依靠教育行政部门、学校领导、教职员工和社会各界，调动各方面的积极性，充分发扬民主精神，共同做好教师职业道德评价工作。发扬民主，走群众路线是党的优良传统和作风，也是进行教师职业道德评价必须坚持的根本路线。开展教师职业道德评价工作主要是由群众参与的，贯彻评价的民主性原则。首先，要求在制定评价方案与指标时广泛征求广大教师的意见，通过反复酝酿讨论，充分发扬民主精神。其次，在评价过程中，评价者要具有民主思想和民主作风，要本着与广大教师合作共事的态度，充分尊重他们的意见和人格。再次，要调动广大教师进行自我职业道德评价的积极性。最后，要充分重视社会各界对教师职业道德评价的意见。

3. 方向性原则

教师道德评价的方向性原则是指教师职业道德评价要体现社会主义的性质，坚持社会主义方向，要与先进文化的发展方向保持一致，要有利于学校实现教育目标，要有明确的办学方向，要有利于广大教师提高社会主义的思想觉悟和道德水平，有利于树立正确的教育质量观和人生观。社会主义方向性是开展教师职业道德评价的最根本的指导思想和工作原则。在教师职业道德评价中，贯彻方向性原则应注意做到以下几点：首先，必须坚持社会主义的办学方向；其次，要体现社会主义的教育价值取向；最后，要坚持评价过程中的社会主义方向。在教师职业道德评价的整个过程中，始终都应坚持社会主义方向。如果方向不明确，偏离党的教育方针，偏离教育教学改革的客观要求和教育发展规律，背离学生健康成长的需要，教师职业道德评价就会走上歧途，失去存在的价值和意义。因此，在对教师进行职业道德评价时，只有对教师的思想品德、工作态度、业务水平、教书育人、教学能力和工作效率等做出公正、准确而又全面的评价判断，才能充分发挥评价应有的导向作用。

4. 客观性原则

教师职业道德评价的客观性原则是指在进行教师职业道德评价的过程中，必须采取实事求是的态度，真实、客观地反映教师职业道德的实际情况。尊重客观事实，实事求是地反映事物的本来面目是做好一切工作的基础。贯彻评价的客观性原则，首先要求评价者对评价对象进行广泛调查、全面收集资料，并严肃、认真地整理资料，按照客观、统一的标准进行评价。其次要求评价者注意评价对象的个体差异性，从实际出发。最后评价者在评价时要做到公正、客观。

5. 科学性原则

教师职业道德评价的科学性原则是指在教师职业道德评价的过程中，评价者要以客观事实为基础，严格遵守评价科学和教育科学的客观规律，恰当运用现代科学技术手段设计评价标准、评价方法、处理评价结果。只有遵循科学的评价原则，才能得出科学的评价结果，这样的结果才有意义和价值。贯彻评价的科学性原则，首先，就是要建立一个科学合理的评价指标体系。其次，要遵照评价的科学程序。科学的评价是有程序的，教师职业道德评价亦是如此，所以，评价的过程中要严格按照计划、组织、考察、评定、总结五个环节进行。最后，要运用科学的评价方法和手段。

6. 发展性原则

教师职业道德评价的发展性原则是指以评价对象的成长和发展为根本价值导向，在评价过程中兼顾评价对象的现状与将来，并针对评价结果，确定评价对象未来的发展趋势，实现评价与指导、培训、自我教育活动的有机结合。教师职业道德评价既要看到评价对象的道德水平在同类对象中的地位，又要了解其自身发展变化的情况。

发展性评价的核心是强调过程性评价，杜绝“以点概面、以偏概全”、用静止的观点看问题的错误倾向。传统的学校管理往往过于强调评价的终结性结论，强调终结性结论中“优秀”“良好”各等次的比例，并以此作为教师解聘、降级、晋级、加薪和发放奖金的依据，这不仅会让教师对评价产生畏惧和不信任感，而且也容易导致教师职业道德评价流于形式。

二、职业道德评价的功能

1. 评定功能

教师道德评价能帮助教师评定各种师德现象的善恶是非，判断各种教师行为的道德价值。通过教师职业道德评价，将教师个体的行为与教师职业道德规范进行比较，对教师职业道德水平的高低进行评价和判定。如果掌握了正确的评价标准，就能对教师的正确行为进行褒奖和鼓励，对那些不良行为加以谴责，帮助教师辨明各种师德现象的善恶是非。判断教师行为的道德价值，帮助教师获得关于道德行为的价值信息，促使教师去矫正过失或强化自己的道德行为。总之，通过教师职业道德评价，能使教师对职业道德要求有更加明确的认识，对自身的职业道德水平有更加清晰的了解，从而在教育活动中自觉践行职业道德规范。

2. 激励功能

教师职业道德评价对教师符合职业道德的行为具有激励功能，使教师得到精神上的满足和物质上的利益，从而激发教师的创造热情、工作动机；激发起强烈的教师道德责任感。进而，使教师对自己行为的道德后果的关心变成一种强大的精神力量，成为正确评估和选择自己行为的动力。职业道德评价只有在维护教师的正当利益时，才能实现其应有的功能和价值，才能让教师体验到道德的必要性和重要性，从而进一步引发对道德的向往和追求。事实上，“奖励先进，得所当得”正是体现了社会公平、公正和正义的要求。从更广泛的意义讲，教师职业道德评价功能的发挥，正是在于教师的先进行为得到社会的认可和表彰，教师的正当利益得到维护和保障。人们谴责、惩罚个别教师师德行为“失当”的现象，恰恰是为了倡导广大教师的“应当”的行为，保护他们的“正当”行为。教师也只有在自身正当利益得到师德评价的保护的情况下，才能更加体会到自觉遵守师德规范的必要性。

3. 导向功能

教师职业道德评价往往通过舆论的力量来规范、约束和指导教师的行为和道德生活。因此它是教师伦理行为的监督器和方向标，是维护教师职业道德规范的保证。许多教师会有“良心发现”的情况，其实这是他通过道德评价，发现和认识自己的某种错误，从而产生纠正错误、改变行为方向和方式的表现。通过教师职业道德评价，可以不断地向教师传送关于道德行为价值的信息，促使教师接受教师职业道德规范的约束而不逾矩行动，从而保证教师的执业行为不偏离正确的方向。通过道德评价，教师善良、高尚、正义、诚实、人道、正直的行为得到肯定和颂扬，丑恶、低级、卑劣、虚伪的行为受到否定，这无疑会引导教师正确的道德观念和良好道德品质的形成，保证教师道德行为的发展方向不偏离教师道德规范。

同时，通过教师职业道德评价，还可以全面了解教师个体和教师整体的职业道德状况，为教育管理部门、学校领导和教师本人提供信息，为教师职业道德教育提供方向和依据，为教师个体提高职业道德修养提出具体目标。

4. 转换功能

教师职业道德属于意识形态范畴，是用来调节教师心灵、行为及相互关系的价值尺度。教师职业道德评价是实现意识向行为的转化、知行统一的转换器，是关于教师“应当如何”将价值尺度转换为师德行为、品质和良好师德风尚的纽带。有一位校长曾对他的学生这样说：“我常这样告诫自己，当你站在讲台上，你的知识和优点被放大了约50倍；同时，你的缺点和不足也被放大了约50倍。常常想到这一点就会不断发现自己的不足，从而给自己留作业，用身边的榜样为自己不断地重建一个又一个前进的目标。”的确，在行动中将善良的动机和有益的效果达到一致。激励教师按“应当如何”的价值尺度行动，并转化为师德行为和品质。并且，它在教师师德的认识和师德行为的不断转化中，作为中间媒介，起到了推动教师的道德认识和职业活动不断完善与提高的作用。

总之，以人、人的心灵为对象的道德评价，其目的归根结底是为了塑造人，使人向善。教师评价的直接对象是教师的行为、品质等各种师德现象，它直接判定教师心灵和行为的美丑，从不同的方面揭示教师的灵魂，使教师在教育实践中按照评价所提供的价值信息调整自己的行为方式，达到最大限度地发挥自己的潜力和认识自己的目的，逐渐养成现代教师的崇高职业人格。

【拓展阅读】

没有爱就没有教育

1. 教育是爱的事业，教师是爱的职业

苏霍姆林斯基曾说：“热爱孩子是教师生活中最主要的东西。”鲁迅说：“教育植根于爱。”这一切说明古往今来，有识之士都深切地认识到爱对教育的重要作用。人们常说：“教师是人类灵魂的工程师。”教师之所以是“人类灵魂的工程师”，是因为在教育教学过程中，教师的言行极大地影响着学生人格的形成、才智的发展，教育是真正触摸学生心灵的活动。教师只有用“爱心”去呵护学生的成长，才能让学生逐渐形成高尚的品德、良好的行为、聪明的才智。因为爱是人们普遍存在的心理需求，学生如果能经常感受到教师对他的爱、关心和尊重，便会激发出健康的情感，产生积极向上、奋发学习的动机，学习动力才会持久，兴趣才会强烈，学生才能“亲其师，信其道”，进而“乐其道”。人们普遍认为，爱是人类最崇高、最强烈、最美丽、最妙不可言和最富意义的一种体验。我们因爱而得以出生在这个世界上，我们通过爱而使生命得以延续，我们为了爱而乐于牺牲生命本身。爱围绕着孩子，使他们无忧无虑，爱给年轻人带来快乐，爱给老年人送去安逸。爱能疗疾治病，爱能使跌倒的人重新站起，爱能给受折磨的人带来安慰，爱能激发音乐家、画家和诗人的灵感。爱是“大自然的第二个太阳”，爱“使人们的心中永远是春天”，爱“能使行星和太阳移动”。

2. 爱是教师“诲人不倦”的动力

只有有了爱，才会有工作的热情；只有有了对教育工作的热情，才能真正去教书育人。每一个时代进步的背后，都有一大群默默奉献的教师做支撑，正是他们培育出了大批的人才。绝大多数的人才都离不开教师辛勤的培育，人们常说“教师是最无私的职业”，就是因为教师有着对知识的爱、对真理的爱、对学生的爱、对教师职业的爱。因为爱，教师培育了一代又一代人才，使人类的文化不断绵延、发展、进步。有了哥白尼，产生了布鲁诺；有了福楼拜，出现了莫泊桑；因为华罗庚，发现培养了陈景润……可以说，正是对职业和学生深深的爱成为教师力量的源泉，才有了“春蚕到死丝方尽，蜡炬成灰泪始干”的教师精神。

3. 爱使教师获得幸福

教师工作的辛苦是有目共睹的，特别是基层教师，做过教师的深有体会，没做过教师的也能真切地感受到。虽说是八小时工作制，但教师在工作时间以外还要时刻考虑学生的成长、作业的批改等，把自己和学生完全捆绑在一起。总的来说，教师的绝大部分时间都是和学生在一起，在学校这种较为单纯的教育环境中度过的。如果教师对学生、工作缺乏爱的意识或能力，就会处于一种紧张、焦虑、压抑、对抗的状态中，自身的健康也会受到严重的影响。上海市 1999 年的一项调查表明，教师的心理障碍问题（特别是抑郁、焦虑、敌对、恐怖、偏执、社交苦恼和回避感情）多于其他职业的人。对待这种情况，只有用爱这剂良药去“医治”，也就是教师要去真正地热爱自己的职业、热爱学生。现代研究表明长期的不良情绪，最终会摧毁一个人的健康。有了爱，会使人格更加完整、精神更加饱满。因此，教育部部长周济说：“把爱献给教育的人不仅有付出，也有回报。当老师们看到桃李满天下，用心血培育的学生成为社会栋梁时，他们付出的爱就得到回报，他们就会欣慰地感到自己是世界上最幸福的人，这就是爱的教育的真谛。”

第三节 幼儿教师职业道德评价的标准与方法

话题聚焦

教师的言行举止是任何教科书、任何道德箴言、任何惩罚和奖励制度都不能代替的一种教育力量。

——乌申斯基

古时候的老中医，在弟子满师时要送两件礼物，即一把雨伞和一盏灯笼。师傅为什么要送弟子雨伞和灯笼？寓意是什么？

爱岗敬业就是在工作中热爱自己的工作岗位，敬重自己所从事的职业，勤奋努力，尽职尽责。爱岗是敬业的感情铺垫，敬业是爱岗的具体表现。不爱岗很难做到敬业，不敬业很难真正做到爱岗。爱岗敬业是职业道德的基础，也是我们职业成功的重要基础。幼儿老师把一群幼儿扔在滑梯旁不知去向，造成不到两岁的幼儿在园内的滑梯上摔下致重伤，手术后断骨接上，五根手指因神经压迫造成不能活动，有可能终身受其影响。

爱岗敬业要求我们在工作中做到乐业、勤业、精业。乐业是我们内心热爱并热心于所从事的职业，把干好工作当作快乐的事。勤业指忠于职守，认真负责，刻苦勤奋，不懈努力，在岗一分钟负责六十秒。精业指对本职工作业务纯熟，精益求精，使工作成果尽善尽美，不断地有所进步、有所创新。

理论加油站

一、职业道德评价的标准

“绳墨陈矣，则不可欺以曲直；衡具悬矣，则不可欺以轻重；规矩弃矣，则不可欺以方圆。”①标准是评价行为好坏或善恶的逻辑前提，人们总是根据一定的客观标准来判定客体的价值意义。由于教师职业所育对象的主体性，以及教学过程本身的复杂性，很难确切地知道，在影响优秀学生的学习上，教师应该扮演什么样的角色，教师的哪些行为对学生来说是善意的？而哪些行为又被定义成恶意的？笔者在参与调研的过程中，有教师和学校领导反映，“师德说不清也道不明，不能准确地进行量化和考核。”教师的道德看不见，也摸不着，那么教师职业道德究竟能不能量化？应该如何量化？以何种标准进行量化？成为师德评价的关键问题。康德认为，“(人的)德性乃是人的意志，在履行义务的过程中所体现的道德力量，其强弱只能由其克服(人自身由于各种偏好而造成的)障碍的大小来衡量。”②从康德的这句话可以得出这样的结论：德性是可以衡量，或者说是可以量化的，而衡量的指标就是其“克服的障碍”。职业道德是推动教师行为选择的主要动力，通过教师外在的行为表现出来，虽然无法直接地判断一个人的德性，却能够通过行为来间接地判断教师的行为是否符合道德。教师的行为符合某种规范或准则，可以说教师的行为是克服了障碍，达到了标准。任何事物都是内外因相互作用的结果，康德关于德性的论述表明，衡量德性，应该从外在和内隐两个角度进行，外在的角度通过一定的标准和准则体现，而内隐的角度则是通过对道德义务的认同来实现。具体到教师的德性，这种外在的衡量教师道德的尺度表现为教师职业道德规范或准则，而内隐的角度则表现为教师的责任感或教师的“道德良心”，这种内隐的观点主要用以判断道德性的存在与否，只作定性判断，判定某一行为是否符合道德。教师职业道德标准的划分，主要有内外标准、一般标准与具体

① 《礼记·经解》.

② 康德. 康德文集[M]. 北京：改革出版社，1997.

标准之说。

研究者认为，“善与恶是人类历史上形成的具有最一般意义的普遍的道德法则。”[①] “善恶标准”既是一种师德评价的外部标准，也是师德评价的一般标准，而具体标准则主要指教师的职责标准。师德评价的善恶标准和具体标准共同构成了教师职业道德评价的标准体系。对于道德的“善”与“恶”的辩论，古今、中西皆有不同，具有一定的时代性和社会性。在我国古代的思想史上，儒家学派提倡将“义”作为评判善恶的标准，“君子喻于义，小人喻于利”[②]；而墨家则把“利”作为善恶评判的标准，他们认为凡是能够得到“利”的行为，就是“善”，反之，则为“恶”，“利，所得而喜也；恶，所得而恶也”。具体到教师职业道德层面也是如此，教师职业道德的“善恶”标准因时代和意识形态的不同而呈现不同的特点。我国目前正处于社会主义初级阶段，“教育事业的性质属于社会主义，它的目的在于提高全民的素质，为社会培养有理想、有道德、有文化、有纪律的一代新人，为社会主义建设服务”。

教师在接受道德评价的过程中，往往会遇到一些不可避免的矛盾，如教师的自我评价与社会评价能否取得一致。如果不一致，教师的道德实践过程就会受阻，就不能顺利发展。而在现实生活中，教师的自我评价与社会评价不一致的情况是会经常出现的。再如，教师的道德行为过程必然包含“动机和效果”两个智能因素，这两个因素，是道德评价的直接对象和根据。如果动机和效果之间存在矛盾，道德评价就很困难。解决这些实际矛盾的唯一途径就是科学地认识和牢固地坚持教师道德评价论的正确标准和要求。

所谓师德评价标准，是指师德的基本依据和主要规范，它是评判、衡量教师教育教学过程中道德行为善恶的尺度和准绳。从伦理学意义上看，评价教师的行为、品质等各种师德现象的最一般范畴理应是善与恶。但善与恶的标准也不是永恒不变的，而是随着历史和时代的变化而变化的。

教师的职责、任务和本身的条件，决定了教师道德行为应有利于充分调动学生的主观能动性，有利于最大限度地促进全体学生全面发展。当前，用于规范教师职业道德基本要求最权威的文件是由原国家教委颁布的《中小学教师职业道德规范》。

作为教育活动的主体，教师的职业道德的评价一直是公众关注的焦点。教师职业道德评价的标准应该是一个抽象标准和现实标准、一般标准和最高标准相结合的标准系统。其中抽象标准包括一般标准、最高标准两个层面，现实标准也就是人们通常所说的具体标准。最高标准起着统率和衡量其他标准的作用，一般标准是对具体标准的抽象和概括，具体标准是一般标准在评价对象不同的活动领域的运用。

（一）教师职业道德评价的一般标准

1. 教师职业道德评价的一般标准是善恶标准

道德评价是对人的行为及其品质的道德价值的衡量或判定，常常借助于善恶范畴体现。因此，善恶就成了道德评价的一般标准。那么，善恶标准是否也是教师职业道德评价的标准呢？教师职业道德评价首先是道德评价。作为道德评价，教师职业道德评价的标

---

① 宁静. 当代教师职业道德评价研究[D]. 沈阳：沈阳师范大学，2011.

② 《论语·里仁》.

准应该是善恶标准。但这似乎与教育的本质相矛盾。一般来说，人们认为教育的本质是善的，教育是教人从善的活动。有学者给教育定义为"人类特有的遗传和交往方式，是人类自身的再生产和再创造"①。雅斯贝尔斯在《什么是教育》一书中也指出："教育是人的灵魂的教育。"这些认知都在提供这样一个信息，即教育以培养人为宗旨，发展人的潜能，使其从自然人向社会人转变，从而满足社会和人自身发展的需求，促进整个人类的发展。教育应该是善的，何来恶呢？这个问题可以从两个方面回答。①教育领域中的善恶矛盾是客观存在的。一方面，伦理道德现象在人类社会中是普遍存在的，并渗透到人们生产、生活的各个领域，人类社会的教育领域也不例外；另一方面，教育的全部发展历史证明，教育是充满了伦理矛盾的。因此，教育领域与其他的社会领域一样，是一个有善有恶的领域，善恶矛盾在教育领域中是客观存在的。②教育的本质是善的吗？严格意义上说，教育的本质无所谓善恶，这就与人的本质属性在于人的社会性一样，具体的教育活动主体的现实行为给教育赋予了不同的意义。因此，在人类历史上有善的教育，也有法西斯主义这种恶的教育。教育者的行为也会有高下之分。之所以有很多学者认为教育是善的，主要是从教育的目的总是为了满足人的发展需求来看的。教育的最终目的就在于人类的自身成就与完善，因此人们把教育的本质视为善。教育本质上是善的，并不代表每一种具体的教育现象、每一个具体的教育行为都是善的。教育中出现恶的原因就在于"教育的这种善的本质必须通过教育从业人员使用合乎善的本质的教育思想与行为得以实现。凡是违背这一善的本质的教育思想和行为，就不可能体现教育的善，反而体现了恶"②。因此教育是有善恶之分的，教育中的善恶是客观存在的。教师职业道德评价是在教育领域内的道德评价，教育中的善与恶必然成为教师职业道德评价对象，教师职业道德评价的标准就是善恶标准。

2. 教师职业道德评价善恶标准的内涵

教育中的善恶矛盾是教育领域众多矛盾类型中的一种，主要是"从社会或教育伦理的角度来观察教育世界而反映出来的矛盾(问题)，也就是说主要是教育整体或局部是否符合社会的或教育内部的道德标准、道德观念的问题"③。道德评价中一般意义上的善恶标准的分析是界定教师职业道德评价的善恶标准的内涵的起点。人们对善和恶的理解，由于视角不同、文化的区别及语言的差异等原因，有诸多不同的解释甚至歧义。通过对中西方伦理思想史中关于善恶问题的演进考察，对于善与恶可以从两方面来理解：一方面是从观念形式去理解，善与恶是一种社会意识形态，其中包括一般意义上的善恶观念和特定社会形态下的善恶观念；另一方面是从行为现象去理解，善与恶是一类社会现象，它们既作为道德行为的衡量准则，又作为道德行为的特定规范，规定着人们种种的利益关系和礼仪关系。这种概念在整个道德体系中处于核心地位，是道德学的核心范畴。善与恶实质上是人们在处理和调节一定的利益关系的实践中所呈现出的基本价值取向。因此，善恶问题可以归结为一个关键性的问题，即"事实与价值的关系问题"④。把伦理学一般意义

---

① 桑新民，陈建民. 教育哲学对话[M]. 石家庄：河北教育出版社，1999：35.

② 钱焕琦. 教育就是善的吗?[J]. 教育探索，2001(2).

③ 王本陆. 关于教育伦理学研究对象的再探讨[J]. 华南师范大学学报(社会科学版)，1999(1).

④ 倪愫襄. 善恶论[M]. 武汉：武汉大学出版社，2001：101.

上的善恶标准与教育领域中特有的善恶矛盾有机结合在一起，就构成了教师职业道德评价特有的善恶标准。教育的善恶矛盾大致可分为两种类型：一种是善的教育和恶的教育的矛盾；另一种是教育中善的要素和恶的要素之间的矛盾。第一种矛盾是指教育的整体善和整体恶（整体善和恶是指一定时期和一定范围内整个教育环境呈现的态势，而非指教育的本质）；第二种矛盾是指每一种教育系统内部都有各种各样的教育要素，有善的要素，也有恶的要素。整体善的教育中可能有恶的因素，整体恶的教育中也会有善的要素。具体要素的善恶斗争通过量的积累而传送到整体上，制约整体的善恶程度和道德水准。教育的善恶矛盾，与一般意义上的伦理学的善恶一样，是一个社会历史范畴。在不同的社会历史条件下，教育善恶矛盾的具体内容和形式及解决这些矛盾的途径是不一样的。为伦理道德所关注的教育问题，总是和当时的社会发展水平、道德状况及教育状况相关联的。在这个意义上，教育在人类文明发展过程中应起到培养人、发展人、促进整个人类发展和完善的作用，这是教育的本质目标。

（二）至善是教师职业道德评价的最高标准

通过对伦理思想史中关于善恶问题的考察，至善成为诸多学者理论体系的出发点和归宿点。对至善的探讨，相当于对道德本体论的探讨。本体论作为关于存在的学说，包括本原和目的两个方面。因此善恶问题的本体论应该是对价值的理想性和目的性，而善恶价值最终存在的载体常常以至善范畴表示，因为至善这个概念本身就意味着意志的最高目标和支配人们的道德判断的根本原则。

从历史上看，诸多哲人都试图在自己的思想体系中给至善留有一席之地。从苏格拉底的“美德即知识”的命题到柏拉图“将普遍的理性的基础即至善归为善”的理念，从亚里士多德认为“至善是由各个具体的善积累而成”到康德坚持“寻找一个完全超离经验的具有普遍必然性的道德法则和必然命令”，从宗教伦理学“将至善看作上帝”到海德格尔“将人的存在放在优先地位”等，这一系列关于至善命题的分析说明至善的终极解释源于现实，又服务于现实。虽然马克思主义对至善范畴没有明确的论述，但在马克思主义伦理思想中关于道德理想和价值目标的确立实质上就是对至善问题的解答。马克思主义的伦理思想指出：“共产主义是私有财产即人的自我异化的积极的扬弃，因而是通过人并且是为了人而对人的本质的真正占有；因此它是人向自身、向社会的（即人的）人的复归，这种复归是完全地、自觉地而且保存了以往发展的财富的。这种自然主义，等于人道主义，而作为完成了的人道主义，等于自然主义，它是人和自然界之间、人和人之间的矛盾的真正解决，是存在和本质、对象化和自我确证、自由和必然、个体和类之间的斗争的真正解决。”[①]由此确立了共产主义的道德价值目标是“人的创造性本性的自由自觉的全面展开”。善在利益目标的价值取向中最终指向了人的全面和自由的发展。这就是马克思主义伦理思想中的至善，也是教师职业道德评价的最高标准。具体来看可以从以下三个层面来把握：第一个层面是评价对象的道德行为和品质是否符合人的心智全面和谐发展的要求；第二个层面是教育活动中的道德行为和品质是否有利于人的身心全面和谐地发展；第三个层

① 马克思恩格斯全集（20）[M]. 北京：人民教育出版社，1979：101.

面是要求教育活动中的道德行为和品质能够促进个体和社会的协调统一和全面发展。

（三）教师职业道德评价的具体标准

教育中一般道德意义上的善恶是教师职业道德评价的一般标准，“人的全面自由发展”是教师职业道德评价标准的“至善”，是最高标准；针对不同的评价对象，结合教师教育活动中具体的道德行为和品质制定的标准是教师职业道德评价的具体标准。对教师职业道德评价的具体标准的制定问题的探讨更富有现实意义。基于教师职业道德评价的主体存在于教育领域之中，也存在于教育领域之外；教师职业道德评价的客体在广义上可以从教育与其外部世界的联系中把握其活动的伦理意义，在狭义上主要从教育内部特别是学校教育内部，认识和评价教师在教育活动中的道德行为和品质的伦理意义。因此在具体标准制定上，有以下三个方面的要求。

(1) 教师职业道德评价具体标准的制定必须根据教师工作岗位的不同特点有针对性地进行。首先，要杜绝将评价范围扩大的倾向。一般来说，因为以教师为主要代表的学校工作队伍是学校工作的枢纽，是教育劳动的承担者，其素质如何直接影响到教育现状和教育目的的实现，因此，对教师职业道德评价对象的选择往往集中在考察学校各方面的工作成效上，包括学校制度建设、学校管理过程、学校办学条件、教学工作成效、学科建设情况、社会效益等。实际上这是有局限性的，对教师职业道德评价对象范围的扩大导致了对教师的道德要求无限上升。事实上，教育中存在的诸多恶的行为和现象的根本原因并非在于教师。例如，教育机会短缺是由社会的政治经济文化发展程度所决定的，教师个人无能为力；教育机会的不平等与教育制度的不完善密切相关，把全部责任推给教师是不公正的。其次，由于每个教师都处于学校工作的不同层面，对教师的职业道德要求既有共性的一面，又存在差异。对处于不同聘任岗位的教师进行职业道德评价时，具体评价标准必须体现出岗位特点和要求。制定教师职业道德评价标准必须在原则性思想的指导下，根据教师工作岗位的不同特点有针对性地进行，在共性的基础上体现个性。

(2) 教师职业道德评价具体标准的制定必须充分体现他人评价和自我评价相结合的特点，突出自我评价的自律作用。教师职业道德评价是一个他律与自律相结合的过程。由于教师的职业道德素养是教师后天形成的品质，自律在教师职业道德的发展中起着更为关键的作用。制定具体的评价标准要更多地从自律角度提出要求，在评价标准的实施过程中通过他律来达到自律。

(3) 教师职业道德评价具体标准的内容，既要高于一般社会意义上的道德原则和规范，又要符合教育规律的要求；既要秉承中华民族传统美德，又要吸收当代中西方的人文精华。由于教师工作的特殊性，教师的职业道德评价标准应该高于一般的职业道德要求。在评价对象的不同活动领域分别制定教师职业道德评价的具体标准，并构成一个标准系统。

总之，教师职业道德评价标准可以不断提高教师素质，把教师职业道德中的善的要求落实到教学活动的各个方面，促进教育过程中的人际和谐，为人的全面自由发展创造条件。

二、职业道德评价的方法

社会评价

教师职业道德评价是教师道德实践中经常进行的一项活动，这项活动的开展，对形成良好的教风、学风、校风，提高教师道德品质，具有十分重要的作用。

一般而言，师德评价适宜采用教师自我评价、社会舆论评价、学生评价等相结合的方法进行。下面对这些基本的方法作一些简要分析。

（一）教师自我评价

古人云："其身正，不令而行，其身不正，虽令不从。"正人必先正己，教师道德评价可以从自我评价开始，"如果每个教师首先搞好自身的评价，就能促进社会评价和自我评价的有机统一，就能提高教师道德评价的水平。"实现教风、校风、学风一直到社会风气的根本转变。

师德的自我评价是教师将自我的职业道德行为与既定的师德规范相比较而进行的评价活动。在教师的自我评价中，评价主体和客体是统一的，这种评价是在教师内心进行的，它所达到的深度和广度取决于教师本身所具有的职业道德责任感和自觉性，它通过对教师行为的肯定，使教师在心理上感到快慰和满足，鼓励自己坚持教师道德信念，也就是中国传统伦理所说的"谨乎其外"，且"养乎其内"。因此，自我评价要比社会舆论造成的影响深刻、持久得多。

教师自评可以通过三种方式进行：一是根据别人对自己的评价来评价和认识自己；二是通过与同行的对比来评价自己；三是通过自我分析来评价自己。当然，这三种方式都有可能得出一些不准确的结论，原因是主观性强，客观性差，易出现评价过高或过低的现象，因而在教师自评中出现误差同样是难免的。必须对教师自评进行科学的指导，以达到自评的目的。

（二）社会舆论的评价

社会舆论简称舆论，是指生活在一定环境的群体对社会生活的事物和现象所表达的某种倾向性态度。社会舆论是教师道德评价的非常重要的方法，它具有巨大的影响力量。它以社会倡导的道德规范体系作为标准，对教师道德行为和有普遍影响的教师道德事件和现象，在一定范围内公开进行评价，形成带有明确倾向的共同看法，从而对教师道德建设施加有力的影响。所以，社会舆论是一种外在的客观的精神力量，是道德评价的一种重要形式。

应该坚持正确的舆论，对于有利于教师道德的行为或品质给予赞扬，对于不利于教师道德的行为或品质给予鞭笞，是营造良好的社会风气的关键，以促进教师道德建设，为构建和谐教育服务。

（三）学生评价

学生既是教师教育的对象，又是教师道德行为的最直接判断者。在学校和社会中，每个学生时时刻刻都在对教师进行道德评价。

学生对教师的道德评价具有以下特点。

(1)观察的直觉性。因为教师的仪表风度和言行举止完全暴露在学生面前,于是,学生根据自己的直觉可以随时随地对教师作出评价。

(2)结论的印象性。学生对教师的观察,根据自己的评价标准,直接给教师下结论:好、不好、差和太差等。

(3)感情的直接性。学生有了对教师的评价后,会很直观地表现为与教师的感情的相容或不相容,对教师的教育表示接受或抵触。

学生评价可以问卷调查与座谈会两种形式进行。问卷必须要设计得科学合理。学生认识问题、分析问题的能力与成人尚有一定距离,因此,学生对教师评价必须合理引导。

学生座谈会一般是用来深入了解学生对某位教师较为集中的意见,这样能更有针对性地向教师提出改进措施。有关研究表明,学生评价是可靠的,对教师的日常师德表现尤其如此。虽然一个教师的师德状况在与学生的关系中表现得最清晰、最透明,但也应该注意到学生评价教师受到各种各样复杂因素的影响,因此对其结果要具体分析。

因此,教师在学生面前要处处起表率作用,榜样的作用是无穷的,这就是说,道德规范最大的作用在责求自己,其次才是要求别人。"身教重于言教"可谓历久弥新。教师只有这样才能使学生心悦诚服,亲其师,信其道。这样才能建立良好和谐的师生关系,才能推动和谐教育的实施。

"三结合"教师职业道德评价,是从社会(家庭)、学生和学校三个不同的角度,对教师的行为和教育活动进行价值判断的活动,是目前中小学广泛采取的教师职业道德评价形式。以某市属中学的师德考核为例,"师德考核分值以 100 分计,其中教师间互评占 50%,服务对象考核占 30%,自我考核占 20%"。教师间互评包括同行之间的评价、学校领导对教师的评价,所占比例是师德评价分值的一半;服务对象评价指学生评价。在笔者走访的学校中,有些学校热衷于同事评价,有些学校热衷于学生评价,从评价主体上来说,强调他人评价,教师自评所占权重较小。同时,除上述三种书面考核形式外,社会舆论给教师职业道德评价造成的困扰要比想象的糟糕得多。

教师的道德素质会直接影响到人的素质,因此,从古至今,各个社会、各个阶级对教师的道德要求远远高于其他职业,历代的师德总是处在当时社会道德的最高水平①。"安平乐道""甘于奉献""燃烧自己,照亮别人"等词汇多用来形容教师的精神,人们对于师德的高标准本无可厚非,但也要明确地知晓,师德评价的标准虽然以一定的传统和习俗为基础,但也不能否认,师德评价本身也具有时代性和历史性,不能以前人的老观点、老思想作为衡量教师的准绳,在现在这个年代里不能将教师道德的评价仅限于观念上,高尚的师德也必须建立在客观的物质基础上。脱离了客观的物质基础而一味地要求教师的道德如何高尚,这是不合理的。

事实上,这种流传千年的高尚思想已经出现了与时代发展不符的现状。如某中学教师表示,"整个社会对于教师的期望过高,将教师当成一种'圣人',觉得教师就应该是不食

---

① 任元顺. 师德概论[M]. 杭州:杭州大学出版社,1995:17.

人间烟火的圣人，把教师放在道德的至高点去要求教师。”

在笔者走访的学校里，有多数学校推崇学生对师德的评价，其所占的比重也是较高的。以学生为主体的评价方式，主要是从学生的角度出发，通过学生对教师的道德行为或教学行为进行评价。这种评价方式可以直观地了解和掌握教师的教育教学状况和师德表现，对教师的工作进行比较全面和准确的评价。多数教师也认为对自己的职业道德评价最有发言权的是学生，长治武乡四中的英语老师认为，“以我个人的观点，我认为最重要的是要从学生的角度看，就是看学生是如何评价教师的作用的，你看现在评价老师的手段包括学校、县里、市里、省里，这些成为衡量老师的一个尺度，评价老师最有发言权的，我觉得还是学生。”①

但学生评价教师是把双刃剑，如果用得好，可以提高教学水平、和谐师生关系、激发教师的个人成就感；用得不好，不仅伤害了教师的自尊心，挫伤教师工作的积极性，而且可能造成师生关系的紧张。因为不同的人有不同的价值观，对于同一任务或者同一事物，不同的人可能会做出程度不同的甚至截然相反的价值判断。纵然不能否认学生对于教师评价的重要性，但是将学生评价作为考核教师职业道德的首要评价主体是存在很大风险的。

从伦理学意义上讲，和谐社会乃是社会多元利益主体通过价值认同和行为选择的协调而形成一种有利于满足于人的需要、促进人的发展的具有良好道德关系和精神氛围的社会。由此而论，需要通过教师自我评价、社会舆论的评价和学生评价，形成对教师道德建设的价值认同，从而不断提高教师道德修养，实现构建和谐教育的最终目标。

【拓展阅读】

每年秋天，都是老师们一个学年辛勤耕耘的开始，也是弘扬尊师重教美德的最好时点。在第35个教师节到来之际，教育部发布的一系列成果收获不少点赞：提振“师道尊严”，树立优秀教师典型，设立教师职业行为准则；提升“地位待遇”，完善教师荣誉制度，教师工资升至全国十九大行业第七位；开拓“发展空间”，完善教师职称评聘制度，畅通教师发展通道。这些成果让更多人看到，深化教育改革实实在在落实到了教育工作者的获得感中。

百年大计，教育为本；教育大计，教师为本。这些年来，《中华人民共和国教师法》《关于加强教师队伍建设的意见》《关于全面深化新时代教师队伍建设改革的意见》等一系列法律法规、政策文件，以及“特岗计划”“公费师范生计划”“乡村教师支持计划”等专项计划的实施，夯实了保障教师安心从教的制度基石，让广大教师在岗位上有幸福感、事业上有成就感、社会上有荣誉感。

“经师易求，人师难得。”如何吸引更多优秀人才加入教师队伍、如何打造高素质的教师群体，各地学校尤其是乡村、艰苦地区面临不小挑战。身安、心安方能厚植出教育情怀。要打造一支师德优良、学识过硬、愿意扎根乡村的教师队伍，必须花大力气、下细功夫。如此，才能让优秀人才“下得去、留得住、教得好”，点亮一方梦想与心灵的“明灯”。

① 卫建国.《中小学教师职业道德提升研究》课题报告（项目编号：山西省高校人文社科重点研究基地课题 2010315）.

正是在这样的思路下，我们看到，优质教师队伍的培育，离不开全社会尊师重教良好氛围的浸润和滋养。乡村教师支月英坚守在偏远山村的讲台39年，从"支姐姐"到"支妈妈"再到"支奶奶"，几十年如一日的奉献点亮了大山孩子的童年，这份执着和赤子情怀深深打动了无数人。她先后被授予"全国教书育人楷模""感动中国2016年度人物"等荣誉称号，她的故事还被拍进电影《一生只为一事来》，将大爱永远传颂下去。詹英贤、辛德惠等一批批中国农业大学老师把课堂搬到河北曲周的盐碱地上，带领学生把论文写在大地上，收获了全社会点赞，曲周县还专程编演了豫剧《天绿》，感恩农大人的付出。其实，像这样的优秀教师数不胜数，他们兢兢业业地挺起了民族教育的"脊梁"。用尊敬之声、礼赞之行温暖每一位爱岗敬业的"筑梦人"，就是对教育最大的支持，对教师最好的礼物。

教育是什么样子，明天就是什么样子。习近平总书记强调："让教师成为让人羡慕的职业。"全社会共同守护教育工作者的信仰和从教情怀，让"尊师"氛围成为常态，让"重教"主张惠及每一位老师，民族就有希望，国家就有未来。①

沙场点兵

1. 赵老师是一位有20多年教龄的数学教师，每天给学生布置的数学作业除了教学大纲规定的外，还坚持给学生留大量的课外练习。他所教的班级成绩一直名列前茅。家长都希望自己的孩子能去赵老师的班级。而他的学生总是抱怨赵老师搞题海战魔鬼训练，对数学的抵触情绪日渐严重。在期末测评时，学校给赵老师的职业道德行为评价与学生的打分相差很大。学校认为：赵老师工作责任心强，对学生要求严格，工作兢兢业业，成绩显著，应该给予表彰；学生则认为赵老师压抑学生的学习兴趣，不利于学生的全面发展②。

思考：面对赵老师的教育行为，为什么学校评价和学生评价会截然不同？应该如何看待赵老师的教育行为？

2. 近年来，在一些中小学，有一个引起人们广泛关注的问题，即有的教师在与学生家长的交往中，利用职务之便，谋取个人好处，如接受家长的各种礼品、与家长拉关系、利用家长手中的权力为自己办私事等。对此，有的教师不以为然，认为这是社会的不良风气所致，小气候改变不了大气候。对上述现象，到底应该怎么看？请根据你自己的师德标准和价值观、义利观谈谈对这个问题的认识。

3. 作为学前教育的学生，了解了幼儿教师职业道德规范，会激励我们追求更高的道德境界。为什么要养成良好的职业道德习惯、提高职业道德境界？如何把这些外在的规范变为我们的自觉行为？

可是，也有人说："我们还没有工作，现在进行职业道德养成训练为时尚早。"

思考：对上述两种观点，你怎样看？

4. 学校评选"优秀教师"这一做法多年不变。然而，最近在报上读到一篇文章，讲的是

---

① 何娟. 让教师成为让人羡慕的职业[J]. 人民日报，2019-09-10.

② 杨芷英.教师职业道德[M].北京：高等教育出版社，2009：181.

上海一所小学改变教师评价方法。由原来的评选“优秀教师”改为评选“快乐教师”。经过全校学生的评选,该校产生了6名学生眼中的“快乐教师”。“快乐教师”具有如下品质:①有趣、有知识,上课从来不骂人;②作业不留太多;③下课能让学生出去玩;④上课面带微笑,批评带有幽默;⑤哪个同学在某方面有特长,就让他继续发展下去;⑥要年轻一点,经验多一点;⑦不拖课。这些当选的教师虽然性格、风采各异,但是具有一个共同的特点:懂得用快乐教学,并且他们本身也是很快乐的。他们对教育的“快乐”的理解和实践,使学生产生了乐于接近老师、乐于接受教育的快乐情愫,从而在校园里吹拂起“快乐”的春风。

上海市教科院的一些专家认为,从评选“优秀教师”到评选“快乐教师”,是一种有意义的尝试。教师不仅从学生那里获得了评价,还了解了学生的需求,尤其是对教师教育观念的改变起到了催化作用。

思考:通过以上案例,你认为教师工作评价方法的改变能够给我们带来哪些启迪?

第六章
幼儿教师职业发展的相关法律

本章导读

近年来，幼儿园法律纠纷、幼儿教师虐童事件频出，引发了公众对幼儿园教师职业道德及相关法律、法规制度的广泛关注。在呼吁提升教师职业道德的同时，也要知道幼儿教师职业发展的底线，那就是相关的法律规定，明了底线，才能更有效地减少触碰底线的行为，很多事件的出现都是因为当事人职业法律意识的缺失和淡薄，因此有必要对幼儿教师职业发展的相关法律知识进行普及。

为提升学习者的职业法律素质，本章将从以下几个方面进行详细阐述：幼儿教师职业法律素质的含义及提升幼儿教师职业法律素质的意义；与幼儿教师相关的法律法规；与幼儿相关的法律法规。

第一节 幼儿教师职业法律素质

话题聚焦

2015年5月20日，北京某艺术幼儿园两名女老师，因故意伤害他人被昌平警方行政拘留。部分孩子已被家长领回，园方和家长双方意见仍未达成一致。5月18日上午，多名家长举报称，该艺术幼儿园一名老师在孩子午休或上课时，用教棍体罚孩子，致多名儿童身体部位出现淤青（本报近日连续报道）。

“儿子在家都两天没上学了。”家长张女士说，事情发生后，她心里有了阴影，觉得幼儿园不安全，“女孩都会挨打，更何况男孩。”张女士表示，其间也有让孩子转园的想法，但事情没解决完，不想不了了之。和张女士想法一致的还有约10名家长，均已把孩子接回家，暂未上学。

昨天上午，昌平警方官微发布消息称，5月18日上午，昌平警方先后接多名家长报警称：其孩子在位于昌平区城北街道的某私立幼儿园遭到老师殴打。接到报警后，昌平公安分局松园派出所迅速赶到事发幼儿园，展开调查。经查明，今年4月底以来，该幼儿园老师陈某某（女，21岁，河北人）、关某某（女，55岁，北京人）在教学管理中，用教鞭或徒手对其认为“不听话”的儿童进行“惩戒”，致多名儿童身体多处部位出现淤青。现陈某某、关某某因故意伤害他人已被昌平警方行政拘留。

昨天下午4点多，20余名孩子家长和园方领导进行第三次协商座谈会。“老师打人绝不是个别现象。”多名家长表示，既然警方已发布调查结果，幼儿园就应该拿出完整视频让大家观看，至于谈赔偿的事，看完视频再说。另外，家长提出查看幼儿园园长资格证，“这两点要求均被园方拒绝。”昨天，双方就相关问题仍未达成一致。

对于园区不让家长查看全部监控视频的问题，幼儿园园长李女士称，因目前视频在派出所，需由派出所请示昌平公安分局才能让家长查看。此外，针对家长质疑的园区有多处监控，为何此前没发现老师打孩子？李女士表示，园区大概有三四处监控视频，有专人看管，之前巡班查看也会抽查，没有发现老师打孩子的现象，如果碰到肯定会制止。

昨天，对于两名老师被行政拘留一事，李女士表示，下一步幼儿园会开除二人。

另外，记者从昌平警方获悉，涉事女教师陈某某行政拘留15日，罚金1000元，关某某行政拘留13天，罚金700元。

（资料来源：吕高见，袁国礼. 京华时报. 2015年5月21日，作者引用时略有修改.）

思考：

1. 幼儿园教师虐童事件屡次报道，却屡见不鲜，你觉得是什么原因造成的？

2. 你觉得如何提高幼儿园教师的职业法律素质？

触目惊心！盘点近年来幼儿园虐童事件

理论加油站

一、职业法律素质的含义及特征

要了解职业法律素质的含义，先要从素质入手，素质一词在《辞海》中是这样描述的：①人的生理上的原来的特点；②事物本来的性质；③完成某种活动所必需的基本条件。在高等教育领域中，素质应是第三个定义，那就是大学生从事某种社会实践活动所具备的能力。

法律素质是个体在学习和掌握一定法律知识的基础上，能够将法律知识外化为符合法律规范的行为，内化为运用法律知识解决实际问题的能力，最终由两者结合为法律素质。亦即法律素质指个体自觉知法、守法、用法的能力和行为。

教师职业的特殊性决定了其法律素质具有一般内涵和特殊内涵。

一般内涵。教师作为社会人，应广泛了解一些基本法律知识，正确认识和理解社会主义民主与社会主义法制的关系，认识到社会主义法制的本质和基本特征，自觉守法，主动用法，运用法律维护国家和集体的利益，维护自身和学生的正当权益。

特殊内涵。教师作为一个特殊的职业群体，教育的目的性要求教师必须具备其职业所必需的特定素质，从法律素质角度看就是：首先，教师除了掌握一般的法律基础知识外，必须全面系统地掌握教育法律法规体系；其次，教师必须严格守法，依法执教①。

二、幼儿教师职业法律素质的作用

人是一切活动的核心要素，幼儿教师是幼儿教育的核心，而幼儿教师职业法律素质是幼儿教育质量提高的核心，依法执教是保障和提高幼儿教育质量的前提和基础，只有懂法、守法、依法执教的优秀幼儿教师队伍才能确保高质量的幼儿教育②。

幼儿教师职业法律素质的作用主要表现在以下几个方面。

（一）幼儿教师职业法律素质的提升有利于幼儿教育事业健康发展

习近平总书记反复强调：“教师是立教之本、兴教之源，承担着让每个孩子健康成长、办好人民满意教育的重任。”③幼儿教师的职业法律素质的提升，对于保护、促进幼儿的身心发展，对于促进幼儿教育事业的健康发展都具有重要作用。

（二）幼儿教师职业法律素质的提升有利于改善幼儿园法律纠纷现状

近年来，幼儿园法律纠纷层出不穷，有的甚至涉及严重违法，这些都与幼儿教师的法

① 白雪芹. 教师法律素质的培养[J]. 胜利油田职工大学学报，2003(3).

② 张洁汝. 幼儿教师职业法律素养研究[D]. 沈阳：沈阳师范大学，2014.

③ 习近平. 向广大教师致慰问信[N]. 云南日报，2013-09-10(3).

律素质紧密相关。浙江温岭某幼儿园教师出于“一时好玩”，揪住一名幼童双耳向上提起，并让同事拍照传到网上。被揪耳幼童双脚离地近20厘米，表情痛苦，号啕不止。相反，教师神情愉悦，乐在其中。这种行为明显违法，对幼儿身心造成了严重伤害，而当事人只是出于“一时好玩”，其法律素质之淡薄让人震惊。

这些层出不穷的法律纠纷，正是因为幼儿教师的法律意识淡薄、职业法律素质的缺失所造成的，因此，幼儿教师职业法律素质的提升迫在眉睫。

想一想

通州幼儿园虐童案　一母亲索赔万余元

本报讯　发生于2014年年底的北京通州某幼儿园老师殴打幼童一事，日前有了新的进展。近日，一名受害男童家长已将幼儿园诉至法院，目前通州法院正式受理。

小童（化名）的母亲段女士诉称，2012年9月，她将小童送到被告窦某开办的幼儿园，当时自己并不知道幼儿园没有任何办学资质，也没有教育部门的相关备案。入园第一周，她便发现小童左眼下方有道一厘米长的口子，随后又发现孩子腿部膝盖以下常有青紫。小童常对她哭闹，称不想去幼儿园。她询问孩子伤是怎么来的，但小童始终不说。后来，自己多次去该幼儿园询问被告知是孩子自己磕碰造成的。

2014年12月20日，小童一早起来腿痛至无法走路。没过几天，该幼儿园由于存在虐童行为，被其他家长报了警。后经过调取园内的监控录像，段女士才得知该幼儿园长期存在虐待儿童的行为，教师长时间无故打骂儿童，在监控录像中孩子每天没有早餐，每天上午10点左右吃一顿饭，上午10点10分睡午觉，没有午饭。

得知真相后的段女士十分震惊，她告诉小童以后再也不去幼儿园了，孩子才将被打原因告诉了她。原来，幼儿园长期给孩子灌输错误思想，“孩子被打是因为犯错误，打你是因为爱你，如果你把挨打的事情告诉家长，家长来学校询问，孩子会被打得更重。”

段女士认为幼儿园违背了幼儿教育规律，严重损害了幼儿身心健康。事后，幼儿园负责人窦某不但没有向被打孩子的家长赔礼道歉、赔偿损失，还试图掩盖事实。

近日，段女士已向通州区法院提起诉讼，要求法院判决被告赔偿原告医药费、交通费、精神损失费等共计10 000余元，并向原告公开赔礼道歉。本案已经被法院受理，等待进一步审理。

2014年12月，北京市通州区某幼儿园虐童事件曝光后，警方介入调查，通州区教委事后将其定性为严重违反师德的行为。目前，已责令该园整改，涉事老师已被开除。

（资料来源：人民网，中国青年网，2015-08-03，作者引用时有修改.）

思考：

1. 该幼儿园每天没有早餐，只在上午10点左右吃一顿饭，10点10分睡午觉，没有午饭，符合相关的法律规定吗？

2. 幼儿园教师打孩子，还警告孩子如果告诉家长会打得更重，这种行为会对孩子造成哪些影响？

（三）幼儿教师职业法律素质的提升有利于保护幼儿及教师自身合法权益

幼儿教师作为一个社会群体，承担着保护幼儿合法权益的重任，在《中华人民共和国义务教育法》中第二十九条明确规定：教师应当尊重学生的人格，不得歧视学生，不得对学生实施体罚、变相体罚或者其他侮辱其人格尊严的行为，不得侵犯学生合法权益。

同时，幼儿教师作为社会人，也有自身应有的权利和义务。要提高幼儿教师的职业法律素质，更好地运用法律武器保护自身权益。《中华人民共和国教育法》第三十三条规定：国家保护教师的合法权益，改善教师的工作条件和生活条件，提高教师的社会地位。教师的工资报酬、福利待遇，依照法律、法规的规定办理。

教师的权利和义务

想一想

教师参加继续教育被学校扣发工资，怎么办？

杨某，30岁，师专毕业后在某乡中学任初中物理教师。工作以来，杨某教学能力突出，很快成为学科的骨干教师。为了提高自己的学历层次，经杨某申请，当地教委和学校批准其到某师范大学进修。杨某十分珍惜这次来之不易的进修机会，在一年的进修期间，不仅成绩优秀，还发表了数篇论文。然而，进修结束后，她才发现学校将她进修期间的工资扣了一半，并被告知：进修期间，没有在学校正常工作的，一律扣发一半工资。学校可以扣发参加进修教师的工资吗？杨某应该怎么办？

学校无权扣除杨某工资。杨某有权向学校所在地的教育行政部门申诉。

《教师法》第七条规定，教师享有参加进修或者其他方式培训的权利。《中小学教师继续教育规定》第四条规定："参加继续教育是中小学教师的权利和义务。"第十六条规定："经教育行政部门和学校批准参加继续教育的中小学教师，学习期间享有国家规定的工资福利待遇。学费、差旅费按各地有关规定支付。"

根据以上规定，杨某参加进修进行继续教育，是其权利也是其义务。经过教委和学校批准，杨某参加进修，学习期间享有国家规定的工资福利待遇，学校不得扣发其工资，而且应按当地规定向杨某支付学费、差旅费。对于学校扣发其工资的行为，杨某可向学校所在地教育行政部门申诉，以维护自己的合法权益。

三、幼儿教师应具备的职业法律素质

（一）具备从事教师行业所需的普适性法律素质

幼儿教师作为教育行业中的一个群体，势必要先具备教师行业所需的法律素养，了解《中华人民共和国教育法》《中华人民共和国教师法》《中华人民共和国义务教育法》等相关法律。如了解1995年9月1日正式实施的《中华人民共和国教育法》的相关内容，知道它是教育的"宪法"或教育法规体系中的"母法"，在教育法体系中具有最高法律效力。理解教师的权利和义务、受教育者的权利等，从而做到依法执教。

【拓展阅读】

中华人民共和国教育法（节选）

（1995年3月18日，第八届全国人民代表大会第三次会议通过，2009年8月27日，根据第十一届全国人民代表大会常务委员会第十次会议《关于修改部分法律的决定》第一次修正，2015年12月27日，根据第十二届全国人民代表大会常务委员会第十八次会议《关于修改〈中华人民共和国教育法〉的决定》第二次修正）

目录

第一章　总　则

第一条　为了发展教育事业，提高全民族的素质，促进社会主义物质文明和精神文明建设，根据宪法，制定本法。

第二条　在中华人民共和国境内的各级各类教育，适用本法。

第三条　国家坚持以马克思列宁主义、毛泽东思想和建设有中国特色社会主义理论为指导，遵循宪法确定的基本原则，发展社会主义的教育事业。

第四条　教育是社会主义现代化建设的基础，国家保障教育事业优先发展。

全社会应当关心和支持教育事业的发展。

全社会应当尊重教师。

第五条　教育必须为社会主义现代化建设服务、为人民服务，必须与生产劳动和社会实践相结合，培养德、智、体、美等方面全面发展的社会主义建设者和接班人。

第六条　教育应当坚持立德树人，对受教育者加强社会主义核心价值观教育，增强受教育者的社会责任感、创新精神和实践能力。

国家在受教育者中进行爱国主义、集体主义、中国特色社会主义的教育，进行理想、道德、纪律、法治、国防和民族团结的教育。

第七条　教育应当继承和弘扬中华民族优秀的历史文化传统，吸收人类文明发展的一切优秀成果。

第八条　教育活动必须符合国家和社会公共利益。

国家实行教育与宗教相分离。任何组织和个人不得利用宗教进行妨碍国家教育制度的活动。

第九条 中华人民共和国公民有受教育的权利和义务。

公民不分民族、种族、性别、职业、财产状况、宗教信仰等，依法享有平等的受教育机会。

第十条 国家根据各少数民族的特点和需要，帮助各少数民族地区发展教育事业。

国家扶持边远贫困地区发展教育事业。

国家扶持和发展残疾人教育事业。

第十一条 国家适应社会主义市场经济发展和社会进步的需要，推进教育改革，推动各级各类教育协调发展、衔接融通，完善现代国民教育体系，健全终身教育体系，提高教育现代化水平。

国家采取措施促进教育公平，推动教育均衡发展。

国家支持、鼓励和组织教育科学研究，推广教育科学研究成果，促进教育质量提高。

第十二条 国家通用语言文字为学校及其他教育机构的基本教育教学语言文字，学校及其他教育机构应当使用国家通用语言文字进行教育教学。

民族自治地方以少数民族学生为主的学校及其他教育机构，从实际出发，使用国家通用语言文字和本民族或者当地民族通用的语言文字实施双语教育。

国家采取措施，为少数民族学生为主的学校及其他教育机构实施双语教育提供条件和支持。

第十三条 国家对发展教育事业做出突出贡献的组织和个人，给予奖励。

第十四条 国务院和地方各级人民政府根据分级管理、分工负责的原则，领导和管理教育工作。

中等及中等以下教育在国务院领导下，由地方人民政府管理。

高等教育由国务院和省、自治区、直辖市人民政府管理。

第十五条 国务院教育行政部门主管全国教育工作，统筹规划、协调管理全国的教育事业。

县级以上地方各级人民政府教育行政部门主管本行政区域内的教育工作。

县级以上各级人民政府其他有关部门在各自的职责范围内，负责有关的教育工作。

第十六条 国务院和县级以上地方各级人民政府应当向本级人民代表大会或者其常务委员会报告教育工作和教育经费预算、决算情况，接受监督。

第四章 教师和其他教育工作者

第三十三条 教师享有法律规定的权利，履行法律规定的义务，忠诚于人民的教育事业。

第三十四条 国家保护教师的合法权益，改善教师的工作条件和生活条件，提高教师的社会地位。

教师的工资报酬、福利待遇，依照法律、法规的规定办理。

第三十五条 国家实行教师资格、职务、聘任制度，通过考核、奖励、培养和培训，提高教师素质，加强教师队伍建设。

第三十六条 学校及其他教育机构中的管理人员，实行教育职员制度。

学校及其他教育机构中的教学辅助人员和其他专业技术人员，实行专业技术职务聘任制度。

第五章 受教育者

第三十七条 受教育者在入学、升学、就业等方面依法享有平等权利。

学校和有关行政部门应当按照国家有关规定，保障女子在入学、升学、就业、授予学位、派出留学等方面享有同男子平等的权利。

第三十八条 国家、社会对符合入学条件、家庭经济困难的儿童、少年、青年，提供各种形式的资助。

第三十九条 国家、社会、学校及其他教育机构应当根据残疾人身心特性和需要实施教育，并为其提供帮助和便利。

第四十条 国家、社会、家庭、学校及其他教育机构应当为有违法犯罪行为的未成年人接受教育创造条件。

第四十一条 从业人员有依法接受职业培训和继续教育的权利和义务。

国家机关、企业事业组织和其他社会组织，应当为本单位职工的学习和培训提供条件和便利。

第四十二条 国家鼓励学校及其他教育机构、社会组织采取措施，为公民接受终身教育创造条件。

第四十三条 受教育者享有下列权利：

（一）参加教育教学计划安排的各种活动，使用教育教学设施、设备、图书资料；

（二）按照国家有关规定获得奖学金、贷学金、助学金；

（三）在学业成绩和品行上获得公正评价，完成规定的学业后获得相应的学业证书、学位证书；

（四）对学校给予的处分不服向有关部门提出申诉，对学校、教师侵犯其人身权、财产权等合法权益，提出申诉或者依法提起诉讼；

（五）法律、法规规定的其他权利。

第四十四条 受教育者应当履行下列义务：

（一）遵守法律、法规；

（二）遵守学生行为规范，尊敬师长，养成良好的思想品德和行为习惯；

（三）努力学习，完成规定的学习任务；

（四）遵守所在学校或者其他教育机构的管理制度。

第四十五条 教育、体育、卫生行政部门和学校及其他教育机构应当完善体育、卫生保健设施，保护学生的身心健康。

（资料来源：节选自中华人民共和国教育部网站．http://www.moe.gov.cn/.）

（二）具备从事幼儿教师所需的专业性的法律素质

幼儿教师面对的是一个特殊的群体，是3～6岁的幼儿，相比其他阶段的教育，教育者要付出更多的心血和努力。在面对这些孩子的时候，只倡导爱心和师德是不够的，必须要有一个底线，就是相关法律。幼儿教师要认真学习《儿童权利公约》《幼儿园工作规程》《幼儿园工作条例》《幼儿园教育指导纲要（试行）》《3～6 岁儿童学习与发展指南》等法律法规。近年来，各幼儿园通过法律知识竞赛、普法知识讲座等形式对教师进行普法宣传，收到了良好效果。

幼儿教师作为一个职业群体，在工作过程中也要学会维护自身的合法权益，如了解自身的从业资质；了解教师的权利和义务；了解有关组织和个人侵犯自身权利时如何维护等，从而真正做到依法执教，依法维护自身权利①。

【拓展阅读】

当前中小学教师法律素质不高的原因

(1) 从长期的社会历史原因来看，我国长达两千多年的封建专制统治，只有人治或人治统治下的法治，这样长期的影响是法制建设缺乏良好的基础，给我国法治化进程造成了很大的障碍。并且长期以来，我国教育受儒家思想影响深远，“师道尊严”历来是调整师生关系的习惯，人们总是一如既往地全力维护教师的尊严，告诫孩子要“唯师是从”。但这种过分的信任与宽容，致使教师无视学生的权利。

(2) 从教师素质培训的体系来看，无论是职前学习还是职后培训，法律知识的培训一直是处于次要甚至是被忽略的地位，没有将法律素质纳入教师素质的范畴。教师素质的培训主要强调提高教师的政治素质、业务能力和职业道德，并把教师在教育教学管理过程中出现的玩忽职守、体罚或变相体罚学生、侮辱学生、不尊重学生人格及学术腐败等诸多问题一般归结为教师道德层面的问题，没有上升到法律的高度。

北京师范大学冯晓霞教授在一次接受采访时曾经提到：“我们现在的法律太不完善，很多法律如《未成年人保护法》更像是一个宣言和原则，对于那些违法的教师太宽容，很多虐童事件曝光后，无法处置，难以量刑，当事人仅被拘留和罚款，最后便不了了之。对于那些不止一次殴打、伤害孩子的教师，我们不仅要让他们负起相应的刑事责任，更要永久性地禁止他们进入这个行业。”

(3) 从学校和教师自身来说，由于教育系统对提高教师的法律素质重视不够，认为进了学校，教师就能自觉地遵守各项法律法规，过高地估计了学校环境的影响作用，对教师法制教育没有落实或落实不够。教师在缺少系统规范的培训下，不能很自觉地对教育法律法规的具体内容进行学习研究。不懂法何来守法。根据《中华人民共和国义务教育法》第四章第二十九条，教师应当尊重学生的人格，不得歧视学生，不得对学生实施体罚、变相体罚或者其他侮辱人格尊严的行为，不得侵犯学生合法权益。但是许多教师更知道的是“严师出高徒”，将道德规范和法律法规混为一谈，近年来，因教师擅自离开工作岗位或虽在工作岗位但未履行职责导致教学事故时有发生。在追究责任时，责任人往往意识不到玩忽职守本身就是违背教育法规的行为，仅从责任心不强方面认识错误，有的甚至还强词夺理，开脱责任。

---

① 李晓燕. 论教师的职业法律素质[J]. 河北师范大学学报（教育科学版），2002.

【拓展阅读】

郑州幼儿园女教师摔打幼童　朝地上猛摔三次

近日，一段名为“郑州一幼儿园女教师摔打幼童”的视频在网络上引发网友热议，视频内容发生在郑州高新区一民办幼儿园。监控录像显示，一名女教师拎着孩子朝地上猛摔3次，还用玩具抽打孩子的脸。目前，涉事教师已被辞退，但园方以家长公开被打视频为由不协商解决。

被打孩子叫梁梁（化名），今年3岁，在高新区某幼儿园上小班。梁梁的姑姑金女士说，7月3日下午，她到幼儿园接梁梁放学，梁梁回家一直不吭声，后来便一直发烧并住了一个星期的院，医生说孩子可能受到了惊吓。

后来，一位孩子家长给金女士发了一段视频。视频显示，7月3日当天被幼儿园老师摔打的，还有一名孩子叫龙龙（化名）。龙龙回家后，父母发现孩子不正常，一直哭闹着不愿再去学校，便到学校调取了监控。

因为龙龙正好坐在监控画面最左侧的死角，没被拍到，但恰恰拍到梁梁被打的画面，龙龙家长偷偷用手机拍下了这段视频。

随后，幼儿园给龙龙退了学费，龙龙家长将其转学，并将视频转给金女士看，她才知道了这一切。

金女士说，事发后，她多次与幼儿园交涉讨说法，但一直未果。

据悉，涉事幼儿园无相关资质，郑州市高新区教体局有关负责人表示，他们对其多次下发停办通知却无果。他们将会同相关部门，强令该幼儿园关停。

我们可以看到：幼儿受到了伤害，幼儿园却本无资质，而面对高新区教体局的处罚，该幼儿园不予理会，课照常开，园照常办。可见，处罚力度、执行力度之薄弱。另外，对于当事人的处罚力度太轻，对年幼的孩子施暴，最终的处罚就只是“卷铺盖走人”，幼儿园的答复也只是把她开除了，好像与自己就没什么关系了，那给孩子身体和心理上所造成的伤害该如何弥补呢？

无独有偶，大家所熟知的浙江温岭幼儿园的案件，当事人也只是按照《治安管理处罚条例》被处罚，温岭市警方在其官方微博上也公布了事件的处理结果，经专案组连夜调查，颜某因涉嫌寻衅滋事犯罪，现已对此予以刑事拘留，另一名参与拍照的女教师童某，因寻衅滋事已被做出行政拘留七日的处罚。昨天，两个人也已经被当地教育局辞退。

（资料来源：环球网，2015-07-24，作者引用时有部分改动.）

【拓展阅读】

江西某幼儿园火灾案　4名责任人被判刑

新华社南昌5月25日电（记者胡锦武）　一年前造成13名幼儿死亡的江西某艺术幼儿园火灾案昨日在南昌市西湖区人民法院宣判，4名责任人一审均被判刑。

2001年6月4日21时10分左右，该幼儿园小（六）班的班主任杨某在宿舍内的过道

上点了三盘蚊香。临走时，杨某将这一情况告诉了当晚值班的保育员吴某。23时许，广电幼儿园保教主任倪某和值班医生在巡查中发现小（六）班点了蚊香，倪某进行了简单的询问，但未做任何处理便离开了。23时30分，吴某离开宿舍后约45分钟内未到宿舍巡视。在此期间，床上的棉被掉落在床边过道上点燃的蚊香上，引起燃烧后，火势迅速蔓延，造成13名3～4岁的幼儿在火灾中丧生。其中男孩7人、女孩6人，大部分为窒息死亡。

南昌市西湖区人民法院对四名被告作出了一审判决，保育员吴某、班主任杨某因失火罪分别被判处有期徒刑5年和3年，保教主任倪某、园长刘某因国有企业、事业单位失职罪分别被判处有期徒刑3年。

法庭认为，担任小（六）班保育员的吴某既无上岗证，也未受过幼儿保育职业培训，身为广电幼儿园园长的刘某违反有关规定让吴枝英担任保育员一职，属严重失职行为。

（资料来源：新华社，2002年5月25日，作者引用时有部分改动.）

思考：案件的结局可谓惨痛，但再严重的判罚也换不回幼儿的生命，作为教师，你觉得怎样才能避免惨剧的发生？

第二节 与幼儿教师相关的法律法规

话题聚焦

2000年国家少年儿童“安康计划”公布的数字显示：我国中小学生因安全事故、食物中毒、溺水、交通事故、自杀等死亡的，平均每天有40多人，相当于每天有一个教学班在“消失”。触目惊心的数字敲响了校园安全警钟。前国家教育部部长周济曾经指出：确保青少年的生命安全，是教育工作第一位的责任。人死了，还谈什么教书育人呢？生命不保，何谈教育！法律责任是指因违反了法定义务或契约义务，或不当行使法律权利、权力所产生的，由行为人承担的不利后果。

教师是一个特殊的职业，有比其他职业丰厚得多的权力资源。任何一种权力如果没有得到很好的监控，就有可能泛化或引发腐败。教师权力也是需要监控的，否则这种权力的破坏力很大，甚至会伤及孩子们一生的幸福。对教师权力的监控十分困难，因为权力对象是学生，而且教师权力资源丰厚。这就需要教师自觉地监控自己的权力，以防止权力轻易地泛化，直到伤害了学生的权利还不自知。教师处于侵权的危险之中，实在不是危言耸听。

理论加油站

一、相关法律制度

作为一名肩负着教育国家未来希望的教育者，幼儿教师应该了解相关法律法规，主要包括以下几个方面。

（一）《国家中长期教育改革和发展规划纲要（2010—2020年）》

想一想

小彤毕业于某大学学前教育专业，现在在某幼儿园任主班老师。当初选择这个专业，一是自己比较喜欢孩子，二是来自家长的建议。小彤的父亲平时比较关心时事政策，在电视上看到了《国家中长期教育改革和发展规划纲要（2010—2020年）》的颁布，认为学前教育的发展前景广阔，结合小彤从小就喜欢唱歌、跳舞，喜欢孩子的特点，建议小彤选择这个专业。《国家中长期教育改革和发展规划纲要（2010—2020年）》究竟是一个什么样的文件呢？

《国家中长期教育改革和发展规划纲要（2010—2020年）》颁布于2010年7月，是中国21世纪以来颁布的第一个教育规划，是指导2010—2020年这10年间全国教育改革与发展的指导性文件。其中，第二部分第三章中关于学前教育是这样描述的：

基本普及学前教育。学前教育对幼儿习惯养成、智力开发和身心健康具有重要意义。遵循幼儿身心发展规律，坚持科学的保教方法，保障幼儿快乐健康成长。积极发展学前教育，到2020年，全面普及学前一年教育，基本普及学前两年教育，有条件的地区普及学前三年教育。重视0～3岁婴幼儿教育。

明确政府职责。把发展学前教育纳入城镇、新农村建设规划。建立政府主导、社会参与、公办民办并举的办园体制。积极发展公办幼儿园，大力扶持民办幼儿园。实行成本合理分担机制，对家庭经济困难的幼儿入园给予财政补助。完善幼儿园工作制度和管理办法。制定学前教育办园标准和收费标准。建立幼儿园准入和督导制度，加强学前教育管理，规范办园行为。依法落实幼儿教师地位和待遇，加强幼儿教师队伍建设。教育行政部门宏观指导和管理学前教育，相关部门履行各自职责，充分调动各方面力量发展学前教育。

重点发展农村学前教育。努力提高农村学前教育普及程度。着力保证留守儿童入园。多种形式扩大农村学前教育资源，新建扩建托幼机构，在小学附设学前班，充分利用中小学布局调整的富余校舍和教师资源。支持贫困地区发展学前教育。

资料链接

面对学龄前幼儿入园难问题，石家庄市提出推进学前教育发展，今明两年规划新建幼儿园 94 所，逐年新建、改扩建一批公办园，加快公办标准化幼儿园建设；鼓励优质公办幼儿园举办分园或合作办园，并积极扶持惠民型民办幼儿园。这是日前公布的《石家庄市学前教育三年行动计划(2014—2016 年)》中提出的。

2015 年，全市规划新建幼儿园 49 所(城镇 22 所，乡村 27 所)，改扩建公办幼儿园 29 所(城镇 6 所，乡村 23 所)，扶持民办幼儿园 11 所(城镇 1 所，农村 10 所)。规划投资 1.62 亿元，规划新改扩建和维修园舍面积 11.04 万平方米，购置玩教具及保教设备 4.02 万台(件)，新增幼儿园学位数 11 318 个。

2016 年，全市规划新建公办幼儿园 45 所(城镇 25 所，乡村 20 所)，改扩建公办幼儿园 28 所(城镇 8 所，乡村 20 所)，扶持民办幼儿园 10 所(城镇 5 所，农村 5 所)。规划投资 1.65 亿元，规划新改扩建和维修园舍面积 11.07 万平方米，购置玩教具及保教设备 3.83 万台(件)，新增幼儿园学位数 11146 个。

(资料来源：今明两年石家庄市将规划新建幼儿园 94 所. 燕赵都市网，2015-05-28.)

(二)《幼儿园工作规程》

想一想

小彤上大学的时候，陆续接触了一些关于幼儿园的法律、法规，如老师在幼儿园管理课上反复提到的《幼儿园工作规程》《幼儿园管理条例》等，在幼儿园教育活动设计与实践课上，又学习了指导幼儿园教育教学的《幼儿园教育指导纲要(试行)》等文件，对幼儿园各方面的工作又有了进一步的了解。

《幼儿园工作规程》(简称《规程》)是加强和规范幼儿园管理的重要文件，也是深化幼儿园教育改革、提升保教质量的指导性文件，自 1996 年颁布实施以来，发挥了重大作用。随着经济社会的发展，教育改革的不断深入，幼儿园教育的环境和条件的不断变化，为适应新形势，教育部颁布了新修订的《幼儿园工作规程》，此《规程》自 2016 年 3 月 1 日起实行，同时废止原国家教育委员会第 25 号发布的《规程》。新《规程》整体依据原文件，修订部分更加注重与现行法律政策规定的衔接，明确了一些笼统、模糊的表述，细化和完善了相关制度等。详见附录《幼儿园工作规程》。

(三)《幼儿园管理条例》

1989 年 8 月 20 日经国务院批准，1989 年 9 月 11 日中华人民共和国国家教育委员会令第 4 号发布，1990 年 2 月 1 日起施行。

开办幼儿园应当具有符合下列条件的保育、幼儿教育、医务和其他工作人员。

(1) 幼儿园园长、教师应当具有幼儿师范学校(包括职业学校幼儿教育专业)毕业程度，或者经教育行政部门考核合格。

(2) 医师应当具有医学院校毕业程度，医士和护士应当具有中等卫生学校毕业程度，或者取得卫生行政部门的资格认可。

（3）保健员应当具有高中毕业程度，并受过幼儿保健培训。

（4）保育员应当具有初中毕业程度，并受过幼儿保育职业培训。

【拓展阅读】

幼儿教师应具备的专业素养

教师什么人都可以当吗？

如果找大家来回答这个问题，大多数人都会说“不是”，因为至少大多数人都知道教师首先必须是一个有知识的人，必须是接受过教育的人。有知识的人就可以当教师吗？接受过教育的人就可以当教师吗？对这样的问题，很多人也许会给予肯定的回答。在很长的时间里，人们就是这样看待教师职业的，直到现在，仍然有很多人持这样的看法。不管在大学里接受的是何种专业教育，都可以尝试去找一份教师的职业，似乎教师职业是有一些知识、接受过高等教育的人就可以从事的职业。在我国建立教师资格制度之前，的确是这样一种情况，然而现在这种情况已经发生了变化。要当教师，首先必须获得教师资格。

教育是如此的重要，关联到人类的重大利益。在属于教育资源的领域中，教师是最重要的资源。这种资源的质量，直接关系到人类社会的福祉、国家民族的福祉，因此，国家必须通过实施教师资格制度，保证教师的专业水平，确保教育资源的质量，满足公众对教育的需求。教师资格制度是国家对教师实行的特定的职业许可制度。教师资格是国家对专门从事教育教学人员的最基本要求，是公民获得教师岗位的法定前提条件。教师资格制度的法律法规、政策依据是《教师法》《教师资格条例》《〈教师资格条例〉实施办法》。教师资格制度全面实施后，只有依法取得教师资格、持有教师资格证书者，才能在教育行政部门依法批准举办的各级各类学校和其他教育机构中从事教育教学工作，没有取得教师资格的人员，不允许从事教师职业，担任教育教学工作。教师资格一经取得，就在全国范围内不受地域、时间的限制，具有普遍的效力，非依法律的规定不得丧失和撤销。我国教师资格制度主要包括以下几方面的内容。

1. 教师资格的分类

《教师资格条例》第四条将我国教师资格分为以下7类。

（1）幼儿园教师资格。

（2）小学教师资格。

（3）初级中学教师资格。

（4）高级中学教师资格。

（5）中等职业学校教师资格。

（6）中等职业学校实习指导教师资格。

（7）高等学校教师资格。

2. 教师资格条件

我国《教师法》第十条规定：“中国公民凡遵守宪法和法律，热爱教育事业，具有良好的思想品德，具备本法规定的学历或者经国家教师资格考试合格，有教师教学能力，经认定合格的，可以取得教师资格。”这一条规定包含了教师资格的四个要件：一是中国公民；二是思想品德要求；三是教育教学能力；四是学历要求。

3. 教师资格考试

是否具备教师资格，必须通过严格的考核来体现。根据《教师法》的规定：“不具备本法规定的教师资格学历的公民，申请获得教师资格，必须通过国家教师资格考试。”考试的类型根据不同的教师资格分类及其业务水平、知识结构的不同要求分别设立。考核的对象包括三类：一是师范专业毕业的入职者；二是非师范专业毕业的入职者；三是没有学历的在职教师。

4. 教师资格的认定

具备了《教师法》规定的 4 项基本要求的中国公民，并不意味着就可以取得教师资格，其还必须经过法定的程序和法定机构的认可才能取得教师资格。

(1) 教师资格认定机构。《教师法》第十三条规定：“中小学教师资格由县级以上地方人民政府教育行政部门认定。中等专业学校、技工学校的教师资格由县级以上地方人民政府教育行政部门组织有关主管部门认定。普通高等学校的教师资格由国务院或者省、自治区、直辖市教育行政部门或者由其委托的学校认定。”

(2) 教师资格认定程序。一是本人提出申请，提交相关证明材料。二是资格审查。教育行政部门接到申请后，应对申请人的条件进行审查。对符合条件的，应当在受理期限终止之日起 30 日内颁发相应的教师资格证书；对不符合认定条件的，应当在受理期限终止日起 30 日内将认定结论通知本人。三是颁发国务院教育行政部门统一印制的教师资格证书。

5. 教师资格的限制与丧失

教师必须按照规定条件和法定程序取得教师资格。我国《教育行政处罚暂行实施办法》第十八条规定：“弄虚作假或以其他欺骗手段获得教师资格的由教育行政部门撤销教师资格，自撤销之日起五年内不得重新申请认定教师资格。”第十九条规定：“参加教师资格考试的人员有作弊行为的，其考试成绩作废，并由教育行政部门给予三年内不得参加教师资格考试的处罚。”《教师资格条例》第十九条规定：“弄虚作假、骗取教师资格的；品行不良、侮辱学生，影响恶劣的，由县级以上人民政府教育行政部门撤销其教师资格。被撤销教师资格的，自撤销之日起 5 年内不得重新申请认定教师资格，其教师资格证书由县级以上人民政府教育行政部门收缴。”《教师法》第十四条规定：“受到剥夺政治权利或者故意犯罪受到有期徒刑以上刑事处罚的，不能取得教师资格；已经取得教师资格的，丧失教师资格。”

资料链接

教师资格认定条件

1. 热爱教育事业，具有良好的思想品德，能够履行《教师法》规定的下列义务

(1) 遵守宪法、法律和职业道德、社会公德，为人师表。

(2) 贯彻国家的教育方针，遵守规章制度，执行学校的教学计划，能够履行教师聘约，完成教育教学工作任务。

(3) 对学生进行宪法所确定的基本原则的教育和爱国主义、民族团结的教育，法制教育及思想品德、文化、科学技术教育，组织、带领学生开展有益的社会活动。

(4) 关心、爱护全体学生，尊重学生人格，促进学生在品德、智力、体质等方面全面发展。

(5) 制止有害于学生的行为或者其他侵犯学生合法权益的行为，批评和抵制有害于学生健康成长的现象。

(6) 不断提高思想政治觉悟和教育教学业务水平。

2. 具备《教师法》规定的相应学历

(1) 申请认定幼儿园教师资格，应当具备幼儿师范学校毕业或以上学历。

(2) 申请认定小学教师资格，应当具备中等师范学校毕业或以上学历。

(3) 申请认定初级中学教师资格，应当具备高等师范专科学校、其他大学专科毕业或以上学历。

(4) 申请认定高级中学教师资格，应当具备高等师范院校本科、其他大学本科毕业或以上学历。

(5) 申请认定中等职业学校教师资格，应当具备高等师范院校本科、其他大学本科毕业或以上学历。

(6) 申请认定中等职业学校实习指导教师资格，应当具备中等职业学校毕业或以上学历。对于确有特殊技艺者，经北京市教育委员会批准，其学历要求可适当放宽。

(7) 申请认定高等学校教师资格，应当具备研究生或大学本科毕业学历。

3. 教育教学能力应当符合的要求

(1) 具备承担教育教学工作所必需的基本素质和能力。

(2) 普通话水平应当达到国家语言文字工作委员会颁布的《普通话水平测试等级标准》二级乙等以上标准。申请者应具有相应的等级合格证书。

(3) 具有良好的身体素质和心理素质，无传染性疾病，无精神病史，适应教育教学工作的需要。使用专用体检表在教师资格认定机构指定的区、县级以上医院体检合格。

（资料来源：北京市贯彻《〈教师资格条例〉实施办法》的实施意见.）

（四）《幼儿园教育指导纲要（试行）》

《幼儿园教育指导纲要（试行）》（简称《指导纲要》）以区别于 1981 年颁布的《幼儿园纲要》，《指导纲要》颁布于 2001 年 7 月，是为了贯彻《中华人民共和国教育法》《幼儿园管理条例》和《幼儿园工作规程》，指导幼儿园深入实施素质教育。纲要共分为总则、教育内容与要求、组织与实施、教育评价四个部分。其中的第二部分着重从幼儿园五大领域的目标、内容与要求、指导要点等方面进行了详细的阐述，是指导幼儿教师保育和教育的重要依据。

（五）《3～6 岁儿童学习与发展指南》

想一想

2012 年下半年，小彤参加了在校期间的幼儿园见习活动，见习中，她发现幼儿园里的老师人手一本，像是在学习什么文件。仔细一问才知道，是《3～6 岁儿童学习与发展指南》。后来，园里主任也给小彤发了一本，她这才对这个文件有了进一步的了解。

为了深入贯彻落实《国家中长期教育改革和发展规划纲要(2010—2020年)》和《国务院关于当前发展学前教育的若干意见》(国发〔2010〕41号)，指导幼儿园和家庭实施科学的保育和教育，促进幼儿身心全面和谐发展，国家教育部于2012年10月颁布实施了《3～6岁儿童学习与发展指南》，以下简称《指南》。

《指南》从健康、语言、社会、科学、艺术五大领域描述幼儿的学习与发展。每个领域按照幼儿学习与发展最基本、最重要的内容划分为若干方面。每个方面由学习与发展目标和教育建议两部分组成。目标部分分别对3～4岁、4～5岁、5～6岁三个年龄阶段末期的幼儿应该知道什么、能做什么，大致可以达到什么发展水平，提出了合理期望，指明了幼儿学习与发展的具体方向；教育建议部分列举了一些能够有效帮助和促进幼儿学习与发展的教育途径与方法。以健康领域为例，目标和教育建议如下。

具有基本的生活自理能力

3～4岁	4～5岁	5～6岁
1. 在帮助下能穿脱衣服或鞋袜 2. 能将玩具和图书放回原处	1. 能自己穿脱衣服、鞋袜、扣纽扣 2. 能整理自己的物品	1. 知道根据冷热增减衣服 2. 会自己系鞋带 3. 能按类别整理好自己的物品

教育建议：

(1) 鼓励幼儿做力所能及的事情，对幼儿的尝试与努力给予肯定，不因其做不好或做得慢而包办代替。

(2) 指导幼儿学习和掌握生活自理的基本方法，如穿脱衣服和鞋袜、洗手洗脸、擦鼻涕、擦屁股的正确方法。

(3) 提供有利于幼儿生活自理的条件。如提供一些纸箱、盒子，供幼儿收拾和存放自己的玩具、图书或生活用品等；幼儿的衣服、鞋子等要简单实用，便于自己穿脱。

(六)《劳动法》

想一想

小彤要毕业了，在找工作过程中也遇到了一些麻烦，有意向的几家幼儿园除待遇各不相同，试用期也是有的有，有的无，有的长，有的短。签订劳动合同的时间也不相同，有的说先签合同再试用，有的是先试用再签合同。小彤犯了愁，不知如何是好。

案例中小彤遇到的问题涉及劳动法的相关内容，劳动法是调整劳动关系及与劳动关系密切联系的社会关系的法律规范总称。它是资本主义发展到一定阶段而产生的法律部门；是从民法中分离出来的法律部门；是一种独立的法律部门。这些法律条文规定了工会、雇主及雇员的关系，并保障各方面的权利及义务。

我国的劳动法是《中华人民共和国劳动法》，于1995年1月1日起施行(最新立法为2008年的《劳动合同法》，需配合使用)。

所谓试用期，又叫适应期，是指用人单位和劳动者为相互了解、选择而在劳动合同中约定的不超过 6 个月的考察期。目的是让劳动者和用人单位相互考察，以决定是否建立劳动关系。《劳动法》规定，劳动合同可以约定试用期。“可以”二字表明，劳动合同中约定试用期不是必备条款，而是协商条款，是否约定由劳动者和用人单位协商确定。但是，只要协商约定试用期，就必须遵守有关试用期的规定。

根据现行法律和政策的规定，订立劳动合同时，约定试用期要执行以下六点规定。

(1) 劳动合同中的试用期应由用人单位和劳动者双方平等协商约定，不得由用人单位一方强行规定。

(2) 试用期最长不得超过 6 个月。

(3) 劳动合同在两年以下的，应按合同期限的长短来确定试用期，即劳动合同期限在 6 个月（半年）以下的，试用期不得超过 15 天；劳动合同期限在半年以上一年以下的，试用期不得超过 30 天；劳动合同期限在一年以上两年以下的，试用期不得超过 60 天。如果劳动合同期限在两年以上，可以在 6 个月内约定试用期。以完成一定工作任务为期限的劳动合同或者劳动合同期限不满 3 个月的，不得约定试用期。

(4) 试用期包括在劳动合同期限内，不能把试用期计算在劳动合同以外，即试用期满后才签订劳动合同。劳动合同仅约定试用期的，试用期不成立，该期限为劳动合同期限。

(5) 同一用人单位与同一劳动者只能约定一次试用期。试用期适用于初次就业或再次就业后改变岗位或工种的劳动者，对工作岗位没有发生变化的劳动者只能试用一次。续订劳动合同时，劳动者改变工种的，可以重新约定试用期，不改变工种的，不再约定试用。

《劳动合同法》规定，“同一用人单位与同一劳动者只能约定一次试用期”，也就是说，企业给员工调换岗位不能再设试用期。另外，“试用期包含在劳动合同期限内。劳动合同仅约定试用期的，试用期不成立，该期限为劳动合同期限”，也就是说，有的企业招来新员工后不签订合同，只签订一个试用期合同，新员工通过了试用期，企业认为新员工合格，再签订正式合同，这种做法是不可以的。因为按照《劳动合同法》的规定，如果企业与员工签订了几个月的试用期合同，这份试用期合同视为正式合同。也就是说，只要签劳动合同，就必须是正式的劳动合同，但可以在正式的劳动合同里面约定前几个月是试用期，而不能先签一个试用期合同，再签正式合同。

(6) 试用期不得延长。劳动者对用人单位不满意或认为不适合工作，可以解除劳动合同，而用人单位在试用期内发现劳动者不符合录用条件，也可以解除劳动合同，而不能延长试用期继续进行考察。

另外，《劳动合同法》也对劳动者在试用期的工资做了界定。

第二十条　劳动者在试用期的工资不得低于本单位相同岗位最低档工资或者劳动合同约定工资的百分之八十，并不得低于用人单位所在地的最低工资标准。

这个条款规定得很明确，即企业支付给在试用期的员工的工资不低于同岗位的最低档工资,或者不少于其正式工资的80%。这是对员工试用期工资权益的保护。

二、典型案例

太原市某幼儿园教师十分钟内狂扇幼童数十耳光

一个仅5岁的女童,只因为算术题算不对,便被老师在十分钟内扇了数十耳光。这样一个老师打孩子的视频令人痛心。孩子脸上的瘀青清晰可见,这让每个做父母的感到震惊。不少网友都质问这个老师究竟是什么心肠,怎能对一个孩子下这样的毒手,难道她自己没有孩子吗?或者,她是铁石心肠?

韩师傅的女儿今年5岁,在太原市某幼儿园上学,就是刚才监控里面被打得最严重的小女孩,从监控中我们可以看到,被打的孩子并不只是韩师傅的女儿一个,而在这段监控中我们一共看到有4个孩子被这个老师不同程度地殴打。

韩师傅说:我下午5点10分接上孩子,当时接孩子的时候,她的眼睛就有两个疙瘩,这个地方是肿的,这个地方是黑青的,眼睛上也是肿的。从下午4点到4点半,老师打了她差不多70下脸,屁股上也踢了两脚,这是打我家孩子。有个孩子被打了四十几下,有一个被打了4下,还有一个被打了27下。

只因5岁女童不会算10+1

看到孩子被老师这样地狂扇,我想大家心里都有这样一个疑问,孩子们到底犯了什么错误,老师为什么对孩子下如此狠手?

据家长韩师傅说:"老师是因为孩子不会算10+1,个位数加她就会,就因为这个打的孩子,第一次不会,老师教了我女儿以后,我女儿说刘老师我还不会,老师拿上本子冲脸上就是一下。"

从监控当中也看到,这名老师基本上都是在给孩子们批改作业的时候打孩子,孩子们站在一边,有的还一边挨打,一边扳指头算数,全都不敢吭声。

"我觉得她就不像老师,她就不应该当老师,说白了,她就不是人。"韩师傅愤怒地说道。

幼儿园:打人老师已被幼儿园开除

现在我们看到的大部分被打的画面都是这个月15日拍到的,但是当我们再次翻开以往的监控时,发现这样的情况还有很多。那么事情到底是怎么回事?记者也陪同韩师傅一起找到了该幼儿园了解情况。

该幼儿园园长说:"发生这个事情以后,我们第一时间就把老师辞退了,当时事情没有处理完,我们没有马上让她走,但是肯定是从我们幼儿园开除了。"这位园长告诉记者,这个打人的老师刚来他们幼儿园不久,还在试用期,发生这件事以后,因为韩师傅当时在气头上,所以当时就动手打了那个老师,并且提出了补偿方案。不过,"家长来了以后开口就是50万,这个真是不可能,拿不出那么多,但是他还动手把我和老师都打了。"

(资料来源:转载自我要搜学网. http://news.51sxue.com/,2012-10-23,引用时部分改动.)

第三节 与幼儿相关的法律

话题聚焦

余杭区某幼儿园大二班教师戴某在检查孩子漱口和喝水情况时,发现班内有12个孩子没漱口和喝水,就采用开紫外线灯的形式吓唬、惩戒孩子。

2012年5月18日,A女士接到另一位家长的电话,"那位家长说,她女儿向她抱怨前几天被老师'消毒'了,是用紫外线灯'消毒'的! 那位家长觉得这太可怕了,她跟我很熟,就来问我儿子提没提过紫外线灯消毒的事。"A女士马上问儿子,儿子说也被"消毒"过。

家长知道此事后纷纷找到幼儿园讨说法,园方和老师都推托说没用紫外线照过,只有一次是误开。孩子小班时被照过3次。22日下午4点,A女士的儿子放学了。他说:"我小班被照过3次,中班2次,大班1次。如果午睡没睡着,一天喝水没喝够(班级规定学生一天没喝足一杯水,就要受惩罚),吃完饭没漱口,就要被'消毒',我一般都是因为午睡睡不着。"小男孩说,"消毒"在中午进行,老师让不听话的同学走进教室,开一下紫外线灯,一秒钟就关掉了。"老师说被这种灯照一次,头发一根根都会掉光! 我们都好怕的。我今年没被'消毒'过,因为我午睡都睡着了。"

思考:以上案例中的幼儿教师侵犯了幼儿哪方面的权利?

理论加油站

一、相关法律制度

长期以来,人们往往强调幼儿作为受教育者的义务,而忽略其作为具有独立法律人格的公民所享有的权利。事实上,幼儿有十分广泛的法律权利。

（一）儿童权利公约

3 分钟看懂这些都是儿童的权利：没人有权因为弱小欺负他们

1989 年 11 月 20 日第 44 届联合国大会第 25 号决议通过的《儿童权利公约》(*Convention on the Rights of the Child*)旨在为世界各国儿童创建良好的成长环境。

公约共 54 条。公约将“儿童”界定为“18 岁以下的任何人”。公约强调，各国应确保其管辖范围内的每一个儿童均享受公约所载的权利，不因儿童或其父母或法定监护人的种族、肤色、性别、语言、宗教、政治或其他见解、国籍或社会出身、财产、伤残、出生或其他身份等而有任何差别。

公约做了如下规定。

(1) 每个儿童有固有的生命权，各国应最大限度地确保儿童的生存与发展(第六条)。

(2) 每个儿童都有自出生起即获得姓名和国籍的权利(第七条)。

(3) 尊重儿童维护其身份包括法律所承认的国籍、姓名及家庭关系而不受非法干扰的权利(第八条)。

(4) 法庭、福利机构或行政当局在处理儿童问题时，应将儿童的最大利益作为首要考虑事项(第九条)。

(5) 各国应为便利家庭团聚准许入境或出境(第十条)。

(6) 各国应采取措施制止非法将儿童移转国外和不许返回本国的行为(第十一条)。

(7) 确保有主见能力的儿童有权对影响到其本人的一切事项自由发表自己的意见，对儿童的意见应按照其年龄和成熟程度给予适当的看待(第十二条)。

(8) 儿童享有自由发表言论的权利；思想、信仰和宗教自由的权利；结社自由及和平集会自由的权利(第十三～十五条)。

(9) 儿童的隐私、家庭、住宅或通信不受任意或非法干涉(第十六条)。

(10) 父母对儿童成长负有首要责任，但各国应向他们提供适当协助和发展育儿所(第十八条)。

(11) 各国应保护儿童免受身心摧残、伤害或凌辱，忽视、虐待或剥削，包括性侵犯(第十九条)。

(12) 各国应为失去父母的儿童提供适当的其他照管；确保得到跨国收养的儿童享有与本国收养相当的保障和标准(第二十、二十一条)。

(13) 确保申请难民身份的儿童或按照适用的国际法或国内法及程序可视为难民的儿童，不论有无父母或其他任何人陪同，均可得到适当的保护和人道主义援助(第二十二条)。

(14) 残疾儿童应享有特殊待遇、教育和照管的权利(第二十三条)。

(15) 儿童有权享有可达到的最高标准的健康；每个儿童均有权享有足以促进其生理、心理、精神、道德和社会发展的生活水平；儿童有受教育的权利；学校执行纪律的方式应符合儿童的人格尊严；教育应本着谅解、和平和宽容的精神培育儿童(第二十四、二十七～二十九条)。

(16) 宗教、语言等方面属于少数人或原为土著居民的儿童有享有自己的文化、信奉自己的宗教，或使用自己语言的权利（第三十条）。

（17）儿童应有时间休息和游戏，有同等的机会参加文化和艺术活动（第三十一条）。

（18）各国应保护儿童免受经济剥削和从事任何可能妨碍或影响儿童教育或有害儿童健康或身体、心理、精神、道德或社会发展的工作（第三十二条）。

（19）各国应保护儿童不致非法使用毒品和涉及毒品生产或贩运（第三十三条）。

（20）应采取一切适当措施，防止诱拐、买卖或贩运儿童（第三十五条）。

（21）对未满 18 岁人所犯罪行，不应判处死刑或无期徒刑；被监禁的儿童应与成年犯隔开；不得对儿童施以酷刑或残忍、不人道或有辱人格的待遇或处罚；15 岁以下儿童不得参与任何敌对行动；遭受武装冲突之害的儿童应受到特别保护；受到虐待、忽视或监禁的儿童应得到适当的医疗或康复和复原疗养；处理触犯刑法儿童的方式应在于促进他的尊严和价值感，目的是使他们重返社会（第三十七～四十条）。

按照公约的规定，在它生效后 6 个月成立儿童权利委员会，以审查缔约国在履行根据公约所承担的义务方面取得的进展。缔约国应定期向委员会提交关于他们为实现公约确认的权利所采取的措施以及关于这些权利的享有方面的进展情况的报告。

中国于 1991 年 12 月 29 日批准《儿童权利公约》。同时声明，中国将在符合其宪法第二十五条关于计划生育的规定的前提下，并根据《中华人民共和国未成年人保护法》第二条的规定，履行公约第六条所规定的义务。

（二）其他与幼儿相关的法律

想一想

小彤在想，《儿童权利公约》早已颁布，尤其是其中的第六条：每个儿童有固有的生命权，各国应最大限度地确保儿童的生存与发展。我国 2001 年所颁布的《幼儿园指导纲要（试行）》中也明确指出：幼儿园必须把保护幼儿的生命和促进幼儿的健康放到工作的首位。然而，在幼教领域，忽视幼儿健康发展甚至生命的事件屡有发生。这方面又有哪些法律、法规可作为依据呢？

《教师法》第三十七条规定：教师如有体罚学生的情况出现，经教育不改的，由所在学校、其他教育机构或者教育行政部门给予行政处分或者解聘；情节严重，构成犯罪的，依法追究刑事责任。

《未成年人保护法》第六十三条规定：学校、幼儿园、托儿所教职员工对未成年人实施体罚、变相体罚或者其他侮辱人格行为的，由其所在单位或者上级机关责令改正；情节严重的，依法给予处分。

现实中教师对学生的体罚屡屡不断，其原因之一是教师对人身权缺乏基本的法律认知。

人身权的含义是什么？人身权是指没有直接的财产内容，与公民的人身不可分离的民事权利，包括人格权和身份权。人格权是人身权利的基本内容，是指自然人和法人必须享有的民事权利，主要包括生命权、健康权、身体权、人身自由权、姓名权、肖像权、名誉权、隐私权等。身份权主要包括监护权、配偶权、荣誉权、亲权、亲属权等①。

肖像权的内容包括三方面。第一，肖像制作专有权，即肖像权主体可以根据自己的意愿，以任何合法的方式由自己或他人制作自己的肖像。既然是专有权，就意味着他人未经本人许可不得制作其肖像。第二，专有使用权，即自然人有权按照自己的意志以合法的方式利用自己的肖像，并获得财产利益。第三，利益维护权。笔者得知，个别幼儿园在进行招生工作中，将学生集体照片中某学生的个人肖像放大，未经本人同意单独制作成广告，导致纠纷。

从近年发生的侵权案件来看，中小学生、幼儿园幼儿的生命权、健康权、名誉权、姓名权、隐私权等是“重灾区”。健全的人格的形成是一个从小到大的长期过程，每个人都可能面临着怎样让自己的人格更加健康协调发展的问题。校园是学生人格形成和健全的重要场所，在校园中倡导人格权的尊重和保护非常重要。学生的人格权是不受任何人侵犯的，侵犯了学生的人格权，会使他们得不到他人的信赖和尊重，会造成他们精神上的痛苦和心理的创伤。人格权本身也是一个开放的发展的体系。随着人类社会、经济、文化的发展，法治的进步，人格权的重要意义日益凸显，人们越来越意识到作为社会人，依法享有人格独立、人格自由、人格尊严、名誉、肖像等人格权利。由于我国对于公民的人权保护的扩大，有了许多新的人格利益，其类型与具体内容都得到了极大的丰富，新的人格权将受到重视和保护。校园人格权的尊重和保护应受到高度的重视，杜绝在教育管理中侵犯学生人身权利的事情发生。身份权是指公民因特定身份而产生的民事权利，也是人身权的重要组成部分。身份权主要包括荣誉权、著作权、发明权、专利权、商标权等；知识产权中的人身权及监护权、亲属权等。身份权与人格权一起共同构成了人身权法律体系。

资料链接

法律关于体罚是如何界定的？

《中华人民共和国义务教育法》第十六条规定：“禁止体罚学生。”

《中华人民共和国未成年人保护法》第十三条第二款规定：“学校应当关心、爱护学生；对品行有缺点、学习有困难的学生，应当耐心教育、帮助，不得歧视。”该法第十五条规定：“学校、幼儿园的教职员应当尊重未成年人的人格尊严，不得对未成年学生和儿童实施体罚、变相体罚或者有其他侮辱其人格尊严的行为。”

《中华人民共和国教师法》第三十七条规定“体罚学生”经教育不改的，要给予教师“行政处分或者解聘”，情节严重，构成犯罪的，依法追究刑事责任。

何谓体罚？关于体罚和变相体罚，我国教育法规尚无明确具体的界定，这也为实践中判断体罚行为和辨别正常的教育行为与体罚的区别带来了一定的困难。不少教师反映，由于严格禁止体罚学生，而对体罚与非体罚的界限又无明确规定，在教育中感到十分为难。例如，对于不遵守纪律的学生或上课打瞌睡的学生，教师让学生站立以示警示的通常做法算不算体罚？让学生站多久是体罚性的罚站呢？从字面意义看，体罚就是身体惩罚。

① 工祥珍.教师暴力行为的成因及对策[J].河北法学，2000(5).

因此可以将体罚解释为学校教学人员或其他人员对学生实施身体惩罚的行为。对于体罚而言，使学生的身体受到损伤是一个主要特征，因此无论教师是否亲自（亲手）实施惩罚行为，只要学生身体受到损害或产生不适，都可以归为体罚，如打耳光、打手心、扯耳朵、罚跪、罚晒、罚冻等。变相体罚是一种具有隐蔽性、欺骗性的体罚行为，如罚抄作业等。

如何辨析体罚和教育惩戒？为了教师能够更好地依法执教，这里尽量对“体罚”和“教育惩戒”做出辨析。例如，2002年4月5日，某小学教师齐某在上课时，逐个检查学生家庭作业的完成情况。当检查到未完成作业的学生时便让其站起来。当时共有包括学生王某在内的12名学生未完成作业。王某站了约20分钟，突然晕倒在地，牙齿碰掉两颗，住院治疗共花医疗费583元。为此，王某家长找到学校，要求学校赔偿。理由是教师齐某的行为是体罚行为，是违法的，由此造成的损失应当由学校赔偿。而教师齐某则认为其行为是为了将完成作业的学生和未完成作业的学生加以区分，是教师享有的管理学生的权利，是一种教育管理手段，不是体罚。例如，某小学生上课期间3次捣乱喧哗，影响其他同学上课，教师罚其在教室外站了10分钟。家长认为教师的行为剥夺了其子女的受教育权，请求赔偿。上述两个案例涉及的罚站究竟是体罚还是教育惩戒？对学生的惩戒，主要适用于严重违反学校纪律、侵犯其他学生权利的情形。教师对未完成家庭作业的学生采用科学的方式进行教育管理应是必要的，一般只应采取督促方式。第一例中，教师未考虑学生的承受能力、身体状况而对学生进行长时间罚站，不符合惩戒措施的必要性原则，已不是合理的惩戒（管教）行为，而是一种变相体罚的侵权行为。第二例中，学生在上课时多次捣乱喧哗，影响教师上课及其他同学听课，教师基于全班学生共同学习之目的，为维护教育教学秩序，在合理而必要的范围内，在符合惩戒目的正当性、惩戒措施相当性等原则下，让该学生到教室外短时间罚站，与全班学生依法受教育之权利被剥夺的情形相比，不可相提并论，故学生家长请求赔偿没有依据。

有关专家认为，从法理学的角度看，教师在实施教育惩戒时须遵循以下原则。

(1) 目的正当性原则。目的正当性原则是指学校和教师所采取的惩戒处分要有明确而正当的理由，应有助于达成其所追求的教育目的。

(2) 惩戒措施的必要性和程序性原则。对学生进行惩戒须依据正当程序、采取适当措施为之，而惩戒事由与惩戒措施须保持均衡，即不超出合理而必要的范围。惩戒措施的必要性原则又称为最少侵害原则，是指应选择对学生的学习生活影响最小、对他们权利限制最少的手段。

【拓展阅读】

学生伤害事故处理

学生伤害事故是指：事故发生在中小学生接受学校教育期间（未在校学习的未成年人不属此范围）；受害者为未成年受教育者（而不是教育者或成年受教育者）；行为人已经对受害者造成了伤害的结果（受伤、致残或死亡）；与学校活动有联系（与学校活动无关系的个人行为不属于此范围）；学校如果有过错，对此要承担全部或部分责任。这里特别需要强调的是，它既是一个时间概念，也是一个空间概念；既可能发生在校内，也可能发生在校外；既可能发生在上学及上课期间，也可能发生在放学及下课期间；既可能发生在学期、学年常规教学时间内，也可能发生在寒、暑假期间。不能把“学生事故”仅理解为一个地理概念或时间概念，而应综合学生事故的内涵和外延来认识和理解。教师要做学生生命的守护天使，要成为学生伤害事故的第一道防线。

《中华人民共和国未成年人保护法》第三章第二十四条规定：“学校对未成年学生在校内或者本校组织的校外活动中发生人身伤害事故的，应当及时救护，妥善处理，并及时向有关主管部门报告。”一般来说，在事故发生现场要抓住以下环节。

(1) 及时进行抢救。是否及时抢救，既关系到抢救的效果，也关系到日后的处理。在能否及时抢救上常遇到的问题是，有的教师不当回事，有的教师担心日后抢救的费用无人承担，非要明确谁承担医药费才去筹款，结果延误了抢救的最佳时间。诸如此类延误抢救最佳时间的情况很多，人命关天的事千万不能大意。不管伤得如何，都应先将学生送往医院检查。因为教师不是医生，不能随便判断伤情。教师要在医院守护，以便及时了解抢救情况。

(2) 尽快通知家长。教师要尽快通知家长，但不应直截了当地把学生受伤害的情况全部通报家长，要考虑家长的心理承受能力。通报家长之前要研究通报的方式和措辞，让家长有一个逐渐适应的过程。通报及时、措辞得当，容易取得家长的理解。

(3) 主动向上汇报。学生伤亡事故须在24小时内向上级主管部门报告。有些教师觉得自己有能力处理，不想惊动领导。当问题严重了，自己处理不了时才向领导汇报。向领导汇报，领导实际上是在分担责任。学校也要主动向上级主管部门报告，取得教育行政部门的支持。

(4) 注意保护现场。学校发生了学生意外伤害事故，教师、学生全都忙着抢救受伤害的学生，可能顾不上考虑现场的保护问题。学校领导要告诉教师、学生，在保证抢救的前提下尽可能完整地保护好现场，最好请派出所或其他有关部门到场取证，以便日后处理的时候有旁证材料。千万不能为了推卸责任，破坏现场，甚至伪造现场。

二、典型案例

案例一：

孙某，女，1988年生，2007年毕业于红河州卫校。于2009年9月12日受聘于建水县某幼儿园，与校方签订一年受聘协议。2009年10月21日、23日，因学生在上课、午休时打闹，她分别用针头刺戳过多名学生。针筒属于医用一次性注射器，针剂量大约是5毫升，全长约7厘米，其针头长2～3厘米，针头刻度已经模糊，刺戳时针筒内无任何液体。据查，孙某还曾用该针头刺过木桌、椅。

事发之后，建水县立即成立了调查取证组、医疗救护组及学生家长稳定工作组，共同负责处理此事。目前，孙某因涉嫌“以危险方法危害公共安全罪”被警方刑事拘留。

发生针刺事件后，卫生部门非常重视，建水县疾病控制中心对24名孩子进行抽样调查，主要检测了HIV、乙肝、丙肝三项指标。检验的结果是血样检测都为阴性，24名受检学生均无大碍。

经过公安机关长达1个多月的调查，孙某被批准逮捕，被孙某针扎过的学生人数最终确认为63人，而该幼儿园总共招收的学生仅140人，受害学生几乎为整个幼儿园学生的一半。

公安机关为了弄清楚孙某针扎学生的原因，委托专家对其进行了精神病鉴定，鉴定的结论是：孙某有人格障碍，但具有完全民事责任能力。

班主任曾就此事与孙某卫校的中专同学联系，调查了解孙某在校时的表现得知，孙某父母离异，性格内向，不喜言谈，不喜与人交流沟通，平时常单独活动，最大的爱好是看“鬼故事”，上课时多半在看小说，所以虽然从不缺课，成绩却非常差，经多次补考好不容易才拿到了毕业证。

案例二：

四龄童时常上课讲话　老师为其嘴巴贴封条

2011年11月23日下午，小扬回家后一直哭个不停，还说他不想去上幼儿园了。在林女士的一再询问下，小扬才说出上课讲话，嘴巴被王老师贴了粘纸。24日，不管林女士如何劝他，小扬就是不肯去上幼儿园。“孩子的心理受到了伤害，我一提起去上幼儿园，小扬就哭。近日他和几个小伙伴在楼下玩耍时，小伙伴开玩笑说他要回幼儿园去了，他哇的一声又哭了。”

事发后，当班的王老师给林女士发了一条短信道歉，短信上老师向林女士解释了当时的情况：23日下午上完英语课，她给孩子们讲解晚上的作业，小扬和旁边的小朋友讲话，王老师提醒小扬不要讲话，可是小扬不听，越讲越大声，老师提醒了几次都没有效果。王老师情急之下，在小扬的嘴上贴了粘纸。王老师说，她很快就把粘纸拿下来了。

事发幼儿园的陈园长说，她们了解到的情况和王老师的说法一致。王老师的做法不对，学校已于11月26日将王老师辞退了。其实王老师平时对孩子很细心，也很温柔，不少家长都很喜欢王老师。王老师被学校辞退时，不少家长还向园长求情。

据王老师说，可能是由于这段日子家里的事情比较多，工作压力又大，她一时冲动才犯了错误。事情发生后，她还亲自到林女士家道歉，但林女士不接受。

沙场点兵

1. 教师职业法律素质的含义是什么？
2. 教师职业法律素质的作用有哪些？
3.《中华人民共和国教育法》中关于教师的权利和义务是如何规定的？
4. 根据现行的法律和政策规定，订立劳动合同时，约定试用期要执行哪些规定？
5. 材料分析：

2002年11月底，上海市长宁区某幼儿园教师居某和徐某向所在幼儿园提出，按合同规定享受孕妇有关福利，没想到幼儿园竟提出要与其解除劳动合同。1个月后，园方在园内张贴了开除两名怀孕教师的公告，并把开除通知送到了她们手上。两人不服园方的这一决定，向有关部门反映，希望维护自己的合法权益，却屡屡遭拒。无奈之下，只好于2003年4月起诉到上海市长宁区人民法院。

思考：居老师和徐老师能胜诉吗？为什么？

参考文献

第一章

[1] 中国就业培训技术指导中心.职业道德[M].北京:中央广播电视大学出版社,2007.

[2] 左志宏.幼儿园教师职业道德[M].北京:北京师范大学出版社,2014.

[3] 赵绥生.职业道德概论[M].西安:陕西人民出版社,2002.

[4] 彭亚青,周振军.新时期教师职业道德的内涵分析[J].社会科学论坛,2006,1(下).

[5] 姚亚东.教师职业道德教育的新视角[J].绵阳师范学院学报,2006,25(6).

第二章

[1] 黄正平,刘守旗. 教师职业道德新编[M]. 南京:南京大学出版社,2010.

[2] 线亚威.幼儿园教师职业道德读本[M].北京:高等教育出版社,2013.

[3] 李云翔.幼儿园教师岗位要求及基本职责[M].北京:高等教育出版社,2011.

[4] 张燕.在反思中成长[M].北京:北京师范大学出版社,2010.

[5] 左志宏.幼儿园教师职业道德[M]. 北京:北京师范大学出版社,2014.

[6] 钱焕琦.教师职业道德[M].上海:华东大学出版社,2011.

[7] 中共中央马克思恩格斯列宁斯大林著作编译局.马克思恩格斯全集(第三卷)[M].北京:人民出版社,1960.

[8] 中共中央马克思恩格斯列宁斯大林著作编译局.马克思恩格斯选集(第四卷)[M]. 北京:人民出版社,1973.

[9] 向雄.论教师个人教育理想[D].成都:四川师范大学,2007.

[10] 束从敏.幼儿教师职业幸福感研究[D].南京:南京师范大学,2003.

[11] 王晓燕.中国古代教育家的教师职业良心思想研究[D].西安:陕西师范大学,2007.

[12] 宁本涛.教师职业幸福感群体缺失的制度困境与反思[J].当代教育与文化,2010(4).

[13] 马述民.关注教师幸福感　构建和谐小学校园[J].基础教育参考,2012(17).

[14] 苏圣儒.论青年职业理想的作用[J].学术交流,2005(5).

[15] 潘翠娟.论社会主义教师职业良心的作用[J]. 广西师范学院学报(哲学社会科学版),1999(1).

[16] 张国蓉.培养职业良心　提高职业良心水平[J].经济与社会发展,2009(12).

[17] 陆春燕.快乐幼教人[J].山东教育,2010(33).

[18] 申菲.浅谈教师的职业良心[J].人力资源管理,2015(2).

第三章

[1] 加里宁. 论共产主义教育[M]. 北京: 中国青年出版社,1979.

[2] 中共中央马克思恩格斯列宁斯大林著作编译局.马克思恩格斯选集(第一卷)[M].北京:人民出版社,1972.

[3] 第斯多惠. 德国教师培养指南[M].北京:人民教育出版社,2001.

[4] 陶行知. 陶行知文集[M].南京:江苏人民出版社,1981.

[5] 倪敏.幼儿园教师最需要什么[M].南京:南京大学出版社,2011.

[6] 教育部师范教育司. 全国特级教师经验选(一)[M].北京:人民出版社,1981.

[7] 陈大庆.叶圣陶论教师的职责[J]. 师范教育,1987(11).

[8] 霍懋征. 没有爱就没有教育[J].人民教育,2005(8).

[9] 程绩."多面幼师"颜艳红[N].新闻晚报,2012-10-29(06).

[10] 林崇德. 以德为先，为人师表[N]. 中国教师报，2009-08-09.
第四章
[1] 罗国杰.伦理学[M].北京：人民出版社，1989.
[2] 左志宏.幼儿园教师职业道德[M].北京：北京师范大学出版社，2014.
[3] 钱焕琦. 教师职业道德[M].上海：华东师范大学出版社，2008.
第五章
[1] 孙河川. 教师评价指标体系的国际比较研究[M]. 北京：商务印书馆，2011.
[2] 卢咏莉，申继亮. 教师评价[M]. 北京：北京师范大学出版社，2012.
[3] 兰雪梅. 新时期我国道德评价的标准研究[D]. 长春：吉林大学，2007.
[4] 宋旭璞. 分层分类的师德评价体系初探[J]. 中国教师，2007(54).
[5] 2012 年 9 月台湾新竹大学校长陈慧邦报告.
[6] 冯婉桢. 教师专业伦理的边界——以权力为基础[M]. 北京：教育科学出版社，2012.
[7] 高振强. 师德评价刍议[J].宁波教育学院报，2003(1).
[8]《礼记·经解》.
[9] 康德. 康德文集[M]. 北京：改革出版社，1997.
[10] 宁静. 当代教师职业道德评价研究[D]. 沈阳：沈阳师范大学，2011.
[11]《论语·里仁》.
[12] 桑新民，陈建民.教育哲学对话[M].石家庄：河北教育出版社，1999.
[13] 钱焕琦.教育就是善的吗？[J].教育探索，2001(2).
[14] 王本陆.关于教育伦理学研究对象的再探讨[J].华南师范大学学报(社会科学版)，1999(1).
[15] 倪愫襄.善恶论[M].武汉：武汉大学出版社，2001.
[16] 马克思恩格斯全集[M].北京：人民出版社，2007.
[17] 任元顺. 师德概论[M]. 杭州：杭州大学出版社，1995.
[18] 卫建国.《中小学教师职业道德提升研究》课题报告(项目编号：山西省高校人文社科重点研究基地课题 2010315).
第六章
[1] 白雪芹. 教师法律素质的培养[J]. 胜利油田职工大学学报，2003(3).
[2] 张洁汝. 幼儿教师职业法律素养研究[D]. 沈阳：沈阳师范大学，2014.
[3] 习近平. 向广大教师致慰问信[N]. 云南日报，2013-09-10(3).
[4] 李晓燕. 论教师的职业法律素质[J]. 河北师范大学学报(教育科学版)，2002.
[5] 工祥珍.教师暴力行为的成因及对策[J].河北法学，2000(5).

附录
幼儿园工作规程

中华人民共和国教育部令

第 39 号

《幼儿园工作规程》已经 2015 年 12 月 14 日第 48 次部长办公会议审议通过，现予公布，自 2016 年 3 月 1 日起施行。

教育部部长　袁贵仁

2016 年 1 月 5 日

第一章　总　则

第一条　为了加强幼儿园的科学管理，规范办园行为，提高保育和教育质量，促进幼儿身心健康，依据《中华人民共和国教育法》等法律法规，制定本规程。

第二条　幼儿园是对 3 周岁以上学龄前幼儿实施保育和教育的机构。幼儿园教育是基础教育的重要组成部分，是学校教育制度的基础阶段。

第三条　幼儿园的任务是：贯彻国家的教育方针，按照保育与教育相结合的原则，遵循幼儿身心发展特点和规律，实施德、智、体、美等方面全面发展的教育，促进幼儿身心和谐发展。

幼儿园同时面向幼儿家长提供科学育儿指导。

第四条　幼儿园适龄幼儿一般为 3 周岁至 6 周岁。

幼儿园一般为三年制。

第五条　幼儿园保育和教育的主要目标是：

（一）促进幼儿身体正常发育和机能的协调发展，增强体质，促进心理健康，培养良好的生活习惯、卫生习惯和参加体育活动的兴趣。

（二）发展幼儿智力，培养正确运用感官和运用语言交往的基本能力，增进对环境的认识，培养有益的兴趣和求知欲望，培养初步的动手探究能力。

（三）萌发幼儿爱祖国、爱家乡、爱集体、爱劳动、爱科学的情感，培养诚实、自信、友爱、勇敢、勤学、好问、爱护公物、克服困难、讲礼貌、守纪律等良好的品德行为和习惯，以及活泼开朗的性格。

（四）培养幼儿初步感受美和表现美的情趣和能力。

第六条　幼儿园教职工应当尊重、爱护幼儿，严禁虐待、歧视、体罚和变相体罚、侮辱幼儿人格等损害幼儿身心健康的行为。

第七条　幼儿园可分为全日制、半日制、定时制、季节制和寄宿制等。上述形式可分别设置，也可混合设置。

第二章　幼儿入园和编班

第八条　幼儿园每年秋季招生。平时如有缺额，可随时补招。

幼儿园对烈士子女、家中无人照顾的残疾人子女、孤儿、家庭经济困难幼儿、具有接受普通教育能力的残疾儿童等入园，按照国家和地方的有关规定予以照顾。

第九条　企业、事业单位和机关、团体、部队设置的幼儿园，除招收本单位工作人员的子女外，应当积极创造条件向社会开放，招收附近居民子女入园。

第十条　幼儿入园前，应当按照卫生部门制定的卫生保健制度进行健康检查，合格者方可入园。

幼儿入园除进行健康检查外，禁止任何形式的考试或测查。

第十一条　幼儿园规模应当有利于幼儿身心健康，便于管理，一般不超过 360 人。

幼儿园每班幼儿人数一般为：小班（3 周岁至 4 周岁）25 人，中班（4 周岁至 5 周岁）30 人，大班（5 周岁至 6 周岁）35 人，混合班 30 人。寄宿制幼儿园每班幼儿人数酌减。

幼儿园可以按年龄分别编班，也可以混合编班。

第三章　幼儿园的安全

第十二条　幼儿园应当严格执行国家和地方幼儿园安全管理的相关规定，建立健全门卫、房屋、设备、消防、交通、食品、药物、幼儿接送交接、活动组织和幼儿就寝值守等安全防护和检查制度，建立安全责任制和应急预案。

第十三条　幼儿园的园舍应当符合国家和地方的建设标准，以及相关安全、卫生等方面的规范，定期检查维护，保障安全。幼儿园不得设置在污染区和危险区，不得使用危房。

幼儿园的设备设施、装修装饰材料、用品用具和玩教具材料等，应当符合国家相关的安全质量标准和环保要求。

入园幼儿应当由监护人或者其委托的成年人接送。

第十四条　幼儿园应当严格执行国家有关食品药品安全的法律法规，保障饮食饮水卫生安全。

第十五条　幼儿园教职工必须具有安全意识，掌握基本急救常识和防范、避险、逃生、自救的基本方法，在紧急情况下应当优先保护幼儿的人身安全。

幼儿园应当把安全教育融入一日生活，并定期组织开展多种形式的安全教育和事故预防演练。

幼儿园应当结合幼儿年龄特点和接受能力开展反家庭暴力教育，发现幼儿遭受或者疑似遭受家庭暴力的，应当依法及时向公安机关报案。

第十六条　幼儿园应当投保校方责任险。

第四章　幼儿园的卫生保健

第十七条　幼儿园必须切实做好幼儿生理和心理卫生保健工作。

幼儿园应当严格执行《托儿所幼儿园卫生保健管理办法》以及其他有关卫生保健的法规、规章和制度。

第十八条　幼儿园应当制定合理的幼儿一日生活作息制度。正餐间隔时间为3.5～4小时。在正常情况下，幼儿户外活动时间（包括户外体育活动时间）每天不得少于2小时，寄宿制幼儿园不得少于3小时；高寒、高温地区可酌情增减。

第十九条　幼儿园应当建立幼儿健康检查制度和幼儿健康卡或档案。每年体检一次，每半年测身高、视力一次，每季度量体重一次；注意幼儿口腔卫生，保护幼儿视力。

幼儿园对幼儿健康发展状况定期进行分析、评价，及时向家长反馈结果。

幼儿园应当关注幼儿心理健康，注重满足幼儿的发展需要，保持幼儿积极的情绪状态，让幼儿感受到尊重和接纳。

第二十条　幼儿园应当建立卫生消毒、晨检、午检制度和病儿隔离制度，配合卫生部门做好计划免疫工作。

幼儿园应当建立传染病预防和管理制度，制定突发传染病应急预案，认真做好疾病防控工作。

幼儿园应当建立患病幼儿用药的委托交接制度，未经监护人委托或者同意，幼儿园不得给幼儿用药。幼儿园应当妥善管理药品，保证幼儿用药安全。

幼儿园内禁止吸烟、饮酒。

第二十一条　供给膳食的幼儿园应当为幼儿提供安全卫生的食品，编制营养平衡的幼儿食谱，定期计算和分析幼儿的进食量和营养素摄取量，保证幼儿合理膳食。

幼儿园应当每周向家长公示幼儿食谱，并按照相关规定进行食品留样。

第二十二条　幼儿园应当配备必要的设备设施，及时为幼儿提供安全卫生的饮用水。

幼儿园应当培养幼儿良好的大小便习惯，不得限制幼儿便溺的次数、时间等。

第二十三条　幼儿园应当积极开展适合幼儿的体育活动，充分利用日光、空气、水等自然因素以及本地自然环境，有计划地锻炼幼儿肌体，增强身体的适应和抵抗能力。正常情况下，每日户外体育活动不得少于1小时。

幼儿园在开展体育活动时，应当对体弱或有残疾的幼儿予以特殊照顾。

第二十四条　幼儿园夏季要做好防暑降温工作，冬季要做好防寒保暖工作，防止中暑和冻伤。

第五章　幼儿园的教育

第二十五条　幼儿园教育应当贯彻以下原则和要求。

（一）德、智、体、美等方面的教育应当互相渗透，有机结合。

（二）遵循幼儿身心发展规律，符合幼儿年龄特点，注重个体差异，因人施教，引导幼儿个性健康发展。

（三）面向全体幼儿，热爱幼儿，坚持积极鼓励、启发引导的正面教育。

（四）综合组织健康、语言、社会、科学、艺术各领域的教育内容，渗透于幼儿一日生活的各项活动中，充分发挥各种教育手段的交互作用。

（五）以游戏为基本活动，寓教育于各项活动之中。

（六）创设与教育相适应的良好环境，为幼儿提供活动和表现能力的机会与条件。

第二十六条　幼儿一日活动的组织应当动静交替，注重幼儿的直接感知、实际操作和亲身体验，保证幼儿愉快的、有益的自由活动。

第二十七条　幼儿园日常生活组织，应当从实际出发，建立必要、合理的常规，坚持一贯性和灵活性相结合，培养幼儿的良好习惯和初步的生活自理能力。

第二十八条　幼儿园应当为幼儿提供丰富多样的教育活动。

教育活动内容应当根据教育目标、幼儿的实际水平和兴趣确定，以循序渐进为原则，有计划地选择和组织。

教育活动的组织应当灵活地运用集体、小组和个别活动等形式，为每个幼儿提供充分参与的机会，满足幼儿多方面发展的需要，促进每个幼儿在不同水平上得到发展。

教育活动的过程应注重支持幼儿的主动探索、操作实践、合作交流和表达表现，不应片面追求活动结果。

第二十九条　幼儿园应当将游戏作为对幼儿进行全面发展教育的重要形式。

幼儿园应当因地制宜创设游戏条件，提供丰富、适宜的游戏材料，保证充足的游戏时间，开展多种游戏。

幼儿园应当根据幼儿的年龄特点指导游戏，鼓励和支持幼儿根据自身兴趣、需要和经验水平，自主选择游戏内容、游戏材料和伙伴，使幼儿在游戏过程中获得积极的情绪情感，促进幼儿能力和个性的全面发展。

第三十条　幼儿园应当将环境作为重要的教育资源，合理利用室内外环境，创设开放的、多样的区域活动空间，提供适合幼儿年龄特点的丰富的玩具、操作材料和幼儿读物，支持幼儿自主选择和主动学习，激发幼儿学习的兴趣与探究的愿望。

幼儿园应当营造尊重、接纳和关爱的氛围，建立良好的同伴和师生关系。

幼儿园应当充分利用家庭和社区的有利条件，丰富和拓展幼儿园的教育资源。

第三十一条　幼儿园的品德教育应当以情感教育和培养良好行为习惯为主，注重潜移默化的影响，并贯穿于幼儿生活以及各项活动之中。

第三十二条　幼儿园应当充分尊重幼儿的个体差异，根据幼儿不同的心理发展水平，研究有效的活动形式和方法，注重培养幼儿良好的个性心理品质。

幼儿园应当为在园残疾儿童提供更多的帮助和指导。

第三十三条　幼儿园和小学应当密切联系，互相配合，注意两个阶段教育的相互衔接。

幼儿园不得提前教授小学教育内容，不得开展任何违背幼儿身心发展规律的活动。

第六章　幼儿园的园舍、设备

第三十四条　幼儿园应当按照国家的相关规定设活动室、寝室、卫生间、保健室、综合活动室、厨房和办公用房等，并达到相应的建设标准。有条件的幼儿园应当优先扩大幼儿游戏和活动空间。

寄宿制幼儿园应当增设隔离室、浴室和教职工值班室等。

第三十五条　幼儿园应当有与其规模相适应的户外活动场地，配备必要的游戏和体育活动设施，创造条件开辟沙地、水池、种植园地等，并根据幼儿活动的需要绿化、美化园地。

第三十六条　幼儿园应当配备适合幼儿特点的桌椅、玩具架、盥洗卫生用具，以及必要的玩教具、图书和乐器等。

玩教具应当具有教育意义并符合安全、卫生要求。幼儿园应当因地制宜，就地取材，自制玩教具。

第三十七条　幼儿园的建筑规划面积、建筑设计和功能要求，以及设施设备、玩教具配备，按照国家和地方的相关规定执行。

第七章　幼儿园的教职工

第三十八条　幼儿园按照国家相关规定设园长、副园长、教师、保育员、卫生保健人员、炊事员和其他工作人员等岗位，配足配齐教职工。

第三十九条　幼儿园教职工应当贯彻国家教育方针，具有良好品德，热爱教育事业，尊重和爱护幼儿，具有专业知识和技能以及相应的文化和专业素养，为人师表，忠于职责，身心健康。

幼儿园教职工患传染病期间暂停在幼儿园的工作。有犯罪、吸毒记录和精神病史者不得在幼儿园工作。

第四十条　幼儿园园长应当符合本规程第三十九条规定，并应当具有《教师资格条例》规定的教师资格、具备大专以上学历、有三年以上幼儿园工作经历和一定的组织管理能力，并取得幼儿园园长岗位培训合格证书。

幼儿园园长由举办者任命或者聘任，并报当地主管的教育行政部门备案。

幼儿园园长负责幼儿园的全面工作，主要职责如下：

（一）贯彻执行国家的有关法律、法规、方针、政策和地方的相关规定，负责建立并组织执行幼儿园的各项规章制度。

（二）负责保育教育、卫生保健、安全保卫工作。

（三）负责按照有关规定聘任、调配教职工，指导、检查和评估教师以及其他工作人员的工作，并给予奖惩。

（四）负责教职工的思想工作，组织业务学习，并为他们的学习、进修、教育研究创造必要的条件。

（五）关心教职工的身心健康，维护他们的合法权益，改善他们的工作条件。

（六）组织管理园舍、设备和经费。

（七）组织和指导家长工作。

（八）负责与社区的联系和合作。

第四十一条　幼儿园教师必须具有《教师资格条例》规定的幼儿园教师资格，并符合本规程第三十九条规定。

幼儿园教师实行聘任制。

幼儿园教师对本班工作全面负责，其主要职责如下：

（一）观察了解幼儿，依据国家有关规定，结合本班幼儿的发展水平和兴趣需要，制订和执行教育工作计划，合理安排幼儿一日生活。

（二）创设良好的教育环境，合理组织教育内容，提供丰富的玩具和游戏材料，开展适宜的教育活动。

（三）严格执行幼儿园安全、卫生保健制度，指导并配合保育员管理本班幼儿生活，做好卫生保健工作。

（四）与家长保持经常联系，了解幼儿家庭的教育环境，商讨符合幼儿特点的教育措施，相互配合共同完成教育任务。

（五）参加业务学习和保育教育研究活动。

（六）定期总结评估保教工作实效，接受园长的指导和检查。

第四十二条　幼儿园保育员应当符合本规程第三十九条规定，并应当具备高中毕业以上学历，受过幼儿保育职业培训。

幼儿园保育员的主要职责如下：

（一）负责本班房舍、设备、环境的清洁卫生和消毒工作。

（二）在教师指导下，科学照料和管理幼儿生活，并配合本班教师组织教育活动。

（三）在卫生保健人员和本班教师指导下，严格执行幼儿园安全、卫生保健制度。

（四）妥善保管幼儿衣物和本班的设备、用具。

第四十三条　幼儿园卫生保健人员除符合本规程第三十九条规定外，医师应当取得卫生行政部门颁发的《医师执业证书》；护士应当取得《护士执业证书》；保健员应当具有高中毕业以上学历，并经过当地妇幼保健机构组织的卫生保健专业知识培训。

幼儿园卫生保健人员对全园幼儿身体健康负责，其主要职责如下：

（一）协助园长组织实施有关卫生保健方面的法规、规章和制度，并监督执行。

（二）负责指导调配幼儿膳食，检查食品、饮水和环境卫生。

（三）负责晨检、午检和健康观察，做好幼儿营养、生长发育的监测和评价；定期组织幼儿健康体检，做好幼儿健康档案管理。

（四）密切与当地卫生保健机构的联系，协助做好疾病防控和计划免疫工作。

（五）向幼儿园教职工和家长进行卫生保健宣传和指导。

（六）妥善管理医疗器械、消毒用具和药品。

第四十四条　幼儿园其他工作人员的资格和职责，按照国家和地方的有关规定执行。

第四十五条　对认真履行职责、成绩优良的幼儿园教职工，应当按照有关规定给予奖励。

对不履行职责的幼儿园教职工，应当视情节轻重，依法依规给予相应处分。

第八章　幼儿园的经费

第四十六条　幼儿园的经费由举办者依法筹措，保障有必备的办园资金和稳定的经费来源。

按照国家和地方相关规定接受财政扶持的提供普惠性服务的国有企事业单位办园、集体办园和民办园等幼儿园，应当接受财务、审计等有关部门的监督检查。

第四十七条　幼儿园收费按照国家和地方的有关规定执行。

幼儿园实行收费公示制度，收费项目和标准向家长公示，接受社会监督，不得以任何名义收取与新生入园相挂钩的赞助费。

幼儿园不得以培养幼儿某种专项技能、组织或参与竞赛等为由，另外收取费用；不得以营利为目的组织幼儿表演、竞赛等活动。

第四十八条　幼儿园的经费应当按照规定的使用范围合理开支，坚持专款专用，不得挪作他用。

第四十九条　幼儿园举办者筹措的经费，应当保证保育和教育的需要，有一定比例用于改善办园条件和开展教职工培训。

第五十条　幼儿膳食费应当实行民主管理制度，保证全部用于幼儿膳食，每月向家长公布账目。

第五十一条　幼儿园应当建立经费预算和决算审核制度，经费预算和决算应当提交园务委员会审议，并接受财务和审计部门的监督检查。

幼儿园应当依法建立资产配置、使用、处置、产权登记、信息管理等管理制度，严格执行有关财务制度。

第九章　幼儿园、家庭和社区

第五十二条　幼儿园应当主动与幼儿家庭沟通合作，为家长提供科学育儿宣传指导，帮助家长创设良好的家庭教育环境，共同担负教育幼儿的任务。

第五十三条　幼儿园应当建立幼儿园与家长联系的制度。幼儿园可采取多种形式，指导家长正确了解幼儿园保育和教育的内容、方法，定期召开家长会议，并接待家长的来访和咨询。

幼儿园应当认真分析、吸收家长对幼儿园教育与管理工作的意见与建议。

幼儿园应当建立家长开放日制度。

第五十四条　幼儿园应当成立家长委员会。

家长委员会的主要任务是：对幼儿园重要决策和事关幼儿切身利益的事项提出意见和建议；发挥家长的专业和资源优势，支持幼儿园保育和教育工作；帮助家长了解幼儿园工作计划和要求，协助幼儿园开展家庭教育指导和交流。

家长委员会在幼儿园园长指导下工作。

第五十五条　幼儿园应当加强与社区的联系与合作，面向社区宣传科学育儿知识，开展灵活多样的公益性早期教育服务，争取社区对幼儿园的多方面支持。

第十章　幼儿园的管理

第五十六条　幼儿园实行园长负责制。

幼儿园应当建立园务委员会。园务委员会由园长、副园长、党组织负责人和保教、卫生保健、财会等方面工作人员的代表以及幼儿家长代表组成。园长任园务委员会主任。

园长定期召开园务委员会会议，遇重大问题可临时召集，对规章制度的建立、修改、废除，全园工作计划，工作总结，人员奖惩，财务预算和决算方案，以及其他涉及全园工作的重要问题进行审议。

第五十七条　幼儿园应当加强党组织建设，充分发挥党组织政治核心作用、战斗堡垒作用。幼儿园应当为工会、共青团等其他组织开展工作创造有利条件，充分发挥其在幼儿园工作中的作用。

第五十八条　幼儿园应当建立教职工大会制度或者教职工代表大会制度，依法加强民主管理和监督。

第五十九条　幼儿园应当建立教研制度，研究解决保教工作中的实际问题。

第六十条　幼儿园应当制订年度工作计划，定期部署、总结和报告工作。每学年年末应当向教育等行政主管部门报告工作，必要时随时报告。

第六十一条　幼儿园应当接受上级教育、卫生、公安、消防等部门的检查、监督和指导，如实报告工作和反映情况。

幼儿园应当依法接受教育督导部门的督导。

第六十二条　幼儿园应当建立业务档案、财务管理、园务会议、人员奖惩、安全管理以及与家庭、小学联系等制度。

幼儿园应当建立信息管理制度，按照规定采集、更新、报送幼儿园管理信息系统的相关信息，每年向主管教育行政部门报送统计信息。

第六十三条　幼儿园教师依法享受寒暑假期的带薪休假。幼儿园应当创造条件，在寒暑假期间，安排工作人员轮流休假。具体办法由举办者制定。

第十一章　附　则

第六十四条　本规程适用于城乡各类幼儿园。

第六十五条　省、自治区、直辖市教育行政部门可根据本规程，制订具体实施办法。

第六十六条　本规程自2016年3月1日起施行。1996年3月9日由原国家教育委员会令第25号发布的《幼儿园工作规程》同时废止。